汇率的逻辑

管涛 刘立品——著

中国出版集团
中译出版社

图书在版编目（CIP）数据

汇率的逻辑 / 管涛，刘立品著. -- 北京：中译出版社，2022.10（2025.3 重印）
ISBN 978-7-5001-7131-7

Ⅰ.①汇… Ⅱ.①管…②刘… Ⅲ.①人民币汇率—研究 Ⅳ.① F832.63

中国版本图书馆 CIP 数据核字（2022）第 117285 号

汇率的逻辑
HUILÜ DE LUOJI

著　　者：管　涛　刘立品
策划编辑：于　宇　方荟文
责任编辑：方荟文
营销编辑：马　萱

出版发行：中译出版社
地　　址：北京市西城区新街口外大街 28 号 102 号楼 4 层
电　　话：（010）68002494（编辑部）
邮　　编：100088
电子邮箱：book@ctph.com.cn
网　　址：http://www.ctph.com.cn

印　　刷：中煤（北京）印务有限公司
经　　销：新华书店
规　　格：710 mm×1000 mm　1/16
印　　张：18.5
字　　数：245 千字
版　　次：2022 年 10 月第 1 版
印　　次：2025 年 3 月第 5 次印刷

ISBN 978-7-5001-7131-7　　　　定价：78.00 元

版权所有　侵权必究
中译出版社

自 序

逻辑比结论更重要

《汇率的逻辑》是我第五本关于人民币汇率的专著，距离上一本《汇率的突围》出版才过去了一年半时间。这其实反映了过去这段时间以来，人民币汇率话题的持续火爆。

间隔这么短时间又出专著，一方面是因为从体制内出来以后有了更多时间思考和写作，另一方面也是因为对政策与市场逻辑相结合的研究框架比较有信心。比如，我们又"猜到"了始于2020年6月的人民币升值以及2022年4月的人民币急跌。

早在2020年5月，我承担中国财富管理50人论坛课题《覆水难收：当前全球货币宽松情况、影响及建议》时就分析指出，美联储大放水对中国的一个中长期影响是竞争性贬值。"中国作为好的新兴市场，在市场恐慌和信用紧缩警报解除后，有可能重现资本流入，在让汇率更多由市场决定的情况下，大概率会出现短时期人民币汇率较快升值。"同年6月初，在5月底人民币汇率创12年来新低之际，我又撰文指出，消息面对人民币汇率走势的影响是暂时的，下半年疫情防控好、经济复苏快等基本面利好对人民币汇率的支撑作用将逐步显现。结果，从2020年6月初开始，人民币汇率震荡升值，到2022年3月初累计升值13%，创2018年5月以来新高。

2021年底2022年初,我提示这波人民币升值可能面临市场或政策纠偏引发的回调风险。2022年4月16日参加清华五道口全球金融论坛时,我明确表示,美联储紧缩对人民币汇率的影响有四个场景或阶段,目前中国已平稳度过了第一个阶段——美联储缩减购债,中美利差收敛,外资流入减缓,人民币继续升值但升值放慢;随着美联储进一步紧缩叠加其他因素的影响,对中国跨境资本流动和人民币汇率走势的影响将进一步显现。结果,4月20日起,人民币汇率急跌,连连跌破6.40、6.50和6.60关口,离岸人民币汇率一度跌至6.70附近。4月,人民币汇率跌了4%左右,单月跌幅创2015年"8·11"汇改以来新高[①]。

我们为什么又"猜到"了人民币汇率走势?主要是因为我们一直奉行"逻辑比结论更重要"的分析框架,将市场与政策的逻辑结合起来,归纳起来主要有以下四个方面。

一是历史经验的逻辑。尽管人不可能两次踏入同一条河流,但曾经发生过的事情值得参考和借鉴。这得益于我浸淫中国外汇市场研究近30年的经验。当2011年9月爆发欧美主权债务危机,大家都认为中国将面临更大规模的外资流入和人民币升值压力时,我们明确提出,历史上人民币是风险资产而非避险资产,在全球金融动荡时难以独善其身。结果,2011年10月首次遭遇香港地区人民币购售业务的购汇额度告罄,12月更是遭遇了境内银行间市场人民币汇率连续一个多星期跌停(详见《汇率的本质》第七章第二节)。2015年2月,根据亚洲金融危机内有经济下行、外有美元升值的教训,我在中国经济50人论坛年会上预警:"亚洲危机有可能离我们越来越近了。"结果,

---

① 管涛.近期人民币汇率波动时市场纠偏而非政策引导[N].第一财经日报,2022-04-25.

半年之后爆发了市场贬值恐慌。其实，当年 7 月，我就曾撰文《谨防今天的股市变成明天的汇市》（详见《汇率的本质》第七章第六节）。

2022 年 2 月以来，我们多次预警美联储进一步紧缩可能带来冲击，主要也是汲取了 2014 年外汇形势转折的经验教训。2014 年上半年，各方还在极力化解人民币升值压力，年初人民币汇率升至 6.0 附近，6 月底外汇储备余额创历史新高，但下半年境内外汇持续供不应求，年底人民币转为偏贬值压力。这早于 2015 年股市异动和"8·11"汇改。

二是相对价格的逻辑。汇率是两种货币的比价关系，是一种相对价格。这明白地告诉我们，研究人民币汇率问题，不能仅看中国会发生什么，还要看海外特别是美国会发生什么。基于这种简单的逻辑出发点，我们"猜到"了 2021 年人民币走得没有想象的那么强。2020 年底 2021 年初，我们一再强调，2020 年下半年支持人民币汇率走强的多重利好——疫情防控好、经济复苏快、中美利差大、美元走势弱等，在 2021 年都有可能发生动态演变，并直言人民币汇率升破 6 将是小概率事件（详见本书第二章第二节）。结果，2021 年，尽管美元强、人民币更强，但人民币兑美元双边汇率仅升了 2% 多，年内最高价也就涨到 6.35 附近。其实，用这种逻辑同样可以解释 2022 年 4 月的人民币急跌行情。2021 年只是人民币的利好因素淡化，但进入 2022 年 4 月，这些利好甚至转为利空，如美元指数创 2016 年底以来的新高、中美利差收敛甚至倒挂、国内疫情反弹影响经济循环畅通。

值得一提的是，2020 年美元指数先涨后跌，当时很多人预言美元将进入中长期贬值通道。但我早在 2020 年 10 月就撰文指出，不要轻言汇率新周期，如果未来美指反弹超过 2016 年的高点，则意味着美元仍处于 2011 年 4 月这波大升值周期中（详见本书第一章第三节）。

2020年底2021年初，我又指出，市场风险偏好改善利空美元，但主要经济体都在大放水，美元贬值的时间及幅度将取决于疫后主要经济体经济修复的速度，而本次疫情暴发前美国经济基本面要好于欧洲和日本（详见本书第二章第二节）。结果，2021年，由于美国经济在发达经济体中率先复苏，货币紧缩预期较强，推动美元不跌反涨。进入2022年4月，美元更是进一步涨至近年来的新高。这波美元急涨正是前述人民币急跌的诱发因素之一。

三是均值回归的逻辑。任何时候，影响汇率升贬值的因素都同时存在，只是不同时期有不同因素在发挥主导作用。没有只涨不跌的货币，也没有只跌不涨的货币，一定是涨多了会跌、跌多了会涨，涨得快跌得也快。尤其是随着中国金融开放不断扩大，人民币汇率越来越市场化，也就越来越具有资产价格属性，顺周期的"羊群效应"以及偏离基本面的汇率超调会经常发生。2014年人民币加速升值，市场普遍预期人民币汇率将破6进入5时代，就是一次典型的汇率超调（详见《汇率的博弈》第三章第三节）。正是基于这种逻辑，我们一直提醒自己，不要先有观点再找论据，"打哪儿指哪儿"。

也是基于这种逻辑，我们在2020年6月初的时候就敏锐地察觉到，市场出现了过度贬值的超调（详见本书第一章第二节）。当然，我们从来不说自己"预测"到了拐点，只是我们坚信规律只会迟到不会缺席。鉴于2020年6月以来的人民币升值已进入第三个年头，双边或多边汇率均累积了一定幅度。而且，在疫情持续冲击、百年变局加速演进的背景下，国内面临新的经济下行压力，美联储货币紧缩步伐加快，2021年底以来，我们也多次预警市场或政策力量导致的汇率纠偏（详见本书第六章）。

四是政策理性的逻辑。自1994年初汇率并轨以来，人民币就实行以市场供求为基础的、有管理的浮动汇率制度。2021年5月，中央银行再度重申，有管理浮动既适合现在，也适合将来。在这一制度框架下，人民币汇率灵活或僵化，则属于汇率政策操作的范畴。各种汇率选择（包括汇率制度和汇率政策）均各有利弊。故关于最优汇率选择的国际共识是，没有一种汇率选择适合所有国家以及一个国家的所有时期。有管理浮动属于汇率选择的"中间解"，固定和浮动汇率属于"角点解"。当面临外汇供求失衡压力时，汇率"中间解"通常面临市场透明度（即汇率为何涨跌）和政策公信力（即何为汇率稳定）的问题。易纲行长曾经撰文指出，"如果有管理的浮动可信度高，公众不会恐慌；如果可信度低，他们将跟进，抢先抛售本币资产。这时，市场汇率在市场机制下就会'超调'。当政府反向操作的'弹药'（外汇储备）告罄时，中间汇率制度即告崩溃"。

正是基于这一政策逻辑，2015年9月底（"8·11"汇改之初），我就展望未来外汇市场演进有三种场景：一是凭借央行建立的外汇市场信誉，投机者知难而退；二是如果出现好的消息，如国内经济企稳回升、美元指数回调等，央行不战而胜；三是如果人民币持续遭遇攻击，外汇储备持续消耗，央行汇率维稳将面临很大挑战（详见《50人的二十年》中"第三只眼看汇改：政策和市场的逻辑"）。最终发生的是第三种情形，到2016年底，市场开始激辩"保汇率"还是"保储备"。

2016年底，在接受媒体采访时我又指出，当前人民币汇率"中间解"的核心问题，是汇率政策的可信度。"稳定市场信心，不但要靠政府与市场沟通，也要靠政府的市场操作。"在经历了2015年的国内股市和汇市震荡之后，重塑政府的市场公信力尤为重要（详见《汇率的博弈》第四章第一节）。后来，有朋友告诉我，看到我这番表态后，心里就不再恐慌了。结果，2017年，通过引进逆周期因子完善中间价报价机制，借美指回调之际，人民币汇率不仅没有跌破7，反而大涨将近7%，自此实现了"8·11"汇改的成功逆袭（详见《汇率的突围》第一章第一节）。

根据前述四个逻辑，自2011年成功猜到欧美主权债务危机冲击的开头之后（后来还用内部高频数据猜到了这个故事的结尾，国家外汇管理局国际收支司分析预测处因此于2013年荣获第八届"人民满意的公务员集体"称号），我就像"开挂"了一样，基本上是一"猜"一个准。当然，有时候是"乌鸦嘴"，有时候是"报喜鸟"。"运用公开信息可以做趋势性研判"，我对此信仰更加坚定。

实践表明，市场与政策的逻辑相结合，也适用于研究其他问题。如我在2020年3月就研究指出，疫情应对仅靠刺激是不够的，以公共卫生政策为主、财政货币政策对冲为辅的一揽子政策组合是疫情应对的关键（详见《汇率的突围》第五章第一节）。结果，3月底，三大政策到位后，美股才开启了暴涨行情。2020年底2021年初，我又据此判断2021年货币政策没有想象的那么紧，明确指出坚持实施正常的货币政策不等于利率、存款准备金率和资产负债表只能紧不能松（详见本书第五章第三节）。结果，2021年下半年，央行两次全面降准，总量和结构工具交替使用，保持流动性合理充裕，市场利率逐步走低。到2021年底，10年期中美国债收益率差较2020年底收敛了近百个基点。

《汇率的逻辑》有点像是我关于人民币汇率和中国外汇市场的编年史。这本书主要收集的是我2020年，尤其是2020年下半年以来，截至2022年3月的一些观察和思考。全书共分七章：第一章、第二章分别是关于2020年和2021年汇率政策的讨论；第三章是关于汇市与股市的关系；第四章是对 2020 年 6 月以来的人民币升值过程中引发的外汇热点问题的讨论；第五章是关于宏观调控跨周期调节的思考；第六章是对 2022 年人民币汇率的展望（待验证）；第七章是关于中国扩大金融开放的讨论。

本书的合作者——刘立品是我的研究助理，她在中银证券一直跟我做汇率政策和外汇形势的分析，负责汇市月报和国际收支季报的撰写。付万丛、魏俊杰是我另两位研究助理，书中也吸收了他们的部分研究成果。不过，他们的研究主要在另一些方向。本书还收录了我与张晓娇合作的"一个本外币政策协调的新思路"的研究（详见本书第七章第五节），在此一并表示感谢。

感谢中银证券和中国银行的领导和同事，给我创造了一个宽松的环境，让我能集中精力做自己喜欢的事情。同时，也让我在研究中继续精进，更好地将市场与政策结合。2022 年 4 月 7 日，我有幸受邀参加总理主持召开的经济形势专家和企业家座谈会，这是对我最高的褒奖，也是研究团队集体的荣誉。当然，这也是我从事政策研究的新起点。

感谢人民银行和外汇局的领导和同事，经常给予我热切的关心和悉心的指导，这既是对我的信任，也是对我的帮助。感谢媒体和杂志的新老朋友们，在日常交往中，我也向他们学到了许多东西，这让我的研究更加接地气，更能坚持问题导向。

感谢中译出版社的老师们。乔卫兵社长从 2010 年的《中国先机》开始，就支持我出版了多本专著。他是出版界非常有市场感觉的人，他策划的书籍经常制造话题、引领潮流。希望这本书也不会让大家失望。于宇编辑也是老朋友了，他参与了我多本专著的策划和编辑。这本书的问世，也不离开方荟文等新朋友的付出，由衷地表示感谢。

最后,感谢我的父母、妻子和孩子。近年来我能笔耕不辍,离不开你们的支持。

愿疫情早日过去,人们重回正常生活。

管 涛

2022年"五一"长假

于北京家中

目 录

第一章
又猜到了这次人民币升值的开头

第一节　当前全球货币宽松的影响及对策建议 / 003
第二节　猜到了这次人民币汇率升值的拐点 / 009
第三节　较早就开始质疑"汇率新周期"说 / 014
第四节　人民币汇率升值对 2020 年外贸出口的影响分析 / 025

第二章
逻辑比结论更重要

第一节　汇率的两个"自动稳定器"作用 / 035
第二节　猜到了 2021 年人民币汇率没有想象的那么强 / 040
第三节　四因素促成 2021 年 5 月底的人民币急涨行情 / 047
第四节　2021 年 9 月美指新高下,跌不动的人民币 / 051
第五节　用发展外汇市场的办法促进汇率纠偏 / 055

第三章
人民币汇率与 A 股不得不说的故事

第一节　关于汇率与股价关系的相关理论及国际比较 / 063

第二节　关于汇率与股价关系的中国经验 / 071

第三节　2020 年 7 月 A 股飙升行情与"热钱"的关系 / 079

第四节　2021 年 5 月底人民币急涨行情中境外资金坐庄的影子 / 084

第五节　从 2021 年 5 月人民币急升行情看加快外汇市场发展的紧迫性 / 093

第四章
顺差从哪来，又去哪了

第一节　当前人民币升值压力是来自"热钱"流入吗 / 101

第二节　银行结售汇顺差对市场流动性的影响 / 115

第三节　贸易顺差去哪了 / 124

第四节　再议银行结售汇顺差去哪了 / 129

第五节　本轮升值中国没有积累新的民间货币错配 / 133

第五章
宏观调控的新挑战

第一节　追求高质量发展是跨周期调节的重要逻辑出发点 / 145

第二节　疫情冲击下经济周期轮动是跨周期调节的现实挑战 / 150

第三节　还猜对了2021年的中国货币政策 / 155

第四节　2022年，在高质量发展中稳定宏观经济大盘 / 163

第五节　央行上缴结存利润更多是财政政策而非货币政策操作 / 175

第六节　中国利率长期趋势与股市前瞻 / 183

第六章
美联储紧缩是人民币"三连涨"的终结者吗

第一节　2015年中美货币政策错位对中国影响的经验及启示 / 207

第二节　2015年和2022年中美货币政策分化的比较及启示 / 213

第三节　2022年2月人民币汇率升值的新逻辑 / 223

第四节　俄乌冲突下人民币非典型的避险货币特征 / 228

第五节　央行为何"爽约"2022年3月降息 / 233

第七章

开放的双循环

第一节　中国金融双向开放的机遇与挑战 / 241

第二节　"十四五"规划部署稳慎推进人民币国际化 / 250

第三节　中国境外证券投资的"家底" / 259

第四节　揭开中国外汇储备持有和经营的神秘"面纱" / 265

第五节　货币金融条件指数：本外币政策协调的新思路 / 270

第一章

又猜到了这次人民币升值的开头

我们近 30 年研究生涯的体会是,运用公开信息可以做趋势研判,运用高频内部信息可以做拐点判断。2020 年,全球面临大流行、大停摆、大动荡、大衰退造成的巨大冲击。事后来看,我们对人民币汇率走势做对了几个大的判断。

第一节　当前全球货币宽松的影响及对策建议

2020年人民币汇率走势先抑后扬，6月起震荡升值，市场甚至兴起"升值新周期"之说。然而，我们早在2020年5月参加中国财富管理50人论坛（CWM50）委托课题时就对此作出了一系列重要的判断[①]。

一、货币宽松对全球和中国经济的短期影响

自2020年初新冠肺炎疫情暴发以来，主要经济体采取了一系列价格型和数量型的货币刺激措施。其中，美联储、欧洲央行、日本央行和英国央行均已重启量宽，美联储和日本央行还宣布了无限量宽；美联储和英国央行均已降息至零利率，欧洲央行和日本央行则继续执行负利率，但未加深。

---

① 中国财富管理50人论坛课题组. 覆水难收：当前全球货币宽松情况、影响及建议［R/OL］.（2020-05-15）. http://www.cwm50.cn/newsitem/278350057.（浏览日期2022-04-17。全书未单独标注之处同。）

从全球看，此轮货币大放水的短期影响主要有以下表现：一是 2020 年 3 月 24 日至 5 月底美股大幅反弹近 40%，带动全球股市企稳。二是市场恐慌情绪和流动性紧张状况缓解。到 5 月底，标普 500 波动率指数（VIX）和泰德利差（TED Spread，即 3 个月 Libor 美元利率与 3 个月美债收益率之差）分别较前期高点回落 67% 和 86%。三是新兴市场股市和汇市止跌回升。到 5 月 22 日，美联储编制的对新兴市场货币的名义美元指数较前期高点回落 3%；到 5 月 29 日，明晟（MSCI）新兴市场股票指数自低点反弹 21%。此外，自 3 月以来，许多新兴市场跟随采取了降准、降息等货币措施。

中国央行自 2020 年 2 月初起就进入了疫情应对状态，在稳健的货币政策更加灵活适度的总基调下，国内货币环境趋于宽松。4 月末，广义货币供应量（M2）和社融存量同比增速分别为 11.1% 和 12.0%，创近年来新高。第一季度，宏观杠杆率环比上升 13.9 个百分点，其中非金融企业部门上升 9.8 个百分点。全球货币宽松也对中国产生正溢出效应，3 月 24 日—5 月 29 日，陆股通项下北上资金由 3 月 10 日—23 日日均净流出 69 亿元人民币转为日均净流入 23 亿元人民币，股票通项下陆股通与港股通轧差后由日均净流出 147 亿元人民币转为日均净流入 8 亿元人民币。

二、货币宽松将对中国经济发展造成诸多挑战

一是杠杆率上升。境内外的宽流动性、低利率将推升国内宏观杠杆率，加重债务负担，侵蚀经济增长潜力。

二是竞争性贬值。中国作为好的新兴市场，在市场恐慌和信用紧缩警报解除后，有可能重现资本流入。在汇率更多地由市场决定的情

况下，大概率会出现短时期内人民币汇率较快升值，削弱出口竞争力，加速国内产业空心化。

三是资产泡沫化。全球范围内的宽流动性、低利率将推升市场风险偏好，支持国内资产价格走高。中国公共卫生相对安全，市场前景相对确定，加之人民币资产的估值洼地效应，有助于吸引组合投资资本流入。但这同时也增加了海外金融动荡对内传染的风险，甚至不排除境外投资者利用境内外市场联动恶意做空。

四是国内物价稳定。从短期看，受经济停摆影响，中国可能主要面临通缩压力。从中长期看，中国既可能因前期流动性过多而产生通胀风险，也可能因长期受疫情压制或企业和家庭债务负担过重，投资消费需求不振，而出现通缩趋势。

五是资本流动冲击。在疫情趋向不确定的情况下，一旦出现坏的情形，可能发生境外投资者集中抛售境内人民币金融资产的情况。从中长期看，如果境外投资者进一步增加人民币资产配置，也就意味着未来这部分资本流动如果逆转，冲击将会更大。

三、对策建议

下大力气抓好"六保""六稳"工作。一是按照"两会"确定的"本轮经济政策主要是用于纾困和激发市场活力"的要求，确保中央下拨的资金通过市县基层送到受困企业和家庭手中，中央和省级政府要加强对资金使用状况的巡视和监督。二是抓紧落实政府减税降负、银行合理让利、自然垄断企业降低收费标准等政策，切实减轻企业经营负担。三是积极落实深化"放管服"改革、优化民营经济发展环境、推进贸易投资便利化的措施，避免政策不落地造成的"弹簧门""玻璃门"。四是加强经济金融形势研判,把握好宏观政策对冲的力度,避免政策救助不及时、不充分导致的市场主体经营困难、信心受挫。

加强财政货币政策配合。疫情导致国内企业和居民部门资产负债表普遍遭受重创。建议在创新直达实体经济的货币政策工具方面,借鉴发达国家经验,健全风险分担和激励机制,用市场化手段调动各方的积极性。一是落实大幅拓展政府性融资担保覆盖面并明显降低费率的政策。二是强化地方政府的出资人角色,协调社会资本,共同帮助中小银行补充资本金。三是通过财政出本金、央行加杠杆的方式,通过银行定向信贷投放。一旦出现损失,可由财政部分承担。四是通过财政、央行共同出资的方式,设立特殊目的机构(SPV),与市场机构合作,直接在市场寻找项目。

进一步加快发展资本市场。有深度、广度和流动性的资本市场,是吸收内外震荡、抵御资本流动冲击的第一道防线。同时,这也有助于从源头减少对外部融资的过度依赖,缓解国内资产泡沫化的压力。新《中华人民共和国证券法》的颁布实施,为中国资本市场健康发展提供了法律保障。下一步,按照《关于构建更加完善的要素市场化配置体制机制的意见》和《关于新时代加快完善社会主义市场经济体制的意见》的要求,完善股票市场基础制度,改革完善股票市场发行、交易、退市等制度,完善投资者保护制度,推进多层次资本市场建设。加快发展债券市场,丰富债券市场品种,完善债券违约处置机制,加强债券市场评级机构统一准入管理。增加有效金融服务供给,推进金融业对内和对外开放,促进金融业竞争,完善金融机构市场化、法治化退出机制,增强金融服务实体经济的能力。

进一步健全货币调控机制。由于中美两国面临的风险性质和政策空间存在明显差别,因此中国央行无须照搬美联储"零利率+无限量宽"的大放水模式。我们要保持货币政策定力，尽量长时间保持正常状态；不搞竞争性宽松政策，避免杠杆率过快上升和刺激通胀预期。同时，要在加强经济金融形势监测分析的基础上，保持货币政策灵活适度。特别要防止信用紧缩叠加经济下行，引发"债务—通缩"螺旋和资产负债表衰退。加快推进央行治理体系和治理能力现代化，完善货币政策框架。完善市场化的基准利率形成、调节和传导机制，通过改革方式引导降低实体经济融资成本。在央行基本退出外汇市场干预、外汇占款不再是货币投放主渠道的情况下，健全基础货币投放机制，可以通过在二级市场购买国债，丰富市场流动性调节工具。创新结构性货币政策工具，既管货币投放，又管货币投向，引导资金流入实体经济。健全央行与市场沟通机制，合理引导和稳定市场预期。

稳步扩大金融对外开放。要少说多做，稳中求进，稳步推进人民币国际化和人民币资本项目可兑换①。坚持管道式开放、穿透式管理，探索利用香港、澳门特别行政区和自贸区、自由港先行先试的优势，稳步推进国内金融市场对外开放，审慎推动境内金融机构和金融服务"走出去"。健全跨境资本流动的宏微观审慎监管体系。微观监管要在兼顾合规性、程序性监管的同时，持续加强审慎性和投资者适当性监管。在汇率市场化情况下，研究引入内嵌式的可根据资本流动形势灵活调节的宏观审慎监管工具，逆周期调节跨境资本流动。拟定极端情形下的应对预案，做到有备无患。但临时性管制是为改革和调整争取时间，并不能替代必要的改革和调整，一旦形势好转，就应适时退出。在扩大开放过程中，健全国际收支统计，加强跨境资本流动监测预警，加强高频数据监

---

① 2020年10月29日，中共中央十九届五中全会审议通过的"十四五"规划建议提出，要实行高水平对外开放，开拓合作共赢新局面，稳慎推进人民币国际化，坚持市场驱动和企业自主选择，营造以人民币自由使用为基础的新型互利合作关系。

测分析。在提高政策和数据透明度的同时，政府和市场都要增强容忍度和承受力，以平常心看待人民币汇率波动和资本流出入震荡。

创新外汇储备资产多元化运用。人民币国际化有助于减轻国际清偿能力的硬约束，降低中国对外汇储备的依赖。人民币汇率破 7 之后更加市场化，更是从流量上解决了外汇储备的波动问题。下一步，应在总结前期国内主权财富基金运作的基础上，汲取国际先进经验，通过创新存量外汇储备的多元化、分散化运用方式，提高外汇资源使用效率。此外，抓住国际大宗商品和能源价格低迷的时机，推动将更多外汇储备转化为战略物资储备。

积极促进经常项目收支平衡。在全球宽流动性、低利率时代，人民币汇率有可能再次面临升值压力，这将缩小经常项目顺差甚至转为逆差。积极地看，这显示了中国多年来致力于实现经济再平衡的成果，但同时也可能增加国际收支总体平衡的脆弱性。为此，一要借中国经济加快结构调整、转型升级之际，大力发展国内服务业，提升服务业的国际竞争力，减少对服务业进口的过度依赖，增强服务业出口创汇的能力[①]。二要加快国内创新发展，减少对境外知识产权引进的过度依赖，在改善服务贸易收支的同时，提高中国产品附加值，培养中国品牌，增强非价格竞争力。三要在积极、合理、有效利用外资同时，继续支持有条件的企业对外投资。四要继续深化汇率市场化改革，进一步发挥汇率调节国际收支平衡的"稳定器"作用。

稳定和增强中国在全球产业链、供应链中的地位。现在市场热炒的中国产业外迁可能是一种"舆论战"。我们不能自乱阵脚，而要集中精力做好自己的事情。一是坚持服务实体经济、三次产业均衡发

---

① 中新经纬.管涛：中国服务贸易持续逆差 20 年　无近虑有远忧［Z/OL］.（2019-02-13）. http://www.jwview.com/jingwei/html/02-13/213501.shtml.

展，避免产业空心化。二是健全政府权责清单，深化"放管服"改革，改善整体营商环境，推进东部向内陆地区的产业梯度转移。三是在稳定出口市场的同时，降低贸易壁垒，支持扩大商品和服务进口，不断加强国内与全球产业链、供应链的联系。四是在风险可控的前提下，扩大金融对外开放，吸引境外投资者加大对制造业企业的证券投资。五是以完善重大疫情防控体制机制为抓手，按照党的十九届四中全会的要求，加快推动国家治理体系和治理能力的现代化。

第二节　猜到了这次人民币汇率升值的拐点

从理论上讲，影响汇率升贬值的因素同时存在，只是不同的时期会有不同的影响因素占主导地位。而且，升贬值因素是此消彼长的关系，必然是跌多了会涨、涨多了会跌。正是基于这种分析逻辑，2020年上半年，我们对人民币汇率走势作了两个重要判断，现在回过头来看，2020年6月以来的这轮人民币汇率升值拐点被我们"不幸言中"。当然，我们一再声明，这不是预测。

一、2020年3月，在美股熔断之际指出影响人民币升贬值的因素同时存在[①]

2020年初新冠肺炎疫情暴发以来，人民币汇率双向波动更加频

[①] 网易财经．管涛：全球股市剧震行情下的三问［Z/OL］．（2020-03-14）．https://money.163.com/20/0314/21/F7N7EU7F00258J1R.html.

繁，成为吸收疫情冲击的"减震器"。

疫情暴发初期，人民币兑美元汇率中断2019年底以来的升值走势，重新跌破7比1。到2月末，随着境内外疫情走势分化，美元避险角色减弱，人民币汇率又逐步逆转跌势，3月初重新升破7比1。但3月9日以后，境外疫情加速蔓延，全球金融动荡加剧，市场陷入极度恐慌，人民币汇率又重新走低。截至3月13日，境内人民币汇率中间价和下午4点半收盘价分别为7.003 3和6.992 6比1，较2019年末分别下跌了0.39%和0.38%。

但无论人民币双边汇率如何上下震荡，人民币多边汇率总体保持了稳中趋升的走势。截至3月13日，万得人民币汇率指数为93.24，1月21日疫情暴发以来累计上涨0.06%，2月20日美股震荡以来累计上涨0.48%，2020年以来累计上涨2.11%。

预计未来支持人民币汇率稳定的因素依然较多。一是由于疫情形势好转，中国经济有可能在全球率先复苏。二是与其他主要经济体相比，中国财政货币政策空间较大，能够更好地对冲疫情影响。3月13日，A股能够顶住美股二次熔断的冲击而小幅收跌，应该与盘后如期而至的降准预期有关。三是全球疫情应对将进一步采取财政货币刺激，境内外利差将继续利好人民币。

当然，在疫情全球蔓延之际，境内外还有很多不确定、不稳定因素，这仍有可能令人民币汇率阶段性承压。如前所述，近期受市场避险情绪上升的影响，尽管境内外利差扩大，人民币汇率依然走弱。市场恐慌情绪飙升，美元传统避险角色重新显现，进一步加速了人民币汇率下行。由于疫情在全球反弹扩散，对全球经济和金融带来冲击，可能会出现"回溢效应"，反过来造成心理冲击和实质影响，这也会阶段性地令人民币汇率波动加大。

二、2020 年 6 月，在人民币汇率创新低之际提示没有只跌不涨的货币[①]

（一）消息面利空令人民币汇率再度承压

2020 年初，新冠肺炎疫情暴发。人民币汇率中断了因中美经贸冲突缓解带来的涨势转而下跌，重新跌破 7。但随着国内疫情得到控制，海外疫情加速蔓延，人民币汇率转而上涨，到 3 月初重新升破 7。接着，美股在 10 天内 4 次熔断，全球股灾引发金融动荡，美元指数飙升，3 月下半月人民币汇率再次跌破 7。4 月，随着史无前例的财政货币大刺激，全球股市反弹，市场恐慌和流动性紧张缓解，美元指数高位回落，人民币汇率企稳回升。

进入 5 月，从基本面来看，中国经济加速重启，加之当月全球股市继续反弹，美元指数进一步回调，这本应有助于人民币汇率进一步企稳。但在消息面上，中美双边关系再度趋于紧张。一方面，以扩大对华出口管制范围、升级对华为公司的技术封锁、收紧中国留学生签证，以及颁布针对中概股公司的《外国公司问责法案》等为标志，美国不断挑起中美经贸纷争。另一方面，美国威胁撤销香港"特殊待遇"地位，并联合其他国家对中国内地和香港地区实施制裁，恶化了地缘政治局势。

在此背景下，5 月境内人民币汇率收盘价相对当日中间价偏强的交易日占比为 11.1%，较 4 月低了 17.5 个百分点，显示全月市场情绪总体偏空。同期，人民币汇率中间价和收盘价均值分别为 7.098 6 和 7.112 9 比 1，环比分别下跌了 0.4% 和 0.6%。

[①] 管涛. 近期人民币走弱是消息面而非基本面驱动［N］. 第一财经日报，2020-06-08.

5月全月，中国外汇交易中心（CFETS）口径的人民币汇率指数下跌1.5%，令前5个月人民币汇率指数的累计升幅收敛至1.0%。可见，虽然人民币双边汇率有所走弱，但从多边汇率看，2020年以来依然保持稳中趋升。

（二）基本面因素对汇率的影响或将逐步凸显

美国东部时间5月29日下午，特朗普总统（时任）就中美关系问题发表讲话，威胁将开始取消给予香港"特殊待遇"的政策豁免程序。对此，市场普遍认为是"雷声大，雨点小"。同日，欧盟27国外长电话会议发表声明，否认将采取制裁，但将与中国就香港问题开展持续的对话。短期来讲，香港问题引发的市场利空出尽。

6月1日—5日，下午4点半境内银行间市场人民币汇率收盘价平均为7.1348，较5月22日—29日平均价升值0.5%；1年期无本金交割远期交易（NDF）隐含的人民币汇率贬值预期平均为0.42%，低于5月22日—29日日均0.83%的水平；陆股通项下北上资金连续5个交易日持续净买入，累计净买入成交额为241亿元人民币，远超上周累计净买入87亿元人民币的规模。

香港特别行政区财政司司长5月29日在接受媒体专访时表示，特区政府已为美国近期可能对港采取的各种经济制裁措施做出"充足应对准备"，美国如果在独立关税地位、敏感技术进口和联系汇率三方面对香港作出打击，香港都不会受到严重影响。他还特别指出，美国政府高官发表相关言论后，香港的股票、期货和货币市场均十分冷静，未出现大幅波动，港币汇率也十分强劲，香港未监测到资金大规模外流。

实际上，香港问题暂告平息后，港币汇率再次触发7.75港元的强方兑换保证。6月5日—6日的24小时内,香港金融管理局三度承接美元沽盘,共注资97.35亿港元。自2020年4月以来,香港金融管理局九度出手入市买美元、沽空港元,向市场注资共约304.43亿港元。

5月20日,美国政府发布了《美国对中华人民共和国战略方针》,从经济、军事安全、价值观体系、国际体系和舆论宣传战等领域对中国提出了全面"批评",充满了"新冷战"的思维。这意味着未来中美在各领域的纷争将会此起彼伏,市场或将逐渐见怪不怪。

2018年中美经贸摩擦骤然爆发,触发了中国股市的大幅调整。但随着两国经贸纷争时好时坏的常态化、胶着化,市场反应明显减弱。2020年甚至还出现了美国制裁谁、封锁谁,该股或者相关概念股股价不跌反涨的现象。中国外汇市场也在走向成熟,如2018年中国季度经常项目逆差引起了市场热炒,而2020年第一季度再度逆差市场却波澜不惊。

消息面对人民币汇率走势的影响是暂时的,属于事件驱动,甚至可能随着事态发展,市场对相关事件的反应越来越钝化,真正决定汇率中长期走势的还是经济基本面。

2020年5月下旬顺利召开的"两会"显示在疫情防控常态化前提下,中国经济社会生活在加速恢复并逐渐步入正轨。会议确定了中国疫情应对的"纾困+改革"的经济组合拳。一方面,加大宏观政策力度对冲疫情影响,全力实现"六保"和"六稳";另一方面,以改革开放为动力推动高质量发展,建设高标准的现代化市场体系。

2020年3—5月,中国制造业采购经理人指数连续3个月处于荣枯线以上,主要经济指标逐月环比改善,显示中国经济在稳步重启,加快修复。而正在稳步推进的供给侧结构性改革和高水平对外开放,更是在不断释放制度红利,增强中国金融市场的吸引力,提升人民币资产的估值中枢。

截至 2020 年 6 月 5 日，标普 500 波动率指数和泰德利差较前期高点分别回落了 70% 和 88%，这显示当前市场恐慌情绪和流动性紧张状况较 3 月全球股灾时期明显改善。相信，这将有助于前述基本面利好逐步发挥对人民币汇率的支撑作用。

第三节 较早就开始质疑"汇率新周期"说

2020 年 6 月初以来，人民币（兑美元）汇率止跌回升。到 10 月 16 日，中间价累计升值了约 6%。而早在 9 月初，人民币才升值 4% 左右，就有人提出人民币进入汇率（升值）新周期之说，在市场上引起一片哗然。而我们早在 2020 年 10 月就明确指出，慎言"汇率新周期"。①②

一、讨论汇率周期的基础是要统一基本概念

现在大家更多争论的是人民币会升值还是会贬值，却忽视了一个更加基础性的问题，即什么才叫"汇率周期"？而这才是讨论问题的起点，否则就是"鸡同鸭讲"。

不是每一波升贬值都能够被称为"汇率周期"，只是对"汇率周期"概念的理解可能会见仁见智。经济连续两个季度负增长为经济衰

---

① 管涛. 对于"汇率新周期"宜敬而远之［N］. 第一财经日报，2020-10-20.
② 管涛. 关注"汇率新周期"，不如适应新常态［J］. 中国外汇，2020（21）：1.

退，股市涨跌 20% 以上是技术性牛市或熊市，汇率贬值超过 20% 就是货币危机。这些概念大家都很接受和认可，也是讨论相关问题的基础。但遗憾的是，理论界似乎对"汇率周期"却不曾有统一的、严谨的定义。

经济周期（Business Cycle）或商业周期，一般是指经济活动沿着经济发展的总体趋势，所经历的经济活动扩张与紧缩的交替或周期性波动变化。显然，汇率升贬值的交替出现也就是汇率周期。正如按四阶段论划分，复苏与繁荣属于经济扩张（上行）阶段（或周期），衰退与萧条属于收缩（下行）阶段（或周期）一样，汇率升值阶段也被称为升值周期，贬值阶段是为贬值周期。

与实体经济存在价格黏性不同，作为资产价格，汇率超调是其重要金融特征，升贬值的交替变换频繁。如果把每一次变换都当作一个周期进行研究，理论价值并不是很大。故汇率周期宜取持续一段时间、累积一定幅度的汇率升贬值作为研究对象。但这方面缺少统一的标准，只有经验值。下面以美元和日元汇率周期为例进行探讨。

二、美元正在经历第三轮升值周期

20 世纪 70 年代初期，布雷顿森林体系解体，美元汇率自由浮动以后，洲际交易所（ICE）美元指数经历了 3 次大的升贬值周期，分别是：1971 年 1 月—1980 年 6 月，持续 114 个月左右，美元指数下跌 29%；1980 年 7 月—1985 年 3 月，持续 58 个月左右，美元指数上涨 87%。1985 年 4 月—1995 年 3 月，持续 121 个月左右，贬值 49%；1995 年 4 月—2002 年 1 月，持续 72 个月左右，升值 46%。2002 年 2 月—2011 年 3 月，持续 110 个月左右，贬值 39%；2011 年 4 月—

2016年12月，持续69个月左右，升值42%（见图1-1）。

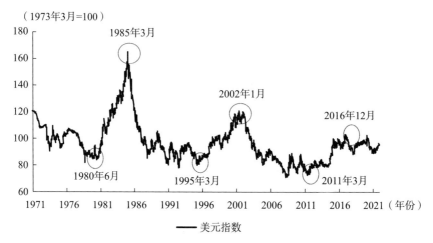

图1-1　1970—2019年美元指数走势

注：美元汇率指数是间接标价法，数值上升代表升值，下降代表贬值。
资料来源：万得。

从美元升贬值的周期看，有两个特征：一个是持续的时间足够长（升值周期平均为5年多时间，贬值周期平均为9年多时间）；另一个是调整的幅度足够大（累计升值幅度平均约为60%，贬值幅度平均约为40%）。在每个大周期中，不排除美元指数出现反向调整，但一般持续的时间较短，并且每次调整都不会有超过本轮升贬值阶段的低点或高点，不改变汇率升贬值的总体运行趋势。

需要指出的是，美元指数在2016年底2017年初突破100，创下本轮升值周期的高点后，尽管2017年全年跌了将近10%，但2020年3月底4月初受新冠肺炎疫情冲击再次突破100。因此，现在最多只能说美元处于本轮升值周期的尾声。至于是否已进入新的贬值周期则是一个有争议的问题。如果未来美元指数升破2016年底的高点，则

第一章 又猜到了这次人民币升值的开头

始于 2011 年初的本轮升值周期还可能会延续①。

日元汇率周期也呈现类似特征。1975 年以来，日元兑美元汇率经历了几个明显的周期，分别是：1975 年 10 月—1978 年 10 月，持续 37 个月左右，升值 72%；1978 年 11 月—1982 年 10 月，持续 48 个月左右，贬值 37%。1982 年 11 月—1995 年 5 月，持续 151 个月左右，升值 233%；1995 年 6 月—1998 年 7 月，持续 38 个月左右，贬值 42%。1998 年 8 月—2012 年 9 月，持续 50 个月左右，升值 85%；2012 年 10 月—2015 年 7 月，持续 34 个月左右，贬值 38%。此后，2015 年 8 月—2020 年 7 月，日元汇率最多升值了 19%，但由于升幅较小，并非典型的升值周期（见图 1-2）②。

图 1-2 日元兑美元汇率走势（单位：日元/美元）

注：日元汇率为直接标价法，数值变小代表升值，变大代表贬值。
资料来源：日本央行，万得。

---

① 经历了 2020 年的先涨后跌，ICE 美元指数全年下跌 6.7% 后，到 2022 年 4 月，又从 2021 年初的 89 升至 100 附近。所谓"美元进入中长期贬值通道"之说再度存疑。
② 到 2022 年 4 月，日元汇率一度跌至 10 年来新低。

相比较而言，日元升值周期的持续时间（平均为 6 年多）和升值幅度（平均为 130%）均长于或高于美元周期，日元贬值周期的持续时间（平均为 3 年多）和贬值幅度（平均为 39%）则均略短于或低于美元周期。

三、当前人民币汇率正在面临方向性的选择

改革开放以来，人民币汇率经历先跌后涨再跌 3 个大的升贬值周期，分别是：1981 年 1 月—1993 年 12 月（汇率并轨前夕）是贬值大周期，持续 156 个月，累计下跌了 82%；1994 年 1 月（汇率并轨）—2014 年 1 月转入升值大周期，持续 145 个月左右，升值 44%；2014 年 2 月—2020 年 5 月则是本轮贬值周期，持续了 64 个月左右，贬值 16%（见图 1-3）。

图 1-3　改革开放以来即期人民币汇率走势（单位：元人民币/美元）

注：（1）汇率并轨前，即期汇率为官方汇率；（2）汇率并轨后，即期汇率为境内银行间外汇市场收盘价；（3）人民币汇率为直接标价法，数值变小代表升值，变大代表贬值。
资料来源：国家外汇管理局，中国外汇交易中心，万得。

2017年初至2018年3月底，人民币汇率也有过一波持续15个月、累计10%的升值，但没人将其称为人民币升值周期。一个原因是这波累积升幅较小；另一个原因是后期汇率继续走弱，继2019年8月初破7之后，到2020年5月底更是跌至7.20附近，创2008年3月以来的新低；再一个原因是，这波升值与市场外汇供求无关，而主要反映了中间价报价机制中美元指数走弱和逆周期因子调节的作用。

显然，2020年6月初到10月中旬为时4个多月、累计上涨6%的这波升值，就更谈不上升值周期了。一方面，境内人民币汇率年内的高点比2018年3月底的高点还低了6%以上；另一方面，鉴于内外部不确定性、不稳定性因素较多，不排除后期人民币汇率仍有可能跌破7，甚至可能会出现年内的新低。如果出现后一种情况，则本轮人民币贬值周期还可能进一步延长。实际上，这轮始于2020年6月初的人民币升值持续到2022年3月初，最多升值了13%，累计21个月时间。这算不算是一个升值周期，值得商榷。

这并非中国的特例。如前所述，由于外汇市场经常处于多重均衡状态，目前的美元走弱和日元走强，究竟是老周期下的波段调整，还是新周期的缓慢启动，事前只能是猜测。而任何猜测，都只是可能，而非必然。

2014年之前的人民币汇率升贬值大周期，持续时间动辄十数年，主要是因为当时人民币汇率缺乏弹性，人为拉长了每个周期。如1994年初汇率并轨以来，在1998—2000年亚洲金融危机期间和2008年底2009年初全球金融海啸初期，人民币汇率均遭遇贬值压力，但当时中国政府坚持人民币不贬值或主动收窄人民币汇率波幅，故市场汇率并未显性反映贬值的压力。

然而，在2015年"8·11"汇改，尤其是2019年破7之后，人民币汇率市场化程度提高，灵活性增加，在均衡合理水平上呈现升贬值交替出现、有涨有跌的双向波动。在此背景下，要判断汇率周期，应该有升贬值持续时间较长且累积幅度较大的特征。

四、从对外部门看，当前人民币汇率趋于均衡合理

2019 年 8 月 5 日，人民币（兑美元）汇率破 7 当天，中国即被美国财政部贴上了"货币操纵"的标签[1]。这一做法受到了美国国内外的广泛批评，因为这既不符合美国财政部拟定的 3 条"货币操纵"的量化标准（包括双边贸易失衡、经常项目总体失衡、外汇过多干预），也不符合国际货币基金组织（IMF）的评估结果。

IMF 是负责国际汇兑事务管理的国际经济组织，其宗旨之一是，汲取两次世界大战期间贸易战、货币战的教训，监督成员国的汇率政策，避免竞争性贬值。布雷顿森林体系确立初期，更为此确立了美元与黄金挂钩、各国货币与美元挂钩的国际货币体系安排。直至其 20 世纪 70 年代解体，世界进入浮动汇率与固定汇率并行的无体系时代。故一国是否存在货币操纵，IMF 拥有国际管辖权。

目前，IMF 在对外部门评估报告中对一国对外经济部门（主要是经常项目收支状况）是否均衡做出判断，并在与成员国第四条款磋商中确认其是否存在货币操纵行为，二者结果保持一致。而 IMF 2020 年 8 月的对外部门评估报告《全球失衡与新冠肺炎危机》以及与中国第四条款磋商报告均明确表示，2019 年中国对外经济部门和人民币汇

---

[1] U.S. Department of The Treasury, 2019. Treasury Designates China as a Currency Manipulator [EB/OL]. August 5. https://home.treasury.gov/news/press-releases/sm751.

率，与中国中长期经济基本面基本保持一致[1]。

通常，经常项目差额与国内生产总值（GDP）之比保持在正负4%以内，就意味着该国对外经济部门基本平衡，相应地也代表该国货币汇率处于均衡合理水平。自2011年起，中国年度经常项目顺差与GDP之比持续低于4%，2016年起更是跌至1%左右。所以，IMF自2012年起就评估人民币汇率只存在温和低估；而自2016年起认为人民币汇率与经济基本面保持一致，既没有高估，也没有低估。[2][3]

特别是2019年美国将中国列为"货币操纵国"后不久，IMF时隔不到一周，于8月9日发布了与中国第四条款磋商正式报告，再次确认了前述结论，并支持中国增加汇率机制灵活性，以应对外部环境的新变化[4]。这为中国驳斥美方的不实之词提供了重要的国际道义支持。

2020年，虽然受新冠肺炎疫情影响，中国货物贸易顺差增加，服务贸易逆差减少，经常项目顺差有望进一步增加。但IMF在8月初发布的对外部门报告中预测，中国全年经常项目顺差与GDP之比只是

---

[1] IMF, 2020. 2020 External Sector Report：Global Imbalances and the COVID-19 Crisis[R]. August 4. https://www.imf.org/en/Publications/ESR/Issues/2020/07/28/2020-external-sector-report.

[2] IMF, 2012. People's Republic of China：Staff Report for the 2012 Article IV Consultation[R]. July 24. https://www.imf.org/en/Publications/CR/Issues/2016/12/31/People-s-Republic-of-China-Staff-Report-for-the-2012-Article-IV-Consultation-26097.

[3] IMF, 2016. The People's Republic of China：2016 Article IV Consultation–Press Release[R]. August 12. https://www.imf.org/en/Publications/CR/Issues/2016/12/31/The-People-s-Republic-of-China-2016-Article-IV-Consultation-Press-Release-Staff-Report-and-44181.

[4] IMF, 2019. People's Republic of China：2019 Article IV Consultation-Press Release[R]. August 9. https://www.imf.org/en/Publications/CR/Issues/2019/08/08/Peoples-Republic-of-China-2019-Article-IV-Consultation-Press-Release-Staff-Report-Staff-48576.

略高于1%[①]。这仍属于对外经济平衡，显示人民币汇率趋于均衡合理。况且，当前中国在全球出口市场的份额上升，经常项目顺差增加主要是因为疫情错峰效应，而非人民币汇率低估。

五、在均衡合理水平上，汇率很可能是宽幅震荡行情

理论上讲，在任何时点上，影响汇率升贬值的因素同时存在。只不过，在不同时期是由不同的影响因素占上风。根据有效市场假说，各种影响因素都会在汇率中得到反映。在基本面决定的均衡汇率未发生大变的情况下，升贬值因素必然是此消彼长，从而导致汇率涨多了会跌、跌多了会涨，呈现有涨有跌的双向波动。

如本章第二节所述，2020年5月人民币汇率创新低是消息面利空主导，下半年基本面利好对人民币汇率的支撑作用将逐步显现。这较9月初人民币汇率已从底部反弹4%—5%之后，市场上开始抛出升值新周期之说早了3个月。我们之所以在3个月前就猜中了今天的结果，正是基于前述的逻辑。

特别是当汇率趋于均衡后，在多空交织的因素影响下，容易出现大起大落、大开大合的走势。比如，2017年初—2018年3月底，人民币汇率15个月累计升值10%。但2018年4月初—7月底，受美元指数反弹和中美摩擦升级的影响，在暂停使用逆周期因子的情况下，人民币汇率在4个月内累计下跌近8%，为史上速度最快的贬值。到2018年底，人民币汇率第二次跌至7附近，较3月末累计下跌了近10%。

[①] IMF，2020. 2020 External Sector Report：Global Imbalances and the COVID-19 Crisis［R］. August 4. https://www.imf.org/en/Publications/ESR/Issues/2020/07/28/2020-external-sector-report.

2019年底，中央经济工作会议指出，中国正处在转变发展方式、优化经济结构、转换增长动力的攻关期，结构性、体制性、周期性问题相互交织，"三期叠加"影响持续深化，经济下行压力加大。当前世界经济增长持续放缓，仍处在国际金融危机后的深度调整期，世界大变局加速演变的特征更趋明显，全球动荡源和风险点显著增多。我们要做好工作预案[①]。

前述风险与挑战，在疫情大流行后又进一步发展和演变。尽管中国疫情先进先出，经济稳中有进、长期向好，但中央一再强调，经济发展面临着前所未有的挑战，特别是今后一个时期将面对更多逆风逆水的外部环境，必须增强风险意识，强化底线思维，做好较长时间应对外部环境变化的思想准备和工作准备[②]。鉴于我们遇到的很多问题是中长期的，中央从持久战的角度提出"双循环"新发展格局[③]。

上述判断对人民币汇率走势的启示是：中国经济韧性强，为人民币汇率保持基本稳定提供了坚实的基础，但内外部不确定性、不稳定性较大，又可能加剧人民币汇率波动。通俗地讲，就是当市场过分悲观时，中国实际情况并没有那么差；当市场过于乐观时，中国前景也并非一片坦途。

2017年的中国经济增速回暖，曾有人抛出所谓"经济新周期"之说。但2019年底的"保六之争"，令"新周期"被彻底证伪。实体经济变化属于慢变量，专家预测尚且不准，就更不要说预测瞬息万变的

---

① 共产党员网.中央经济工作会议在北京举行［EB/OL］.（2019-12-12）.https://www.12371.cn/2019/12/12/ARTI1576148359199968.shtml.

② 共产党员网.中共中央政治局常务委员会召开会议［EB/OL］.（2020-04-08）.http://www.12371.cn/2020/04/08/ARTI1586344009156783.shtml.

③ 共产党员网.中共中央政治局召开会议［EB/OL］.（2020-07-30）.https://www.12371.cn/2020/07/30/ARTI1596107225760939.shtml.

市场汇率波动这种快变量了。

六、小结

2020年底，中央经济工作会议公报重提"保持人民币汇率在合理均衡水平上的基本稳定"[①]。

2021年5月23日，刘国强副行长就人民币汇率问题答记者问，指出未来人民币汇率的走势将继续取决于市场供求和国际金融市场变化，双向波动成为常态。中国人民银行将继续完善以市场供求为基础、参考一篮子货币进行调节、有管理的浮动汇率制度。这一制度在当前和未来一段时期都是适合中国的汇率制度安排。人民银行将注重预期引导，发挥汇率调节宏观经济和国际收支自动稳定器作用，保持人民币汇率在合理均衡水平上的基本稳定[②]。

2021年5月27日，全国外汇市场自律机制第七次工作会议公告指出，未来影响汇率的市场因素和政策因素有很多，人民币既可能升值，也可能贬值。没有任何人可以准确预测汇率走势。不论是短期还是中长期，汇率测不准是必然，双向波动是常态。不论是政府、机构还是个人，都要避免被预测结论误导。以市场供求为基础、参考一篮子货币进行调节、有管理的浮动汇率制度适合中国国情，应当长期坚持。在这一汇率制度下，汇率不能作为工具，既不能用来贬值刺激出口，也不能用来升值抵消大宗商品价格上涨影响。关键是管理好预

---

① 共产党员网. 中央经济工作会议在北京举行［EB/OL］.（2020-12-18）. https://www.12371.cn/2020/12/18/ARTI1608287844045164.shtml.
② 中国人民银行. 刘国强副行长就人民币汇率问题答记者问［EB/OL］.（2021-05-23）. http://www.pbc.gov.cn/goutongjiaoliu/113456/113469/4253134/index.html.

期,坚决打击各种恶意操纵市场、恶意制造单边预期的行为[①]。

2021年11月18日,全国外汇市场自律机制第八次工作会议公告指出,双向波动是常态,合理均衡是目标,并首次提出偏离程度与纠偏力量成正比[②]。

2021年5月31日和12月9日,中国人民银行宣布提高金融机构外汇存款准备金率各两个百分点,以回收境内美元流动性,释放稳汇率的政策信号。

第四节 人民币汇率升值对2020年外贸出口的影响分析

2020年,人民币汇率(如非特指,本节均指人民币兑美元双边汇率)走势先抑后扬,从6月起震荡走高。年末,境内汇率中间价和银行间市场下午4点半收盘价分别为6.524 9比1和6.539 8比1,较5月底各上涨9.3%,较2019年末分别上涨6.9%和6.5%。其中,中间价年度涨幅为1994年汇率并轨以来最高,收盘价年度涨幅为可比口径的次高。短期内人民币汇率较多升值对外贸出口的影响引起了广泛关注。2020年底中央经济工作会议公报重提"保持人民币汇率在合理均衡水平上的基本稳定"。那么,究竟应如何看待人民币升值对2020

[①] 中国人民银行. 全国外汇市场自律机制第七次工作会议在京召开[EB/OL]. (2021-05-27). http://www.pbc.gov.cn/goutongjiaoliu/113456/113469/4256117/index.html.

[②] 中国人民银行. 全国外汇市场自律机制第八次工作会议在京召开[EB/OL]. (2021-11-18). http://www.pbc.gov.cn/goutongjiaoliu/113456/113469/4392338/index.html.

年中国外贸出口的影响呢?

一、汇率升值对外贸出口影响的两个客观事实

一个客观事实是 2020 年下半年外贸出口迎着人民币升值进一步加速增长。6 月—12 月，出口同比分别增长 0.2%、6.8%、9.1%、9.4%、10.9%、20.5% 和 18.0%。之所以如此，一是因为本轮中国出口增长超预期，主要是受益于疫情先进先出，国内全产业链、供应链复工复产，及时弥补了全球市场供需缺口。这也符合历史上中国外贸出口对外需（国际经济景气）敏感而对汇率不敏感的一般实证经验。二是因为虽然 6 月—12 月人民币兑美元双边汇率累积了近 10% 的升幅，但同期国际清算银行（BIS）编制的人民币实际有效汇率指数仅升值 2.2%。故本轮双边汇率升值主要反映了美元走弱的影响，对中国出口价格竞争力的影响有限。

另一个客观事实是，本轮升值对出口企业的财务影响大于出口竞争力冲击。如前所述，6 月—12 月，人民币多边汇率涨幅并不大，即使从全年来看，BIS 人民币实际有效汇率指数涨幅也只有 3.4%，低于同期双边汇率涨幅近 7%。然而，自 2020 年 6 月开启本轮升值以来，7 月—12 月月平均收盘价环比升幅都在 1% 以上。考虑到企业从出口报关到收款，通常有 1 到 3 个月的时间差，这期间企业出口收入美元要承担的汇兑损失为 1%—4.7%[①]。9 月以来，企业要承担的最大汇兑损失更是在 4% 左右。在后一种情形下，鉴于企业跨境外币收付近九成都是美元，那么当企业出口收到美元货款时，就基本不赚钱甚至会亏钱。

---

① 如果因为疫情冲击、供应链断裂、国际物流受阻等原因，企业出口收汇账期进一步拉长，则其暴露在人民币汇率单边升值下的汇兑损失风险将会更大。

二、升值对出口的影响或不如想象的那么大

从年平均汇率看，本轮升值对出口影响较小。从财务上讲，当进行本外币折算时，如果是存量数据，应该用期末时点汇率；如果是流量数据，则用期间平均汇率。尽管从时点汇率看，2020年人民币汇率中间价和收盘价均有较大升幅，但从年平均汇率看，中间价与2019年基本持平，收盘价也仅上涨了0.17%。也就是说，人民币汇率变动对2020年中美经济实力对比变化的贡献基本可以忽略。同理，不考虑各月出口额分布不均匀，企业收到外汇即结汇，与2019年相比，在汇率上差别不大。

主动进行汇率风险对冲可减少汇兑损失。据外汇局统计，2020年银行代客即期结汇中有13.7%是远期结汇履约，占比较2019年全年上升2个百分点，且第四季度占比明显高于前三季度。同期，银行代客期权交易相当于远期交易量的59.7%。鉴于二者交易的期限结构相近，故可假定这两种交易的客户结售汇方向也相近，由此可推理出银行代客即期结汇中约有22%做了远期结汇性质的避险操作，其中约90%是1年以内的避险交易（这符合国内企业出口合同基本一年一签的经济特征）。因为货物贸易属于有形贸易，银行真实性审核更易把关，故有理由相信，银行代客贸易结汇项下，远期结汇履约占比更高，或不低于25%。在本外币利差为正的情况下，以利率平价理论为定价基础的远期汇价要好于即期。所以，这部分结汇因人民币升值造成的汇兑损失有望减轻。

跨境贸易以人民币计价结算可以降低汇率波动风险。据外汇局统计，2020年人民币跨境收付占比为37.5%，创历史新高。但其中包含了大量资本项下的跨境人民币收付（如股票通、债券通、RQFII等），

故不能准确地反映货物贸易项下本币计价结算的情况。而根据中国人民银行与海关总署的统计数据测算，2020年货物贸易项下人民币结算占比平均为14.8%。这部分进出口以人民币计价结算，境内企业不用承担汇率风险，有助于减轻人民币升值造成的出口财务损失。

出口价格指数上涨有助于部分抵消汇率升值的影响。据海关统计，2020年3月—8月，出口价格指数同比均有所上涨。即使是1月、2月合计，以及9月、10月、11月出口价格指数同比有所下降，但考虑到同期生产价格指数（PPI）同比负增长，出口价格跌幅也有所收敛。同时，除1月、2月合计以及9月外，2020年其他月份的贸易条件指数均同比改善（4月—7月，同比改善幅度都在10%以上）。这也有利于企业通过进口降低成本，增强抗升值冲击的能力。

若进口以出口外汇收入支付也是汇率风险的自然对冲。根据中国人民银行和外汇局的统计数据测算，对非金融企业境内外汇存款月底余额和月平均人民币汇率收盘价取自然对数后，2014年12月—2017年12月，二者为正相关0.494。2018年1月—2020年12月，二者转为高度负相关0.894（其中2020年前11个月为高度负相关0.918），即人民币汇率越贬值（在直接标价法中，意味着数值变大），企业越减少外汇存款，用于对外支付或结汇。加上前述以人民币计价结算和主动进行风险对冲的，企业货物出口项下或有不少于一半的收入避免或减少了汇率波动风险。

若选对合适的外币计价结算货币，出口企业也有机会减少汇兑损失。2020年全年，人民币汇率中间价上涨6.9%，与美元指数下跌6.7%的幅度大体相当，故本轮人民币强势较大程度上反映了同期美元的弱势。即便如此，从境内银行间市场24种人民币兑外币交易的中间价来看，全年当中，人民币兑欧元、澳大利亚元、新西兰元、瑞士法郎、丹麦克朗、瑞典克朗等6种外币仍有所下跌。其中，欧元、瑞士法郎和瑞典克朗占美元指数6个权重货币的一半，权重合计占65.4%。2020年，人民币兑这3种货币的跌幅分别为2.6%、2.7%和6.3%。全年当中，在境内非银行部门跨境外币收入中，欧元占5.2%，较2019年上升了0.2个百分点（其他两种货币未单独披露数据），边际上有助于境内出口企业降低人民币升值造成的财务冲击。

综上所述，2020年中国外贸出口表现强劲，主要反映了疫情的错峰效应，与人民币汇率水平无关，受汇率波动的影响也比较小。本轮人民币汇率较快升值，对外贸出口主要是财务冲击而非竞争力打击。但考虑到其他因素，升值对企业出口的财务影响也不如想象的那么大。至少企业可以通过主动或者被动方式，部分管理相关风险。

三、加快发展境内人民币外汇衍生品市场正当其时[①]

从国内外经验来看，应对汇率浮动的策略主要有三个：一是坚持以质取胜的外贸发展战略，增强进出口定价权，争取以本币计价结算或者将汇率波动纳入定价条款，向客户转移人民币汇率波动风险；二是坚持收外汇、付外汇，跨境收付不走结售汇环节，以减少货币错配的方式自然对冲汇率风险；三是牢固树立风险中性的财务意识，主动运用人民币外汇衍生产品，控制和管理好汇率风险。从这个意义上讲，加快发展境内人民币外汇衍生品市场，对畅通经济内外循环具有重要的现实意义。

首要的是市场主体要进一步加强风险中性的财务意识。除外汇期

---

① 管涛.加快发展境内人民币外汇衍生品市场正当其时［N］.第一财经日报，2020-09-22.

货外，国内已经拥有远期、外汇和货币掉期，以及期权等基础性人民币外汇衍生品工具，基本能够满足市场汇率避险需求。总体上看，近年来国内企业主动管理汇率风险的意识虽然较 2015 年"8·11"汇改时有所增强，但与国际水平相比仍有较大差距。主要体现在外汇交易中衍生品交易占比较低，衍生品交易中远期和期权交易占比又偏低。面对汇率双向波动，国内企业基本还是处于"靠天吃饭"的"裸奔"状态。实际上，只要企业提前叙作了远期结汇，大都可以规避这次意外加速升值造成的汇兑损失（见表 1-1）。显然，这也意味着，同期如果做了远期购汇操作的话，就是亏钱的。

表 1-1 企业远期结汇与即期结汇收益的比较（单位：元人民币/美元）

远期结汇合约交易日	交易日即期汇买价	人民币外汇远期/掉期买入报价（个基点）	远期结汇（交割）汇率	远期结汇交割日即期汇买价	远期结汇相对交割日即期汇买价的偏离(I)(%)	交易日即期汇买价相对交割日即期汇买价的偏离(II)(%)	I-II(%)
2019年6月12日	7.068 7	268.50	7.095 6	6.762 8	4.92	4.52	+0.40
2019年7月14日	6.994 8	240.20	7.018 8	6.762 8	3.79	3.43	+0.36
2019年8月12日	6.937 9	142.00	6.952 1	6.762 8	2.80	2.59	+0.21
2020年9月16日	—	—	—	6.762 8	—	—	—

注：（1）人民币外汇远期/掉期买入价以时间序列分别为 3 个月、2 个月和 1 个月期限；（2）远期汇率=交易日即期汇率+（远期/掉期点子）/10 000；（3）8 月 12 日对应交割日应为 9 月 17 日，但为简化问题仍以 9 月 16 日作为交割日；（4）本表远期交割价并非银行实际报价，只是我们的演算价格。

资料来源：中国货币网，万得。

风险中性意识的真实含义是，一方面，企业应该基于实际贸易投资背景对应的汇率敞口做外汇套保，而非故意扩大敞口，追逐风险；另一方面，不是以事后才知道的市场价格来评估外汇套保是赚还是亏，而是通过套保锁定汇兑成本或收益，把汇率波动的不确定性变成确定性，使企业能够集中精力做好主业（企业如果能在进出口合同中将汇率波动风险涵盖在报价中，也能起到类似的作用）。

与此同时，有关方面在在岸市场人民币外汇衍生品发展方面，也需要进一步加大政策支持力度。

一是适时降低外汇风险准备金比率。2015年"8·11"汇改之初，人民币意外贬值，触发了远期购汇大幅增加，当局随即引入了外汇准备金制度，对远期购汇征收20%的外汇风险准备金。2017年9月外汇形势好转后，外汇风险准备金率一度降至0，但2018年8月初，因中美经贸摩擦升级而再度恢复。这一宏观审慎措施对逆周期调节远期结售汇行为发挥了积极作用：2018年8月—2020年8月，银行代客未到期远期售汇余额减少1 137亿美元，未到期远期结汇余额增加163亿美元；2019年8月[①]—2020年8月，银行代客未到期远期结售汇差额由净购汇转为净结汇。如果重新将外汇风险准备降至0，有助于释放远期购汇的需求，进一步促进外汇供求平衡[②]。

二是适当降低中小银行外汇衍生品业务门槛。根据现行监管分工，外汇局负责银行人民币外汇衍生品业务资格审批，但有一个前置条件是，银行必须获得银保监部门核准的创新业务资格。现实中，大部分中小银行因为业务基础薄弱，难以获得创新业务资格，也就无缘外汇衍生品业务。尽管有中小银行与大银行合作办理远期结售汇的变通方式，但一方面，这涉嫌规避创新业务监管，相关部门不太鼓励，

---

① 人民币破7当月。
② 2020年10月10日，央行宣布人民币汇率在市场供求基础上双向波动，灵活性增强，市场预期稳定，跨境资本流动有序，外汇市场运行稳定，市场供求平衡。为此，决定从10月12日起，将远期销售外汇风险准备金率从20%下调至0。

有监管政策风险；另一方面，实践中也存在中小银行对客户资源流失的担忧，双方合作颇多顾忌。为提高中小银行向中小微企业提供汇率避险服务的能力，可考虑简化远期结售汇业务乃至取消前置审批条件。因为远期结售汇业务是根据利率平价定价，操作相对简单，在很多成熟市场都被视作基础外汇产品而非衍生品。

三是进一步放松外汇衍生品交易的实需限制。基于实际贸易投资背景进行外汇买卖，是中国实行外汇管理的制度基础。20世纪80年代，日本以废除外汇交易的实需原则为标志，走向"许可是原则、限制是例外"的负面清单管理，迈出了金融自由化、日元国际化的重大步伐。较为严格的实需原则影响了市场流动性，容易形成单边市场行情，不利于企业主动管理汇率风险，也不利于发挥市场价格发现和避险功能，成为外汇衍生品市场发展的掣肘。根据国际清算银行3年一次的最新抽样调查结果，2019年全球人民币外汇交易日成交额为2 850亿美元，占全球外汇交易额的4.32%，高出2016年调查时0.33个百分点。其中，人民币即期交易全球占比上升了0.79个百分点，衍生品交易占比仅上升了0.14个百分点。为更好地适应汇率弹性增加，可研究对市场需求较大的避险需求，通过逐步拓展实需内涵，放松相关限制；探索利用自贸区、自贸港等特殊经济区域尝试更加宽松的实需管理，若风险可控、运行顺利再在全国推行。在此基础上，可研究引进外汇期货交易，增强人民币汇率的全球定价权；探索在丰富交易产品、放松交易机制的基础上，扩大交易主体，拓展外汇市场的深度和广度，增加市场流动性，降低企业汇率避险成本。

第二章

逻辑比结论更重要

即使事后看来,我们有过几次成功的"预测",但我们依然觉得过于侥幸。事实上,过去我们所做的预测,错的一定比对的多。因此,对预测未来,我们一直诚惶诚恐。尽管如此,我们仍然愿意分享对一些还算了解的领域的分析逻辑及框架,希望对大家有所裨益。

第一节　汇率的两个"自动稳定器"作用

2018年5月底,易纲行长在北京金融街论坛年会上首次提出中国金融开放的三条原则。其中之一是,金融业对外开放、汇率形成机制改革、资本项目可兑换改革,这三件事要互相配合,共同推进[①]。2020年10月底,他再次强调,要统筹推进金融服务业开放、人民币汇率形成机制改革和人民币国际化。同时,指出人民币汇率形成机制改革是要增强人民币汇率弹性,更好地发挥汇率在宏观经济稳定和国际收支平衡中的"自动稳定器"作用[②]。这是理解2020年底中央经济工作会议公报重提汇率维稳政策的重要逻辑起点。

[①] 中国政府网.易纲详解我国金融业开放三原则 [Z/OL].(2018-05-29). http://www.gov.cn/xinwen/2018-05/29/content_5294623.htm.

[②] 第一财经.负面清单管理、人民币国际化、防范风险……易纲在外滩金融峰会上强调了这些 [Z/OL].(2020-10-24). https://www.yicai.com/news/100810810.html.

一、对国际收支平衡的"自动稳定器"作用

首先表现为在汇率由市场决定、央行基本退出外汇市场常态干预的情况下，国际收支平衡必然是经常项目与资本项目（含净误差与遗漏）互为镜像的抵补关系。决定资本流入还是流出的，是经常项目收支平衡，而非汇率升贬值。这才有了 2020 年第三季度人民币汇率震荡升值，中间价季度升幅为 1994 年汇率并轨以来次高，但当季中国经常项目顺差 893 亿美元，资本项目净流出 795 亿美元。

这不是中国的特例。成熟市场的国际收支调节也是汇率浮动负责价格出清、资本流动负责数量出清，经常项目与资本项目顺逆差互补。如果经常项目逆差了，是要通过外来直接投资或是外来证券投资，抑或是对外举债来弥补的。

如 2018 年第一季度，中国经常项目逆差 398 亿美元，当季资本项目净流入 660 亿美元。在经贸纷争、汇率承压的背景下，这成了市场看空、做空人民币的理由。实际上，第一季度经常项目逆差时，人民币还在升值，1 月单月升值 3.2% 的记录迄今未被打破。

其次表现为汇率波动不居，有助于培育、增强市场汇率意识，抑制无风险套利资本流动，促进国际收支平衡。新兴市场货币危机频繁的教训之一是，本币汇率长期僵化，隐性的汇率担保滋生道德风险，鼓励不对冲风险的对外过度举债。当市场预期逆转，资本集中流出时，本币汇率承压。一旦市场形成预期自我强化、自我实现的恶性循环，外汇储备消耗殆尽，当地不得不弃守本币。但本币大幅贬值导致对外偿债负担剧增，进而触发货币危机叠加债务危机的国际收支危机。1997 年泰国货币危机引爆的席卷全球新兴市场的亚洲金融危机就是前车之鉴。

在汇率灵活性增加的情况下，汇率既可能涨也可能跌，且汇率市

场化程度越高,汇率走势便越难预测。在这种情况下,市场主体不敢单边赌汇率走势,要么不会对外随意增加货币错配,要么会主动采取措施对冲汇率敞口(这在成熟市场已成为跨国公司的财务纪律)。

2015年"8·11"汇改以来,随着人民币汇率由单边下跌转向双向波动,"低(升值)买高(贬值)卖"的汇率杠杆调节作用正常发挥。如2020年6月—10月,人民币汇率连续升值5个月,中间价平均值较5月上涨了5.8%。10月,3个月移动平均的银行代客收汇结汇率为62.9%,较5月回落了7.0个百分点;付汇购汇率为66.5%,较5月上升了4.3个百分点。

但是,在全球经济金融日益一体化情形下,跨境资本流动对市场汇率走势的影响加大。特别是顺周期的短期资本流动,与汇率相互作用,相互影响,令浮动汇率呈现资产价格属性,容易出现超调(即过度升贬值造成的汇率高估或低估)。从这个意义上讲,汇率浮动有可能成为资本大进大出的"放大器"。20世纪80年代上半期,美联储用高利率反通胀的政策导致的美元泡沫,就是非常经典的汇率超调案例,成为浮动汇率的败笔。1985年9月,西方5国不得不重启国际汇率政策协调,联合干预,引导美元兑德国马克和日元有序地贬值。

二、对宏观经济稳定的"自动稳定器"作用

随着汇率弹性增加,各种内外部冲击都会反映为汇率的涨跌,进而平滑这些冲击对国内经济运行的负面影响。

从理论上讲,如果这些冲击导致本国需求过热,那么本币汇率升值,有助于增加本国进口、抑制通胀;反之,如果本国需求不足,那么本币汇率贬值,有助于刺激本国出口、拉动增长。对中国来讲,这

方面的影响更突出地表现为，人民币汇率自2017年止跌反弹后，步入有涨有跌的双向波动，提高了国内货币政策独立性，也降低了对资本外汇管制的依赖，进而促进了宏观经济稳定。

2018年，在国内经济下行、对外经贸产生摩擦的背景下，中国央行迎着人民币汇率贬值和美联储加息缩表的压力，连续四次降准，引导市场利率走低。到2018年底，10年期中美国债收益率差由年初的月均100多个基点降至三四十个基点。

自2018年以来，无论人民币汇率升值或贬值，有关方面除了适时调整远期购汇的外汇风险准备金率、中间价报价机制的逆周期调节因子和跨境融资的宏观审慎调节参数等宏观审慎措施外，没有再引入新的干预外汇收支活动的行政措施。这促进了国内营商环境和投资环境的改善，吸引了外来直接投资和证券投资。

2020年的情况则更为典型。我们一直强调"机制比水平重要"是汇改的真谛。正是因为2019年8月人民币汇率破7，打开了汇率可上可下的空间。2020年前5个月，当遭受疫情大流行、金融大动荡、经济大停摆、地缘大博弈冲击时，我们容忍汇率波动，到5月底人民币甚至跌至12年来的新低。但我们继续推进贸易投资自由化、便利化，维护了中国对外开放的形象。同时，采取独立自主的货币政策，中国央行领先全球进入抗疫模式，采取有梯度、有针对性的价格和数量工具，保持市场流动性合理充裕，有力地支持了新冠肺炎疫情防控和企业复工复产工作。

当然，汇率对宏观经济的影响不仅于此。根据经济强、货币强的逻辑，如果国内经济表现较好，有可能吸引外资流入，导致本币汇率升值。持续的资本流入和本币升值有可能导致本地经济过热、本币汇率高估、产生资产泡沫。其结果是，一部分需求转为海外需求，一部分投资转为海外投资，最终将本国经济与海外经济基本面拉平。其中，一种可能是本国经济足够强劲，把其他国家经济拉起来；另一种可能是本国经济不够强劲，被其他国家经济"拉下水"。

由于汇率具有资产价格属性，因而不论是过度升值还是过度贬值的超调，都有可能持续较长时间，对实体经济造成较大的调整压力。从这个意义上讲，汇率也是加大经济周期性波动的"放大器"。而且，所有的资本流动冲击都是从流入开始的，它不但惩罚政策失败者，也惩罚政策成功者。前述亚洲金融危机就经历了高涨（亚洲经济奇迹）到萧条（东南亚货币危机）的周期演变[①]。

三、主要结论

对于国际收支平衡和宏观经济稳定，汇率灵活性增加既可能是熨平各种冲击的"稳定器"，也可能是加剧周期波动的"放大器"。对此，要有清醒的认识，要因势利导、趋利避害。从国内外经验看，唯有避免产业空心化、资产泡沫化、通货膨胀、货币错配等风险，保持国内经济金融体系的稳健性，才能充分享受汇率灵活和资本流动带来的好处。

世上没有"无痛"的汇率选择，任何选择都各有利弊。如果不喜欢汇率过于波动，那么，不让价格出清，就要用数量出清市场。数量工具无外乎增加外汇储备、扩大资本流出，如将远期购汇的外汇风险准备金率降至 0 和增加合格境内机构投资者（QDII）、合格境内有限合伙人（QDLP）、合格境内投资企业（QDIE）额度，抑或是限制资

---

① 沈联涛. 十年轮回：从亚洲到全球的金融危机［M］. 上海：上海三联出版社，2020.

本流入（如下调金融机构跨境融资的宏观审视调节参数）。这些工具同样各有利弊。政策选择其实就是目标的取舍。关键要想清楚，我们最想要的是什么，同时准备付出什么代价。

第二节　猜到了2021年人民币汇率没有想象的那么强

2020年，人民币兑美元汇率走势先抑后扬，6月初至年底累计升值近10%，全年升值近7%。这是2015年"8·11"汇改以来人民币录得（recorded）的最大年度涨幅，而且是有外汇供求关系强劲支撑的上涨（2017年人民币逆袭主要是引入"逆周期因子"调控的结果，同期境内外汇依然供不应求）。在此背景下，市场极度看多人民币，激进的观点甚至认为来年人民币将会升破6。但2020年底，我们就指出未来影响人民币汇率走势的7个不确定性，并猜测2021年人民币汇率可能不会像大家想象的那么强[①②]。2021年初，在中国首席经济学家论坛年会上，面对主持人的提问，我直言人民币破6将是小概率事件。事实上，全年人民币汇率中间价和收盘价的最高价均远未触及6.0，涨幅也均不到3%。显然，我们又猜对了2021年的人民币汇率走势。秉承"逻辑比结论更重要"的研究理念，复盘一下我对2021年人民币汇率走势的研判逻辑，是有必要也是有价值的。

---

① 管涛，付万丛.逻辑比结论重要：关于明年（2021年）货币政策与人民币汇率的猜想［R］.中银证券研报，2020-12-19.

② 管涛.汇率研判要避免"打哪指哪"［N］.第一财经日报，2020-12-29.

关于 2021 年人民币汇率研判的一个重要逻辑出发点是，汇率是两种货币的比价关系，是相对价格，故研判人民币汇率走势不仅要看中国会发生什么，还要看境外特别是美国会发生什么。2020 年下半年支持人民币升值的四大利好——疫情防控好、经济复苏快、中美利差大和美元走势弱，到 2021 年都有可能会发生动态改变。现在，可以逐一验证当时的研判逻辑是否成立或者兑现。

一、关于疫情防控

当时提出，在基准情形下，2021 年欧美国家将通过疫苗接种逐渐达到群体免疫效果，而中国疫情防控的领先优势消失，甚至可能因疫苗研发和供给问题出现"免疫落差"，而不得不继续维持"高筑墙"防范输入性病例的疫情防控措施。当然，如果欧美国家疫苗接种失败，海外疫情失控，中国保持领先优势，但人民币走势取决于人民币资产属性：若是风险资产，利空人民币；若是避险（或安全）资产，则利多人民币。

实际情形是，因为政府动员能力强、各界积极配合，人口基数和疫苗供给没有成为中国防疫的瓶颈。特别是中国推行"疫苗接种＋疫苗防控"的措施，有效遏制了零星疫情暴发后的大面积扩散。2021 年下半年，中国出口继续超预期增长，东南亚国家疫情反弹导致的订单回流进一步延长了中国的出口红利。不过，疫情防控常态化也影响了经济社会活动的正常化，尤其是对接触性、聚集性的服务和消费行业的复苏形成巨大制约。

二、关于经济复苏

当时提出,在基准情形下,2021年世界经济逐步重启,中国经济复苏的领先优势收敛,市场关注点可能转向中国经济增速前高后低的回落。鉴于疫前中国就已面临经济下行压力,若市场认为中国经济增速是回落到 L 型的一横上,将利多人民币;若市场认为中国经济增速是回落到 L 型的一竖上,将利空人民币。

2021年上半年,中国实际经济同比增长12.7%,两年复合平均增长5.3%。经济持续稳定复苏,稳中向好,稳中加固,反映了中国有效实施宏观政策、统筹疫情防控和经济社会发展工作的重大战略成果。但下半年,疫情、汛情叠加监管政策的影响,经济恢复不均衡、基础不稳固的矛盾更加凸显。7月以来,政府多次强调要做好宏观政策跨周期调节,保持宏观政策连续性、稳定性、可持续性,统筹2021年下半年和2022年经济运行,做好宏观政策衔接,着力保持经济运行在合理区间。这逐渐利空人民币。2021年底以来,市场开始担心中美货币政策重新错位,可能掣肘中国央行偏向稳增长的货币政策操作。

三、关于出口前景

当时指出,不排除2021年中国出口增速低于全球平均水平,出口份额趋于下降。届时,如果市场情绪偏空,则可能重新成为做空人民币的借口,因为市场可能会将此归咎为人民币过度升值已经高估。当然,如果海外疫情失控、全球经济复苏延缓,仍可能推动中国出口份额上升,但这并非一定利多人民币。因为随着疫情影响持续,海外企业有可能从流动性危机转为偿付危机,既会增加中国出口收汇的风险，也会抑制对中国商品的进口需求；国际物流受阻导致国际运费飙升，一柜难求，一舱难求，将制约中国商品的输出能力；若关键零部件和原材料进口断供，还可能影响中国相关产业链、供应链的正常运转。

坦白地说，我们低估了中国出口的韧性。从季度看，中国出口市场份额的高点在 2020 年第二季度（16.7%），但从年度看，2021 年份额进一步上升，全年占比 15.1%，较 2019 年提高了 0.4 个百分点。这反映了中国在疫情防控常态化前提下率先复工复产的优势，继续展现了中国产业链、供应链的韧性。尽管我们猜到了 2021 年中国出口收汇情况有可能会不尽理想，也猜到了国际供应链中断和物流受阻依然会制约中国出口，但前 8 个月美元计值的货物贸易顺差同比增长 29%，继续利多人民币。这应该是 9 月底 ICE 美元指数创下年内新高，人民币汇率却在高位维持震荡的主要原因（详见本章第四节讨论）。全年，银行代客货物贸易结售汇顺差贡献了银行结售汇总顺差的 123%。

四、关于中美利差

当时指出，中美利差大的状况不一定会延续。2020 年下半年中债收益率走高，主要是因为财政货币政策错位，2021 年这种情况会明显改善。而在基准情形下，美国经济反弹，尽管美联储不一定会加息，但货币宽松边际收敛和通胀预期抬头仍可能推高美债收益率，收敛中美利差。

现在回顾前述分析，基本正确。我们猜到了国内财政货币政策错位改善，特别是央行降准，改善了国内市场流动性，收敛了中美利差；也猜到了2021年第一季度通胀预期推动的10年期美债收益率飙升，虽然美债收益率在第二季度有所回落，但第三季度后半期受通胀及紧缩预期影响又重新走高。此外，虽然国际大宗商品价格上涨推高了中美两国工业生产者出厂价格指数（PPI），但从居民消费价格指数（CPI）看，美联储面临的通胀压力较中国央行更大。在内外部因素共同作用下，2021年12月，月均10年期中美国债收益率差较2020年同期回落了94个基点。受其影响，全年境外投资者净增持境内人民币债券7 487亿元，较2020年减少30%。市场普遍的看法是，未来中美货币政策重新分化，有可能令人民币汇率再度承压。

五、关于美元指数

当时指出，2021年，在基准情形下，疫情得到控制，全球经济复苏，市场风险偏好改善，美元指数进一步走弱，则利多人民币。但在2008年全球金融危机和新冠肺炎疫情下，主要经济体都在大放水，主要货币均已进入了"比丑"时代。美元贬值的时间及幅度取决于疫后主要经济体经济修复的速度，而本次疫情暴发前，美国经济基本面要好于欧洲和日本。当然，还有一种情形，全球疫情大流行演变为重大的经济危机，则市场避险情绪上升，可能利多美元，而利空人民币。

2020年底2021年初，看多美元是市场少数派。但我们又猜对了。2021年前三季度，境内人民币汇率随美指涨跌呈现先涨后跌再涨再跌——W型的双向震荡走势。新年伊始，人民币顺势升破6.50。但到3月，在美国疫苗接种、经济复苏领先及美债收益率上行的背景下，美指不跌反涨3%以上，这成为当季人民币汇率冲高回落、重新跌破6.50的直接诱因。4月—5月，美指重新回落，人民币再度升破6.50。

5月底6月初,随着美指跌至年初低点附近,人民币升破6.40,创3年来新高。6月初起,随着美联储缩减购债预期渐起,美指再度反弹,人民币又跌破6.40。之后,人民币在6.40—6.50间窄幅波动。9月底,美指创年内新高,但境内人民币汇率仍收在强于6.50的水平。从多边汇率来看,2021年第四季度,美元强、人民币更强的强势特征更加明显。全年,中国外汇交易中心人民币汇率指数累计上涨8%,年度涨幅为史上最大。但通常讨论的汇率涨跌是人民币兑美元的双边汇率。所以,我们仍然猜对了。

六、关于金融风险

当时提出,从内部看,如果经历此次公共卫生危机后,中国未能摆脱经济下行,则信用风险有可能进一步暴露,这将利空人民币。从外部看,国际货币基金组织和美联储已多次警告,如果经济复苏、疫情控制或货币宽松不如预期,投资者风险偏好逆转,全球金融市场将再度承压,资产价格极易暴跌。若人民币是避险货币,则利多人民币;反之,则利空人民币。尤其需要注意的是,即便境外投资者并非不看好中国,但他们仍可能出售一切流动性好、可变现的资产。此外,由于大部分新兴市场和发展中国家在疫苗分配和接种上时间比较靠后,这将加深当地的经济金融困境,进而影响中国与当地的产业链、供应链合作,乃至中国在当地的金融资产安全。如果发生此种情形,则可能利空人民币。

现在看来,上述猜想有部分已经兑现。如2021年3月,因美债收益率飙升,引发了全球股市剧震及部分新兴市场缩减恐慌。当月,境外投资者净减持中国境内人民币债券90亿元,陆股通项下累计净买入额环比骤减 54.6%。第一季度，中国外来证券投资净流入环比下降 32.1%。再如，受监管政策调整和房地产公司债务违约等影响，7 月以来外资加大抛售海外中概资产，令人民币汇率承压。

七、关于大国关系

当时指出，大国博弈可能有些新的变化，从贸易平衡问题转向结构问题，从关税冲突转向规则之争，从双边冲突转向多边框架，以及从经贸领域转向其他领域。中美关系对人民币汇率的影响将变成事件驱动，出现好的消息时利多人民币，反之则利空人民币。

现在看来，前述大国博弈的新变化初步显现。但总体而言，外汇市场出现审美疲劳，更多关注点放在疫情防控和经济重启等内政上，对中美关系的新变化反应趋于钝化。相对来讲，外汇市场对中美关系的边际改善，如重启对话等反应更加正面。

八、关于政策因素

研判人民币汇率走势不仅要分析市场的逻辑，还要分析政策的逻辑。当时我们还强调，短期内人民币汇率较多升值，随时可能触发市场的自发调整或招致更多的政策调控。2020 年底中央经济工作会议重提保持人民币汇率在合理均衡水平上的基本稳定，显示"汇率维稳"政策已是一张明牌。

1994 年汇率并轨以来，人民币就开始实施以市场供求为基础的、有管理的浮动汇率制度。对于不合意的汇率波动，有关方面适时加以调控，是有管理浮动的应有之义。如果脱离政策因素谈人民币汇率，显然背离了中国的基本国情。但是，针对2021年人民币汇率走得不如大家预期的那么强，也不能过于夸大政策的作用。一是央行和外汇局对这波人民币升值预期的管理和调控，主要集中在5月底6月初，以及年底的人民币汇率急升时期，在其他阶段并没有大的举措。二是即使在密集发声和调控阶段，央行也没有改变人民币汇率中间价的报价规则，维持了汇率政策的透明度。如当5月底6月初美元指数跌向90附近时，人民币汇率中间价依然创下3年来的新高。三是提高银行外汇存款准备金率和增发QDII额度的信号作用可能大于实质效果。四是汇率预期管理和调控没有改变人民币的强势特征。

综上所述，2020年下半年，人民币汇率持续单边升值，反映了疫情防控、经济复苏、中美利差、美元走势等多重利好共振的影响，故方向比较好把握。但回溯2021年以来影响人民币汇率走势的各种不确定性，可以发现，不同因素对人民币汇率的作用方向不同，甚至同一因素在不同阶段对人民币汇率的作用方向也不尽相同。所以，2021年人民币汇率走势一波三折、上下起伏也就在情理之中了。

第三节　四因素促成2021年5月底的人民币急涨行情

2021年5月底，境内人民币兑美元汇率出现了一波急涨，5月26日和28日的收盘价和中间价先后升破6.40，创近3年来的新高。这波人民币"急涨"主要由四方面因素所致，市场主体需谨防这是一波"短炒"的行情。

一、美元走弱是这波人民币急升的直接原因

2020年10月底,"逆周期因子"淡出使用后,人民币汇率中间价由上日境内银行间市场下午4点半收盘价和隔夜篮子货币汇率走势两因素决定。这隐含着美元强人民币弱、美元弱人民币强的显性逻辑。

2020年人民币汇率先抑后扬,其背后就是ICE美元指数先涨后跌。2021年延续了这一逻辑。新年伊始,人民币应声升破6.50。但第一季度,美指不跌反涨3.6%,人民币在3月中下旬重新跌破6.50。4月以来,美指上攻乏力、掉头向下,5月底跌到90附近,低至5月25日的89.67,较3月底最多下跌了3.8%。境内人民币汇率止跌回升,到5月28日,中间价较3月底反弹2.9%,步入6.30时代。同期,境内收盘价也从前低反弹3.3%。需要指出的是,5月25日美指跌至近低,直接触发了次日境内人民币交易价升破6.40。

二、美债收益率回落改善市场风险偏好

2021年第一季度,10年期美债收益率飙升,引发了美股剧震和部分新兴市场"缩减恐慌"。但4月以来,美国实质性通胀"爆表",美债收益率却冲高回落。这提振了市场风险偏好,是美指走低的直接诱因,同时也支持了风险资产价格回暖。

美股剧震之后再创历史新高,新兴市场也再现资本回流。据国际金融协会(IIF)统计数据显示,4月新兴市场外来跨境组合投资净流入455亿美元,环比增长4.50倍。

中国也受益于此。4月,债券通项下,境外净增持人民币债券581亿元,3月为净减持90亿元人民币;陆股通项下,累计净买入

526 亿元，环比增长 1.81 倍。5 月截至 28 日累计净买入 506 亿元，尤其是 5 月 25 日境内外人民币汇率交易价冲击 6.40 关口之际，陆股通净买入陡然放量到 217 亿元，其后接连两天净买入，3 天累计净买入 455 亿元人民币，贡献了当月累计净买入的 90%。

三、离岸市场突然抢跑是本轮急升的催化剂

2021 年 4 月以来，人民币汇率随美指回落重新走强。但 4 月离岸人民币汇率（CNH）相对在岸人民币汇率（CNY）的偏离均值为正 6 个基点，显示 CNH 相对 CNY 总体偏弱。当月人民币升值主要是在岸市场驱动。

5 月初至 28 日，月均 CNH 相对 CNY 的偏离转为负 11 个基点，显示 CNH 相对 CNY 总体转强。这波人民币急涨主要是离岸市场驱动。特别是 5 月 26 日—28 日，CNH 相对 CNY 的偏离持续为负，分别为 100 个基点、111 个基点和 87 个基点。

如前所述，5 月 25 日（人民币汇率升破 6.40 前夕），陆股通在没有任何重大利好的情况下突然发力。对北上资金来讲，截至 5 月 24 日，沪深 300 指数较年内高点仍低了 11%。因此，买入 A 股核心资产并不算贵，现货市场抛美元获得的人民币也有了更好的去处。而且，此举借股票通日度高频数据，正好可以圆一个"故事"。北上资金大举加仓，被市场普遍解读为"人民币升值吸引海外增持人民币资产"，这进一步助燃了境内股市和汇市做多的热情（详见第三章第四节的讨论）。

四、在岸市场追涨杀跌成为人民币急涨的加速器

2020年6月本轮人民币升值启动以来，国内企业表现较为成熟、理性，坚持高抛低吸并加大风险对冲。到2021年4月，尽管贸易顺差仍高达429亿美元，但银行即远期（含期权）结售汇顺差却降至20亿美元，较2020年12月峰值回落了98%。

只是这波人民币急涨行情令国内企业变得不再淡定。2021年5月25日—27日，在人民币闯关过程中，银行间市场即期询价成交量日均达到509亿美元，高出2020年12月的峰值16%，呈现顺周期的"羊群效应"。

这波人民币急升恐逼出了企业的一些外汇恐慌性卖盘。2020年初至2021年4月底，国内企业新增境内外汇存款1143亿美元，境内外汇贷存比降至2015年初以来最低。这表明国内企业已经持有较多的美元多头，且外汇净负债处于较低水平。这波人民币中间价、交易价连续高举高打，在一定程度上导致了升值预期的自我强化、自我实现。5月25日—28日，人民币汇率转为持续升值预期且出现了一定幅度的跳升。

2021年5月27日，央行透过全国外汇市场自律机制工作会议再次发声，指出未来影响汇率的因素很多，没有任何人可以准确预测无论短期还是中长期的汇率走势，并强调汇率双向波动是常态，各方要避免被预测结论所误导，尤其要避免赌人民币升贬值的"炒汇"行为①。次日，A股尾盘，北上资金反手做空，当天净卖出5亿元人民币；尽管境内外人民币汇率交易价再创新高，但当日即期询价交易成

---

① 中国人民银行. 全国外汇市场自律机制第七次工作会议在京召开 [EB/OL].（2021-05-27）. http://www.pbc.gov.cn/goutongjiaoliu/113456/113469/4256117/index.html.

交量较前3天日均水平减少了28%[①]。

第四节 2021年9月美指新高下，跌不动的人民币

2021年9月，国际市场上美元兑主要货币汇率震荡走高。到月底，ICE美元指数创下过去一年来的新高，人民币兑美元汇率中间价连续第二个月环比下跌，但人民币汇率表现却依然坚挺。

一、当月人民币汇率走势明弱实强

2021年9月，受缩减购债预期和美债上限临近的影响，美元指数收在94.27，全月累计上涨1.7%。同期，人民币兑美元汇率中间价下跌0.3%。这主要反映了中间价报价机制中隐含的"美元强、人民币弱"的显性逻辑。

跨境证券投资项下资金流入势头减缓，也成为人民币的利空。8月，债券通项下，境外投资者净增持境内人民币债券84亿元，较7月净增持额下降64.1%，连续第二个月环比减少，较2020年6月至2021年6月月均净增持额更是减少91.7%。这部分地反映出境内外利差收窄，人民币资产吸引力边际减弱的影响。9月，10年期中美国债收益率差平均为149个基点，较8月回落了5.0%，较2020年12月回落

[①] 据外汇局统计，2021年5月，银行即远期（含期权）结售汇顺差由4月的20亿美元跳升至329亿美元，6月又回落到257亿美元。

了 35.4%，预计境外增持人民币债券势头有可能进一步放缓。此外，虽然 9 月陆股通项下累计净买入额环比增长 13.4%，但港股通项下由前两个月连续累计净卖出转为净买入 155 亿元；二者轧差，股票通项下跨境资金累计净流入 150 亿元，环比下降 65.3%。

然而，9 月人民币汇率实际走得并不弱。月末，美元指数在年内新高附近，人民币汇率中间价却收在 6.485 4，较 3 月底前低仍上涨 1.3%；收盘价收在 6.462 6，较 4 月初前低上涨 1.7%。全月，虽然人民币汇率中间价环比微跌，但境内银行间市场下午 4 点半收盘价（下同）却环比微涨 0.03%。当月，人民币汇率中间价均值为 6.459 9，环比上涨 0.3%，终结了之前的两连跌；收盘价均值为 6.456 6，环比上涨 0.3%，终结了之前的三连跌。

月末，中国外汇交易中心（CFETS）口径的人民币汇率指数收在 99.64，为 2016 年 3 月初以来新高。全月，CFETS 人民币汇率指数累计上涨 1.0%。这主要是因为，尽管人民币兑美元汇率有所下跌，但在银行间外汇市场（即中国外汇交易中心系统）交易的 24 种货币中，人民币兑其中 19 种货币都有不同程度的升值，如兑欧元、日元、英镑、澳元、韩元和泰铢分别上涨 1.4%、1.5%、2.2%、1.3%、1.4% 和 4.2%，这 6 种货币权重合计 50.1%；兑美元、港元、迪拉姆和沙特里亚尔各微跌 0.3%，兑俄罗斯卢布跌幅也只有 1.0%，这 5 种货币权重合计 30.6%。

人民币仍不失为世界强势货币。2021 年前三季度，美元指数累计升值 4.8%，人民币兑美元汇率中间价上涨 0.6%，CFETS 人民币汇率指数累计上涨 5.1%。

二、当月境内外汇或重新供大于求

8月,人民币兑美元时点汇率和月均汇率双双走弱,伴随着境内外汇小幅供不应求。但进入9月,境内外汇形势可能又出现了反转。

9月,收盘价相对当日中间价偏强的交易日占比为65.0%,较8月交易日占比提高了15个百分点。当月,中间价累计下跌175个基点,其中收盘价相对当日中间价偏强,累计贡献了233个基点,较上月增加了173个基点,对同期中间价走弱为负贡献。

全月,境内银行间市场即期询价日均外汇成交量364亿美元,环比上升7.4%,终止了之前的三连跌。其中,9月16日—29日日均外汇成交量为434亿美元,接近2020年12月日均成交439亿美元的峰值。这有可能意味着当月境内外汇供求缺口扩大。考虑到同期人民币汇率明弱实强,其大概率应该是境内外汇重新供大于求[1]。

三、多因素促成当月境内外汇供求关系重新反转

首先,虽然9月底美元指数创了一年来的新高,但全月美元指数均值为92.98,较8月微涨0.2%;中位数为92.79,较8月微跌0.1%。由此可见,美元指数的强势并不明显,不足以让市场一致看空人民币。实际上,9月,1年期NDF隐含人民币汇率贬值预期的交易日占比为63.6%(8月占比为100%),为2021年6月以来最低;月均贬值预期为0.1%,环比回落0.2个百分点,也为6月以来最低。这显示在美元走强背景下,人民币汇率升贬值预期交替出现且预期基本稳定。

---

[1] 据外汇局统计,2021年8月,银行即远期(含期权)结售汇逆差16亿美元,9月顺差201亿美元。

从离岸人民币汇率（CNH）相对在岸人民币汇率（CNY）的偏离看，CNH 围绕 CNY 上下波动，月均偏离仅为 –2 个基点，较 8 月回落了 10 个基点，表明 CNY 的市场公信力进一步提高。

其次，由于境内美元流动性较人民币更为充裕，9 月境内各主要期限人民币美元远期/掉期报价点子较 8 月均有所走阔。如 1 周、1 个月和 3 个月期限的远掉期点子均值环比分别扩大 47.4%、30.1% 和 10.6%，6 个月、9 个月和 1 年期限的掉期点子均值环比分别扩大了 8.0%、8.2% 和 7.8%。根据利率平价理论，高息货币的远期汇率趋于贬值。鉴于人民币利率高于美元利率，远掉期点子扩大意味着未来相应期限的人民币相对美元汇率贴水（即人民币贬值）的幅度扩大，这增强了远期结汇尤其是短端远期结汇的吸引力。8 月，因未到期远期净结汇和外汇期权德尔塔净结汇敞口减少，导致银行在即期市场提前净买入外汇 152 亿美元，抵销了银行即期结售汇顺差 136 亿美元，银行即远期（含期权）结售汇总体为逆差 16 亿美元。9 月，则不排除银行重新在即期市场提前净卖出外汇，进一步扩大银行结售汇顺差。

再次，基础国际收支顺差依然较多，境内市场外汇卖超压力进一步积累。2021 年的前 8 个月，"国际货物和服务差额 + 非金融类外商直接投资额 – 非金融类对外直接投资额"合计为 3 190 亿美元，较 2020 年同期增长 38.7%，较 2019 年同期增长 1.08 倍。同期，金融机构境内外汇存款增加 663 亿美元，同比增长 1.71 倍，其中非金融企业外汇存款增加 593 亿美元，同比增长 64.0%。2020 年下半年，人民币汇率震荡升值，境内出口企业为避免兑现升值造成的汇兑损失，结汇一延再延，结果到年底集中结汇，导致 2020 年 12 月银行即远期（含期权）结售汇顺差高达 984 亿美元，环比增加 3.93 倍，顺差额创 2015 年"8·11"汇改以来新高。当月，非金融企业外汇存款减少

107亿美元，终结了之前的六连增。2021年，不排除境内企业即便看多美元、看空人民币，也在增加用自有外汇对外支付，并试图通过分批结汇减轻年底集中结汇的压力。

综上所述，尽管美元指数强势反弹，人民币兑美元汇率回调压力加大，但对外经济部门强劲仍从基本面支持了人民币对外币值的强势。9月，境内外汇供求的正缺口或重新扩大，这与人民币兑美元汇率走弱相悖，但有助于分散集中结汇的压力，减轻外汇供求失衡、汇率大起大落的"年关效应"。从更长远看，人民币汇率摆脱与美元指数正相关或负相关的简单线性关系，也是人民币汇率形成更加市场化的必由之路。

第五节　用发展外汇市场的办法促进汇率纠偏

2021年12月6日，央行宣布全面降准0.5个百分点。但次日公布11月中国出口高增长、外贸大顺差数据后，人民币汇率创3年半来的新高，人民币的强势特征明显显现。11月18日，全国外汇市场自律机制第八次工作会议在重申未来人民币汇率双向波动是常态，督促企业和金融机构坚持风险中性理念的同时，首次提出"合理均衡是目标，偏离程度与纠偏力量成正比"[①]。显然，人民币汇率的独立行情再度引发了上层对人民币汇率超调风险的关注。12月9日，央行年内二度宣布提高金融机构外汇存款准备金率两个百分点，释放了加强汇

---

① 中国人民银行. 全国外汇市场自律机制第八次工作会议在京召开［EB/OL］.（2021-11-18）. http://www.pbc.gov.cn/goutongjiaoliu/113456/113469/4392338/index.html.

率预期管理和调控的信号。而我们认为，除此之外，稳汇率还需要进一步加快培育境内外汇市场，措施之一是让跨境资本流动更多地在境内外汇供求关系中得到反映。

一、2021年人民币成为比美元更强的强势货币

现行人民币汇率中间价报价机制隐含着美元强人民币弱、美元弱人民币强的定价逻辑。2020年，ICE美元指数先涨后跌，全年累计下跌6.7%；境内人民币汇率（以下如非特指，均指人民币兑美元双边汇率）先抑后扬，全年中间价累计升值6.9%。

2021年，美元指数累计反弹6.7%，境内人民币汇率本应贬值，但实际上虽有涨有跌，却总体走势偏强。特别是9月以来，美元指数连创年内新高，人民币汇率却逆势上扬，全年中间价累计升值2.3%。这是2015年"8·11"汇改以来的首次。

2021年，"美元强、人民币更强"主要反映了市场供求关系的影响。全年，人民币汇率中间价累计上涨约合0.149元，收盘价相对当日中间价偏强累计贡献了177%；银行即远期（含期权）结售汇顺差合计2 742亿美元，同比增长27.4%，其中仅8月出现少量逆差。

这不同于2017年。"8·11"汇改之初，人民币汇率曾持续承压，到2016年底跌至7附近，市场激辩保汇率还是保储备。然而，2017年人民币汇率止跌回升，中间价累计反弹6.2%。只不过，同期银行即远期（含期权）结售汇依然逆差851亿美元，全年收盘价对中间价升值累计为负贡献52%。市场供求关系并不能解释人民币的升值，而是更多地反映了借美元指数全年贬值9.9%之机，通过引入逆周期因子调节的影响。这有效地解决了汇率中间价当时面临的政策公信力问

题，成功逆转了市场单边预期。

这也不同于 2020 年，人民币强势更多反映了境外美元的弱势。当年，银行即远期（含期权）结售汇顺差 2 152 亿美元，但收盘价对中间价升值累计为负贡献 30%。

二、警惕人民币升值相对经济基本面的偏离加大

关于最优汇率选择（包括汇率制度安排和汇率政策操作）的国际共识是，没有一种选择适合所有的国家以及一个国家的所有时期。其背后的政策逻辑是，任何选择都有利有弊。1994 年汇率并轨以后，人民币实行以市场供求为基础的、有管理的浮动汇率制度。2021 年 5 月底，全国外汇市场自律机制第七次会议强调，有管理的浮动汇率制度适合中国国情，应当长期坚持[①]。但是，今天的有管理浮动不同于 1998 年亚洲金融危机和 2008 年全球金融海啸时期的浮动。尤其是 2019 年 8 月人民币汇率破 7 之后，打开了可上可下的空间，汇率弹性增加。

现阶段，人民币是有管理浮动制度下灵活的汇率政策操作。其好处是，促进了汇率对国际收支平衡和宏观经济稳定的自动稳定器作用的发挥。但挑战是，容易出现偏离经济基本面的超调。在基本退出外汇市场常态干预、信守汇率政策的中性背景下，央行不会干预人民币双边或多边汇率的具体水平，而是要避免汇率过度和异常波动。这正是当前人民币汇率预期管理和调控的主要任务。

前期汇率超调的风险表现为，人民币双边汇率升值侵蚀出口企业

---

① 中国人民银行. 全国外汇市场自律机制第七次工作会议在京召开［EB/OL］.（2021-05-27）. http://www.pbc.gov.cn/goutongjiaoliu/113456/113469/4256117/index.html.

利润。尽管人民币跨境使用越来越广泛，但迄今跨境贸易中人民币计价结算占比不到15%。而以外币跨境收付时，美元占比又在九成左右。这意味着人民币兑美元双边汇率变化对企业市场预期和外汇收支仍有着重要影响。企业从出口接单、生产、发货再到收汇，中间有时间差（即所谓"账期"）。受疫情冲击，全球供应链中断、国际物流受阻，进一步拉长了企业出口收款的账期，这意味着出口企业暴露在人民币汇率持续单边升值的风险中。为此，2020年底以来，我们往往在政策上将人民币汇率维稳与原材料保供稳价相提并论。

2021年下半年以来，汇率超调的风险表现为，人民币多边汇率升值可能影响企业的出口竞争力。2021年，人民币是比美元更强的世界强势货币。全年，CFETS人民币汇率指数累计上涨8.0%。好在国内通胀水平较低，人民币实际有效汇率指数保持了基本稳定。同期，BIS编制的人民币实际有效汇率指数累计上涨4.4%，远低于同期可比口径的人民币名义有效汇率指数8.0%的涨幅，但最后4个月实际有效汇率指数累计涨了3.2%。这应是11月全国外汇市场自律机制工作会议提出"偏离程度与纠偏力量成正比"，12月再度大幅上调外汇存款准备金率的主要原因。

三、汇率纠偏需要加快培育境内外汇市场

进一步分析，2021年境内结售汇顺差主要来自货物贸易。这一年全年的货物贸易结售汇顺差3 365亿美元，增长40%，贡献了同期银行即远期（含期权）结售汇顺差的123%。这反映了中国对外经济部门的强劲，同期海关进出口顺差6 767亿美元，同比增长29%。但这也与境内外汇市场缺乏深度和广度有关，突出表现之一就是境内外汇

市场的金融交易属性偏弱。

近年来，中国加快了金融双向开放，并将人民币可兑换与国际化融为一体。作为一项重要的制度安排，一些金融开放措施要求人民币进、人民币出，在离岸市场完成人民币外币的兑换。据人民银行统计，2018—2020年，人民币跨境收付额年均增长45.6%。2020年，人民币跨境收付中，货物贸易收付占比16.8%，较2017年回落18.7个百分点；证券投资占比58.1%，上升37.5个百分点。这提升了人民币的国际支付功能。据外汇局统计，2020年银行代客涉外收付中，人民币占比37.5%，较2017年上升19.2个百分点，稳居第二位，占比仅次于美元；2021年，人民币占比进一步升至39.9%。

2021年，银行代客涉外收付中，货物贸易（海关口径）占比50.4%，较2017年回落13.2个百分点；证券投资占比25.3%，上升21.3个百分点。同期，银行代客结售汇中，货物贸易占比72.9%，为2015年以来年度最高水平，较2017年上升4.4个百分点；证券投资占比7.3%，仅上升4.9个百分点。前者反映出随着金融开放扩大，中国跨境资本流动越来越活跃；后者却反映了境内客盘的外汇交易越来越受到外贸进出口状况的影响，在升值环境下更是如此。

2018—2020年，境内外汇市场成交量年均增长7.6%，高于同期外贸进出口额年均4.3%的增速，显示外汇市场交投更加活跃。其中，银行间市场外汇成交量年均增长7.7%，略快于银行对客户外汇成交量的年均增长7.0%，二者之比由5.43升至5.53。2021年，该比例进一步升至5.68。这固然有助于增加外汇市场流动性，促进汇率形成市场化。但银行间批发交易大多基于客盘零售业务，具有较强的顺周期性，有可能放大汇率波动。这或是全国外汇市场自律机制第八次工作会议倡议成员机构规范自营交易，维护外汇市场平稳运行的重要原因。

四、具体政策建议

一是对已经双向开放的金融交易，取消政策歧视，允许客户自主选择在岸还是离岸市场完成本外币兑换。引导境内外汇指定银行和中国外汇交易中心系统改进服务，增强在岸市场对客户的吸引力。

二是完善 QDII、QDLP、QDIE 管理，建立常态化额度审批机制，支持相关机构从境内购汇对外投资，鼓励其利用境内外汇市场进行汇率风险对冲管理。

三是允许取得 QDII 资格的境内券商与境外券商合作，利用部分 QDII 额度，按照一定要求，为符合条件的境内投资者提供直投渠道，更好地满足风险偏好多元化的对外证券投资需求。

四是鼓励金融机构改善服务，改进跨境资金池管理，帮助企业提高外汇资金使用效率，减轻汇差、利差对企业本外币资产摆布的影响。

五是继续深化汇率市场化改革，增加汇率弹性。实践证明，汇率双向波动有助于及时释放市场压力，避免预期积累。

第三章

人民币汇率与A股不得不说的故事

关于人民币汇率与A股关系的讨论由来已久。2020年6月以来，人民币汇率震荡升值，市场上再次出现"人民币升值有利于股市上涨"的观点。其代表性的逻辑包括："人民币升值—提升人民币计价资产对外资的吸引力—刺激外资流入—推动股市上涨—人民币进一步升值……""人民币升值—利好部分行业（如航空业）—有利于股市上涨"。但我们认为，汇率和股价同为资产价格，影响因素众多，不宜过度解读汇率对股价的影响。

第一节 关于汇率与股价关系的相关理论及国际比较

一、汇率与股价关系的理论介绍

(一) 理论基础

目前解释汇率和股价关系的理论主要有两个：一是 Dornbusch 和 Fisher 提出的流量导向模型（flow-oriented models）[1]；二是 Branson 和 Frankel 提出的存量导向模型（stock-oriented models）[2][3]。其中，流量导向模型指出，汇率变化影响出口竞争力和贸易收支差额，进而影响

---

[1] Dornbusch, R. and Fisher, S., 1980. Exchange Rates and the Current Account [J]. American Economic Review, 70: 960–971.

[2] Branson, W., 1983. Macroeconomic Determinants of Real Exchange Rate Risk, in Herring, R. J. (eds), Managing Foreign Exchange Rate Risk, Cambridge: Cambridge University Press.

[3] Frankel, J. A., 1983. Monetary and Portfolio-balance Models of Exchange Rate Determination, in Bhandari, J. S. and Putnam, B. H. (eds.), Economic Interdependence and Flexible Exchange Rates, Cambridge: MIT Press.

一国实际收入和产出，从而对股票价格产生影响；存量导向模型指出，股价上涨将吸引外资流入，促使外国投资者卖出外币、买入本币，从而导致本币升值，两者间存在由股价到汇率的单向因果关系。

（二）传导渠道

1. 国际贸易渠道

汇率变化关系到具有国际业务的上市公司的进出口情况，对公司利润、股票价格产生影响。本币贬值对应出口竞争力提升、进口成本提高，利好出口型企业股价，不利于进口型企业股价；相反，本币升值利好进口型企业股价，不利于出口型企业股价。

这在宏观层面上体现为：汇率变化影响一国贸易增长、经济增长，进而影响该国股价表现。对出口导向型国家而言，本币贬值有助于拉动经济增长，带动股票价格上涨；反之，则会导致股票价格下跌。因此，基于国际贸易渠道，这些国家的汇率（直接标价法，下同）和股票价格之间应该是正相关关系。

2. 资产负债表渠道

汇率变化除了影响上市公司进出口情况外，还会影响持有的外币资产负债情况。本币贬值不仅会强化持有外币资产企业的资产负债表，缓解其财务压力，进而带动股价上涨；还会削弱持有外币债务企业的资产负债表，加大其财务压力，进而带动股价下跌。相反，本币升值则有利于持有外币债务企业的股票价格，不利于持有外币资产企业的股票价格。

这在宏观层面上体现为：汇率变化通过资产负债表渠道对经济活动产生扩张或紧缩影响，进而影响该国股价表现。对民间部门持有大量对外净债务的国家而言，本币贬值会对经济活动产生紧缩性影响，带动股票价格下跌；反之，则带动股票价格上涨。这些国家的汇率和股票价格之间应该是负相关关系。对持有大量对外净债权的国家而言，本币贬值会对经济活动产生扩张性影响，带动股票价格上涨；反之，则会带动股票价格下跌。这些国家的汇率和股票价格之间应该是正相关关系。

3. 资本流动渠道

在资本市场开放情况下，国际资本流动会在汇率和股票价格之间建立连接。一方面，汇率变动预期会影响国际资本流动方向，引起股票价格变动。如果国际资本流动引发国内投资者的"羊群效应"，则会进一步加剧股票价格变动。当一国货币存在升值预期时，会吸引国际资本流入，尤其是投机性较强、流动频繁的短期资本，进而带动股票价格上涨。相反，贬值预期则会促使国际资本流出，带动股票价格下跌。

另一方面，国内股票收益率情况也会影响国际资本的流动方向，影响本币需求，进而引起汇率变化。当外国投资者对一国股票市场更乐观时，国际资本会增加股票投资，促使本币升值；反之，国际资本会减少股票投资，促使本币贬值。因此，基于资本流动渠道，汇率和股票价格之间应该是负相关关系。

4. 货币供给渠道

降低汇率波动性的外汇干预措施也可能影响股票价格。当汇率过度波动对经济产生较大负面冲击时，货币当局可能需要进行外汇市场干预。为抑制本币升值对国内经济和对外贸易产生紧缩性影响，货币当局会在外汇市场上买入美元，投放基础货币，在不做对冲操作的情况下，增加的流动性会推动股票价格上涨。反之，货币当局在市场上抛售美元，回笼基础货币，减少的流动性则会拖累股票价格下跌。

综上，汇率和股票价格之间的传导渠道主要有国际贸易、资产负债表、资本流动和货币供给4种，但从不同角度得出的汇率和股价的关系有所不同。因此，不能断言汇率和股价之间存在必然联系。

二、汇率与股价关系的国际比较

发达经济体和新兴经济体的外汇市场和股票市场存在明显区别。在进行汇率和股价关系的国际比较分析时，我们需要对其加以区分。这里选择的发达经济体包括：美国、欧元区、英国、日本、加拿大和澳大利亚；选择的新兴经济体包括：俄罗斯、韩国、印度、马来西亚、阿根廷和巴西。

我们选取2000年第一季度至2020年第三季度各经济体本币汇率和代表性股指数据。分析显示，汇率和股价的关系在不同国家表现不一。在发达经济体中，欧元区、英国和日本的汇率和股价大致呈正相关关系，美元指数和标普500指数的相关性较弱，加拿大和澳大利亚的汇率和股价呈负相关关系。在新兴经济体中，阿根廷、印度和巴西的汇率和股价呈现正相关关系，俄罗斯、马来西亚汇率和股价的相关性不明显，韩国汇率和股价大致呈负相关关系[1]。

---

[1] 美元汇率取洲际交易所美元指数，其他货币汇率采用直接标价法的美元兑该货币的双边汇率。

（一）发达经济体

1. 正相关：欧元区、英国、日本

2000年第一季度至2020年第三季度，欧元区、英国和日本汇率和股价相关性总体为正，意味着本币贬值、股市上涨。但3年滚动相关系数显示，各国汇率和股价的相关关系并不稳定。

在欧元区，2011年以前和2015—2018年两个时间段里，美元兑欧元汇率和股价呈正相关关系，2011—2014年和2019年以来的两个时间段里相关系数转为负值。在英国，美元兑英镑汇率和股价的相关系数变动较为频繁，2019年以来也降为负值。在日本，2000—2004年，美元兑日元汇率和股价呈负相关关系：日元先贬后升，日经225指数先跌后涨；2005年至今，二者走势较为一致，转为正相关。

欧元区、英国汇率和股价之间的正相关关系，与各国股市海外敞口大小有关。彭博数据显示，欧洲斯托克50（STOXX50）指数、英国富时100（FTSE100）指数成分股中分别约有85.2%、66.0%的收入来自海外。因此，本币升值会削弱出口企业竞争力并造成汇兑损失，导致股市下跌，反之则会推动股市上涨。对于日本，一方面，日经225指数成分股中约有37.9%的收入来自海外，日元贬值会通过国际贸易渠道对股市产生提振作用；另一方面，日本持有大量对外净资产，日元贬值又会通过资产负债表渠道带动股价上涨。此外，2012年之后，日元贬值和股市上涨的势头则主要是受宽松货币政策的影响。

而由于汇率和股价还受到多种其他因素的影响，因此二者之间的正相关关系不稳定。例如，外汇风险对冲操作可能导致汇率对股价的实际影响有限；在全球经济快速扩张时，即便汇率升值会打击出口，其带来的影响也相对较小；外汇市场逐险/避险交易模式变化也会影响汇率和股价的关系，如2011—2012年欧债危机期间，欧元承压，

欧股下跌，美元兑欧元汇率和股价呈负相关关系。

2.弱相关：美国

彭博数据显示，标普500指数成分股中约有45.0%的收入来自海外。因此，从理论上说，美元走强会损害跨国公司的海外盈利，导致股市下跌。但是2000年第一季度至2020年第三季度，美元指数和标普500指数的总体相关性较弱，相关系数仅为0.17。2003年之后美元走弱，美股反弹；2008年金融危机后，美元总体走强，美股也经历了10年"长牛"；2020年3月流动性危机过后，美元指数从102的高位回落，美股则出现明显反弹。

3.负相关：加拿大、澳大利亚

2000年第一季度至2020年第三季度，加拿大、澳大利亚汇率和股市相关性总体为负。3年滚动相关系数显示，除了2014—2015年加元、澳元和股市的相关系数为正，2018年第三季度至2019年澳元和股市的相关系数为正，其他大部分时间加元、澳元和股市的相关系数均为负值。其背后的原因在于加拿大、澳大利亚是重要的大宗商品出口国（加拿大是以原油为主，澳大利亚是以铁矿石为主），加元、澳元同为商品货币，对全球增长和大宗商品需求敏感。当全球经济扩张提振大宗商品需求时，会推动加元和澳元升值，同时也利好股市。

（二）新兴经济体

1.正相关：阿根廷、印度、巴西

2000年第一季度至2020年第三季度，阿根廷、印度和巴西的汇率和股市总体正相关性较强，意味着本币贬值、股市上涨。

样本期内，阿根廷的汇率制度经历了多重变化：2002年初，杜阿尔德总统上台后宣布废除货币局制度，开始实行汇率自由浮动。2005年又转为实行盯住美元的汇率制度。2011年之后经济大幅下滑态势积累了较强的贬值预期。2015年12月，马克里总统上台后宣布允许汇率自由浮动，阿根廷比索开始大幅贬值。为避免资产受货币贬值和恶性通胀侵蚀，大量资金涌入股市，推动股市暴涨。

印度自1993年开始实行管理浮动汇率制度，维持了较长时间的汇率稳定。2008年金融危机之后，国际资本大量流入新兴市场，推动卢比升值，股市也从危机时的低位开始反弹。2011年至今，卢比大幅贬值，但股市总体上涨趋势明显。

巴西自1999年开始正式实行自由浮动汇率机制。2000—2007年，汇率先贬后升，股市先跌后涨；2008年金融危机之后，巴西雷亚尔和印度卢比一样经历了先升后贬的过程，股市上涨趋势也较为明显。

在特定时期，尤其是在美国收紧流动性的情况下，新兴市场容易发生货币危机，并伴随资产价格的大幅调整。例如，2018年，在全球美元流动性收紧的背景下，叠加第二季度之后全球贸易摩擦不断升级，国际资本从新兴市场流出，阿根廷比索、巴西雷亚尔均承受了较大调整压力，分别贬值49.4%、19.8%，阿根廷MERV指数、巴西IBOVESPA指数分别较年初高点下跌了16.6%、12.5%。此时，汇率和股价又表现出一致走势。

2.弱相关：俄罗斯、马来西亚

2000年第一季度至2020年第三季度，俄罗斯、马来西亚汇率和股市相关性总体较弱。

亚洲金融危机时期，俄罗斯卢布兑美元汇率出现了大幅贬值，之后随着经济形势好转以及央行加强干预，卢布汇率在2000—2013年保持了较长时期的稳定态势，但俄罗斯股市则经历了两轮牛熊转换。2014年11月，俄罗斯央行宣布取消与美元和欧元的一揽子联系汇率机制，允许卢布自由浮动，卢布兑美元汇率在一个月内贬值40%以上，股市也出现快速下跌。2016年之后，卢布先升后贬，股市则开始持续上涨，截至2019年末，卢布兑美元汇率贬值了19%，俄罗斯股市上涨了1倍多。

2005年7月，马来西亚央行宣布放弃此前盯住美元的汇率制度，开始实行管理浮动汇率制度。2005—2011年和2018年—2020年第三季度的两个时间段内，马来西亚令吉兑美元汇率和股价为负相关关系；2012—2017年，二者转为正相关。其间马来西亚令吉贬值23.2%，吉隆坡指数上涨10.4%。

3. 负相关：韩国

2000年第一季度至2020年第三季度，韩元汇率和股市相关性总体为负。从3年滚动相关系数来看，虽然系数变动较大，但均位于负值区间。这意味着韩元贬值时股市往往下跌，韩元升值时股市往往上涨。2001—2007年，韩元兑美元汇率升值15%，韩国综指上涨了276%。2008年金融危机之后，韩元兑美元汇率先是贬值20.5%到2009年3月末，后又升值10.3%到2011年6月末，同期韩国综指也经历了先跌后涨的过程。此后受经济增速放缓影响以及外部因素干扰，韩元经历了两波贬值，2014年7月至2016年2月贬值了18.3%，2018年4月至2020年3月贬值了13.0%，其间韩国综指分别下跌了4.3%和28.3%。

综上所述，从发达经济体和新兴经济体的经验来看，由于各经济体在经济结构、金融市场发展等多方面存在较多差异,因此在不同经济体中汇率和股价的关系表现不一。即便是在同一经济体中,由于不同时期的影响因素不同,汇率和股价的关系往往也会出现较大变化。

第二节 关于汇率与股价关系的中国经验

一、人民币汇率与A股总体表现

（一）汇率水平

2005年"7·21"汇改至今,人民币汇率和股价的相关性总体较弱。分阶段来看,"7·21"汇改后至"8·11"汇改前,人民币基本处于单边、渐进升值状态。但这期间国内股市经历了多轮牛熊转换。"8·11"汇改到2016年底,人民币处于单边下跌行情,而同期上证综指先是延续了前期的高位回落态势,后自2016年2月开始触底反弹。2017年以来,人民币汇率和股价的负相关性明显增强：2017年,受国内经济企稳、美元指数走弱以及外汇政策影响,人民币汇率止跌回升,累计升值6.2%,上证综指上涨了6.6%；2018年,国内经济下行压力加大,中美利差收窄,中美经贸摩擦升级导致市场风险偏好受到抑制,人民币汇率累计贬值4.8%,上证综指下跌24.6%（其中还受到国内去杠杆、严监管政策的影响）；2019年,人民币汇率贬值1.6%,上证综指上涨22.3%；2020年初,新冠肺炎疫情暴发导致人民币汇率和国内股市承压,上证综指自3月末率先反弹,人民币汇率自6月开始止跌回升,全年人民币累计升值6.7%,上证综指累计上涨13.9%。

"7·21"汇改之后的10多年时间里，人民币汇率持续单边升值态势，并未伴随股市持续下跌。从理论上讲，中国是出口贸易大国，人民币升值会削弱出口竞争力，进而对国内经济、股市带来向下的压力。此种情形未发生，可能有以下三方面的原因：一是从国际贸易渠道，对此可以解释为，中国制度红利、劳动力低成本等优势部分抵消了人民币升值对出口造成的负面影响。并且，由于国内股市海外敞口较小，因此汇率变动对上市公司业绩的影响更小。二是中国民间部门持有大量外币债务，人民币升值通过资产负债渠道对股市产生的正向影响，也可以部分抵消人民币升值通过国际贸易渠道对股市产生的负向影响。三是中国资本市场开放程度有限，人民币汇率市场化程度较低，国际资本流动在汇率和股市间的联系作用较弱。2017年至今，人民币汇率和股票市场联动性增强，其背后可能的主要原因是，人民币汇率市场化程度明显提高，资产价格属性日益凸显，人民币和股票作为风险资产，会受到经济基本面、货币政策、市场情绪等多种因素的共同影响。

（二）汇率变动

2005年8月—2021年12月，人民币汇率升/贬值幅度和上证综指变动幅度的相关系数仅为0.12，相关性较弱。当汇率升/贬值幅度大于1%时，二者之间的相关性略有增强。在升值幅度≥1%的22个月里，有14个月的上证综指是在上涨。2018年1月、2019年1月和2020年11月，人民币汇率分别升值3.2%、2.4%和2.2%，上证综指分别上涨5.3%、3.6%和5.2%。在贬值幅度≥1%的16个月里，有11个月的上证综指是在下跌，其中包括多次"股汇双杀"，但每次"股汇双杀"的性质存在差异。

例如，2015 年 8 月，央行宣布完善人民币中间价报价机制，当月人民币贬值 4.3%，上证综指下跌 12.5%；2015 年 12 月、2016 年 1 月，人民币连续贬值，贬值幅度分别为 1.5%、0.9%，上证综指则由上涨 2.7% 转为大跌 22.6%。这两次"股汇双杀"是信心危机在两个市场间相互传染造成的。2020 年 2 月和 3 月，人民币汇率分别贬值 1.7% 和 1.1%，上证综指分别下跌 3.2% 和 4.5%。这次"股汇双杀"却是突发疫情造成的不确定性，引发两个市场的集中抛售行为，反映出人民币和股票同为风险资产的特性。

（三）汇率预期

从理论上讲，汇率预期变动会通过影响国际资本流动进而影响国内股市。因为对外资而言，人民币汇率升值预期较强时，就意味着以美元计价的人民币资产存在上涨空间，会吸引外资流入；反之，人民币汇率贬值预期则会促使外资流出。近年来，1 年期 NDF 隐含的人民币汇率预期与陆股通北上资金量存在一定的相关关系；陆股通北上资金同上证综指涨跌幅之间也存在正相关关系，并较上证综指具有一定的领先性。据此，可以认为，汇率预期可能会在一定程度上通过影响外资流动进而影响股市走势。但对此需要注意的是，人民币升值不等于有升值预期。当人民币升值到一定程度后，人民币计价资产估值偏高，对外资的吸引力就开始降低。一旦外资认为人民币汇率存在高估，那么外资可能会抛售人民币资产，进而带动股市下跌。

二、人民币汇率与行业指数的关系

人民币汇率对行业指数的影响渠道主要有两种：一是汇率水平变

化通过影响上市公司财务状况，进而影响相关行业指数表现；二是汇率预期变化通过影响短期资本流动情况，进而影响相关行业指数表现。据此，我们将主要行业分为以下三种类型：外贸依赖度较高的行业、外币负债较多的行业和北上资金重点持仓的行业。下面，我们将逐一分析各类型行业指数与汇率之间的关系。

（一）外贸依赖度较高的行业

从理论上讲，汇率贬值利好出口型行业指数表现，不利于进口型行业指数表现。这是因为，对出口依赖度较高的行业而言，人民币贬值会产生汇兑收益，缓解上市公司财务压力；对进口依赖度较高的行业而言，人民币贬值会产生汇兑损失，加重上市公司财务负担。

根据 2018 年的全国投入产出表，我们将 153 个部门简单归纳为几个大类行业，并计算各大类行业的进、出口依赖度。其中，进口依赖度用行业中间投入进口额[①]占总投入的比重来衡量，出口依赖度用行业出口额占总产出的比重来衡量。计算结果显示，家用轻工、家用电器、计算机、通信、纺织服装等行业出口依赖度较高；采掘、有色金属等行业进口依赖度较高；电子、化学原料行业的进、出口依赖度都比较高。

从 2015—2020 年上述行业的汇兑损益情况来看，进、出口依赖度较高的行业在 2015 年（人民币贬值年份）多取得汇兑损失；出口依赖度较高行业在 2016 年、2018 年和 2019 年（人民币贬值年份）基

---

① 将投入产出表中各部门的中间投入总额分为国内和进口两部分，中间投入进口额 = 进口总额 × 中间投入总额 /（中间投入总额 + 最终使用总额）。此处假设进口产品与国内产品具有同质性，进口产品在各部门之间的分配与国内产品在各部门之间的分配比例完全相同，即中间投入进口额 /（中间投入进口额 + 最终使用进口额）= 中间投入总额 /（中间投入总额 + 最终使用总额）。

本取得汇兑收益,在2017年和2020年(人民币升值年份)取得汇兑损失,与预期基本一致;进口依赖度较高的行业在2016年、2017年和2020年的汇兑损益情况与预期相反,在2018年、2019年取得的汇兑损失才有所增加(见表3-1)。这表明,汇率变化对各行业汇兑损益的影响不定。

表3-1 进出口依赖度较高的行业汇兑损益情况(单位:亿元人民币)

项目		2015年	2016年	2017年	2018年	2019年	2020年
人民币汇率变动幅度(%)		−5.8	−6.4	6.2	−4.8	−1.6	6.9
出口依赖度较高行业	家用轻工	−2.0	−3.0	6.5	−0.6	−1.0	9.8
	家用电器	−7.6	−57.5	42.4	−12.9	−5.2	25.9
	计算机	11.3	−3.9	2.9	1.4	−0.5	10.6
	通信	22.7	−15.4	14.2	−10.0	−2.6	9.7
	纺织服装	−0.5	−2.9	5.7	−0.6	−1.0	7.5
	机械设备	15.2	−18.1	34.1	−8.8	−7.6	59.0
	橡胶	−0.7	−4.8	6.5	−4.2	−0.4	5.0
	塑料	0.1	−0.1	2.1	−0.7	−0.3	1.3
	商业贸易	12.1	1.9	2.7	0.5	0.1	9.9
进口依赖度较高行业	采掘	17.2	−14.4	25.8	−15.6	0.8	7.9
	有色金属	21.9	−3.6	14.5	6.0	−0.2	4.9
	化学制品	−0.7	−11.3	26.9	−13.4	10.4	45.0
	电子	7.1	−3.7	34.2	22.4	7.1	69.5
	化学原料	1.6	0.8	0.3	0.3	0.1	0.8

注:负值表示汇兑收益,正值表示汇兑损失。
资料来源:万得。

各行业指数进一步显示,2015年1月—2020年12月,在出口依赖度较高的行业中,只有家电行业指数和汇率走势表现出一定的正相关性,其他行业指数和汇率之间基本为负相关。在进口依赖度较高的行业中,采掘、有色金属和化学制品行业指数和汇率表现出负相关性。电子行业进、出口依赖度都比较高(分别为39.8%和20.2%),汇率对指数的影响较弱。化学原料的进、出口依赖度较为接近(分别为14.9%和11.6%），但行业指数和汇率依然表现出负相关性。

（二）外币负债较多的行业

上文提及汇率变化会通过资产负债表渠道影响股价表现，即本币升值会减轻上市公司外债负担，有利于提振相关公司股价，反之则会给股价带来向下压力。分行业来看，2019年交通运输业的美元借款规模最高，为2 060亿元（航运和航空运输分别贡献了1 380亿元和601亿元）；电子业的美元借款规模为1 589亿元（电子制造贡献了488亿元）；采掘业的美元借款规模为1 166亿元（石油开采贡献了951亿元）；化工业的美元借款规模为780亿元（化学纤维贡献了481亿元）；建筑装饰业的美元借款规模为676亿元（基础建设贡献了481亿元）（见图3-1）。

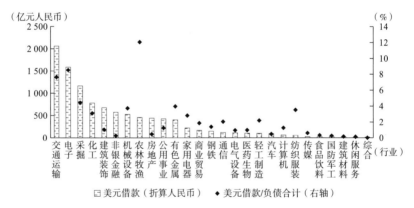

图3-1　2019年各行业美元借款规模以及占负债比重情况

资料来源：万得。

2015—2020年，在图3-1前五类行业的主要贡献细分行业，航空运输业汇兑损益金额较大，可见汇率波动对该行业影响最大。2017年和2020年人民币升值时，航空运输业取得的汇兑收益分别为106亿元、142亿元。在其他贬值年份，该行业则分别取得汇兑损失194

亿元、151亿元、97亿元和53亿元。但同期航空运输业指数有涨有跌：2015年和2019年分别上涨了45.3%和15.0%，2016年和2018年分别下跌了18.6%、28.9%。这是因为除了汇率因素外，航空运输业指数表现还受到诸如供需关系、油价变化等多种因素的影响。

（三）北上资金重点持仓的行业

上文提及资本流动是汇率影响股市的重要渠道之一。随着陆股通逐渐成为外资进入国内股票市场的重要渠道，北上资金可能建立了人民币汇率和某些特定行业指数之间的连接。从理论上讲，当本币升值预期较强时，北上资金流入增加，那么最有可能受影响的便是北上资金重点持仓行业指数的表现。从北上资金持仓占行业流通市值比重可以看出，家电、餐饮旅游、食品饮料、建材、医药等行业是北上资金重仓行业（见图3-2）。2017—2021年，食品饮料、家电、医药、餐饮旅游行业指数变化和北上资金持仓变化增速高度相关，相关系数基

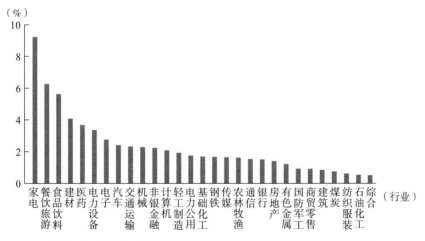

图3-2　2017—2021年北上资金持仓占行业流通市值比重均值

资料来源：万得。

本大于 0.8，但各个行业指数变化和汇率预期的相关性均较弱。这表明，虽然北上资金是影响行业指数涨跌的重要因素，但我们无法直接根据汇率预期的变化预判北上资金重仓行业指数的走势。

三、主要结论

2020 年下半年，人民币升值、股价上涨同时出现，再次引发了市场关于汇率和股价关系的讨论。有代表性的观点是，人民币升值有利于股市上涨。我们认为汇率和股价之间的影响机制较为复杂，不存在"人民币升值—股市上涨"的必然逻辑。

首先，从相关理论来看，汇率和股价之间的传导渠道较多，从不同角度分析会得出不同的关系，无法断言二者之间存在确定性联系。其次，从国际比较来看，汇率和股价的关系在不同经济体之间以及同一经济体的不同时期存在较大差异。再次，从中国经验来看，"7·21"汇改以来，人民币汇率和股价的相关性总体较弱，2017 年之后汇率和股市联动性明显增强，可能的原因是：汇率市场化程度提高后，人民币和股票作为风险资产，会受到多种因素的共同影响。但不可否认的是，当人民币汇率发生较大变动时，汇率和股价之间的相关性略有增强，并且人民币升/贬值预期可能会在一定程度上通过影响外资流动进而影响股市走势，但要注意人民币升/贬值不等于有升/贬值预期。最后，分行业来看，人民币汇率变化对各行业指数的影响不能一概而论。即便对不同类型的行业进行区分后，也难以发现汇率和各行业指数之间存在明确的关系。

当人民币兑美元汇率和股市出现同向变化时，市场总是有选择性地将人民币升值归为股市上涨的原因，将人民币贬值归为股市下跌的原因。但其实影响汇率和股价的因素众多，我们不宜过度解读汇率对股价的影响，简单地将"人民币升值—股市上涨"这一似是而非的逻辑应用到投资实践中。

第三节　2020年7月A股飙升行情与"热钱"的关系

2020年上半年，在新冠肺炎疫情大流行、全球经济大衰退背景下，上证综指、深证成指和创业板指数分别下跌2.1%、上涨15.0%和35.6%。而7月上旬（到10日），三大股指分别上涨13.4%、14.0%和14.0%。同期，日均成交额高达1.42万亿元人民币，远超上半年日均7 582亿元人民币的水平。市场在担心股市上涨过快可能引发调整风险的同时，也关心这波大涨是否与国际"热钱"流入有关。

一、警惕国际"热钱"兴风作浪是一种理性

为应对疫情冲击造成的经济停摆，各国普遍采取了空前的货币刺激政策。主要经济体纷纷走向了零利率甚至负利率，重启量化宽松乃至无限量宽。全球宽流动性、低利率，有助于压低无风险收益，提升市场风险偏好。这被认为是2008年金融危机爆发后，美联储"零利率＋量化宽松"政策的取胜之道，通过资产价格上涨、正财富效应，缔造了美国战后最长的经济扩张周期。"大水漫灌"也是2020年3月底以来，以美股为代表的全球风险资产大幅反弹的重要推动力。当

然，金融市场与实体经济的严重脱节，也引起了各方的高度关注。

上次危机爆发后，主要经济体货币大放水，国际"热钱"涌向新兴市场。这次也不例外。随着全球金融恐慌和信用紧张状况缓解、美元荒退潮和美元指数回调，过剩的流动性势必要寻找有利可图的机会。据国际金融协会统计，新兴市场在 2020 年 3 月遭遇了 835 亿美元的外来跨境组合投资净流出后，自 4 月起恢复净流入。2020 年第二季度，累计净流入 541 亿美元，上一季度为净流出 512 亿美元，其中，股票投资净流入 121 亿美元，上一季度为净流出 628 亿美元。

类似的剧情也在中国上演。2020 年 3 月全球股灾期间，中国陆股通项下北上资金也遭遇了 679 亿元人民币的净流出。第一季度，国际收支口径的外来股票投资净流出 97 亿美元，2019 年同期为净流入 262 亿美元。但 4 月以来，陆股通项下恢复净流入，第二季度累计净流入 1 360 亿元人民币，上一季度为累计净流出 179 亿元人民币。

2020 年 3 月以来，不少国际大投行频频以中国疫情得到控制、经济率先复苏为由，建议境外投资者增持 A 股，这无疑进一步鼓舞了国内投资者做多的热情。有人由此发出了国内全面牛市基础不牢，外资积极唱多 A 股是要割中国投资者"韭菜"的预警。

股市没有上涨就没有下跌，"热钱"没有流入就没有流出。因此，在全球流动性泛滥情形下，保持一份清醒和谨慎并非坏事。2020 年 4 月 8 日中央政治局常务会议提出，面对严峻复杂的国际疫情和世界经济形势，要坚持底线思维，做好较长时间应对外部环境变化的思想准备和工作准备。积极应对跨境资本流动冲击，也是其中应有之义。

二、客观评估外资在本轮 A 股上涨中的作用

随着国内股票市场逐渐扩大对外开放,外资尚处于进入期。从 2014 年 11 月股票通业务开通到 2020 年 7 月的 69 个月中,陆股通北上资金为净流出的月份仅有 11 个月,占 16%,其他月份均为净流入,到 2020 年 7 月 10 日累计净流入 11 701 亿元人民币(约合 1 673 亿美元)。由此看出,外资对 A 股是"短空长多"。配置中国资产、分享成长红利,是外资对 A 股青眼相加的重要原因。

从年度国际收支数据看,1998—2019 年,中国外来股票投资项下连续 22 年录得顺差。即便是在股市汇市剧烈动荡的 2015 年,当年依然净流入 150 亿美元。从 2015 年底到 2020 年 3 月末,外资在 A 股流通市值份额从不到 1.5% 稳步升至 4% 以上。

外资不仅给中国股市带来了资金,更带来了好的投资理念。外资资金属性稳定并且长期,对短期波动的容忍度相对国内机构投资者要高很多,且外资更注重长期投资,对商业模式、盈利质量、盈利可持续性的重视程度远高于短期盈利。因此,北上资金偏好绩优、高成长的行业龙头,沪深 300 指数的成分股成为外资配置的核心资产,对国内投资者价值投资理念的培育起到了较好的示范作用,同时也促进了国内上市公司治理的改善。

北上资金除了择股还讲究择时,习惯于"高抛低吸"的操作。如 2015 年 4 月,沪深 300 指数日平均值环比上涨 20%,结果陆股通(当时仅有沪股通)项下首次出现净流出 36 亿元。显然,当时 A 股过快上涨触发了外资的减仓行为。到股市异动前夕的 2015 年 6 月,当月陆股通净流入额为 59 亿元人民币,较沪股通开通以来(2014 年 11 月—2015 年 5 月)的月均水平骤减 64%。

再如 2018 年，受贸易局势紧张影响，A 股出现了深幅调整。但陆股通北上资金自 2018 年 11 月起持续增仓，至 2019 年 2 月月均净流入 460 亿元人民币。2019 年 4 月，沪深 300 指数日平均值较 2018 年 12 月上涨 28%。但外资早在 3 月就将加仓规模降至 44 亿元人民币，4 月、5 月股指冲高时又大举减仓，基本完美走完了 2019 年上半年的 A 股上涨行情。

然后，从 2019 年 6 月起，陆股通又转为持续净流入（除 2020 年 3 月因全球股灾出现了短暂净流出）。到 2020 年 6 月，月均净流入 372 亿元人民币（不含 2020 年 3 月数据），显示外资再次耐心地持续加仓，直到迎来这波飙升行情。

此外，不少国际投行 2020 年其实一直是 A 股坚定的多头。如瑞银早在 2020 年 2 月底疫情暴发初期，就建议境外投资者增加 A 股配置，理由是这里拥有更具吸引力的估值和增长组合，而且中国似乎也正在有效遏制病毒并恢复正常。再如摩根士丹利在 3 月美股熔断期间，就从情绪指标显示 A 股远未过热、盈利预期并不那么悲观、A 股估值目前并不算高、外资将持续流入等角度分析，建议增持 A 股。6 月中旬到 7 月初，摩根士丹利又重申了上述观点。

可见，这些投行分析师对 A 股的看法，并非行情大涨之后的后知后觉、推波助澜。只是在目前行情下，国内投资者更容易选择性地相信他们的意见。

三、2020 年 7 月的飙升行情中外资成交占比反而下降

2020 年 7 月上旬的这波国内股市飙升，主要是金融、地产等低估值的大流通市值、大蓝筹股的补涨行情。到 7 月 10 日，沪深 300 指

数累计涨幅达 14.1%，远超上半年 1.6% 的涨幅，同时也领先于上证综指、深证成指和创业板指数的同期涨幅。如果剔除 10 日的久违调整，沪深 300 指数的涨幅达 16.3%，则领先更多。

然而，从陆股通每日成交额占当日沪深 300 指数成交额的比重看，7 月上旬 8 个交易日的占比为 30.6%，较 6 月下降了 8.4 个百分点，较第二季度占比低了 9.6 个百分点。同期，沪深 300 成交额占沪深两市成交额的比重达到 35.1%，较 6 月上升了 7.2 个百分点，较第二季度占比上升了 8.7 个百分点。此指标显示，内资在这波行情中的活跃程度又重新高于外资。

如果从增量资金看，情况则更加了然。2019 年初至 2020 年 6 月，融资融券业务有 6 个月"融资余额变动与融券余额变动轧差"为负值。也就是说，境内资金为场内降杠杆，而同期陆股通项下仅有 3 个月为净流出。2020 年 7 月上旬，陆股通累计净流入额与沪深 300 成交额之比为 1.6%，较 6 月仅上升了 0.2 个百分点，较第二季度仅上升了 0.1 个百分点。同期，融资融券加杠杆与沪深 300 成交额之比为 4.1%，且明显高于陆股通净流入额占比，较 6 月上升了 2.5 个百分点，较第二季度更是高了 3.4 个百分点。此指标同样显示，这波行情中内资加杠杆的热情重新高于外资加仓的冲动。

显然，这次北上资金布局又领先了内资一段时间。鉴于同期陆股通项下累计净流入 585 亿元人民币，显示外资尚未减仓，故这最多只能算是内资的"抬轿"行情。从过往的经验看，不排除股指上涨过快、股票估值过高，外资随时可能"下轿"。有市场分析指出，这波行情中，陆股通主要以交易型资金为主。对此，大家需高度警觉。如果不是立足长线的、基本面的价值投资，而是追涨杀跌、炒概念的话，就可能再次沦为被大资金（包括内资和外资）收割的"韭菜"。

第四节　2021年5月底人民币急涨行情中境外资金坐庄的影子

如第二章第三节所述，2021年5月底，境内人民币兑美元汇率出现了一波急涨行情，离岸市场突然抢跑是本轮急升的催化剂，其中不排除有境外资金运用了人民币多头的组合投资策略。

一、这波急涨行情中不排除有境外资金坐庄

2021年5月25日，在境内外人民币汇率交易价冲击6.40关口之际，陆股通当日净买入217亿元，较前日上升近200亿元，刷新单日净买入成交额记录。5月最后一周（5月24日至28日）连续4天大幅买入，当周合计净买入额为468亿元，创陆股通开通以来的历史新高。同期，在岸人民币兑美元收盘价升值1.07%，离岸人民币升值1.19%，沪深300指数上涨3.64%。同时，"人民币升值催生A股长牛""人民币升值吸引外资增持人民币资产"等说法甚嚣尘上。

5月最后一周的股汇市场双双大幅收涨，让人联想到亚洲金融危机时期外资同时做空港股和港币的"股市+汇市+期货"的组合交易策略。我们猜测，离岸市场可能构建了一个"汇市+股市+期权"的做多人民币的组合交易策略，即机构（如对冲基金，不排除有中资机构）或提前在离岸市场买入未来一两个月到期的美式看跌期权，如执

行价在 6.20—6.30 的买入美元/卖出人民币①。然后，在近端拆入等额美元，于离岸市场现货抛出美元换取人民币，砸低美元/人民币离岸汇率。接着，通过陆股通买入 A 股，同时通过炒作人民币升值与股市的"故事"，进一步助燃市场做多人民币和 A 股热情。如果人民币升值触发行权价，则这类资金将卖出 A 股套现行权，归还美元融资，赚取汇差和价差。

二、人民币升值吸引外资增持 A 股是一个伪命题

2015 年以来，随着中国加快国内金融市场开放，先后推出沪港通、深港通，取消 QFII 和 RQFII 投资额度限制，A 股陆续纳入国际指数，外资在中国股票市场的参与程度逐步上升。根据人民银行的统计数据，到 2021 年 3 月底，境外持有境内人民币股票资产 33 614 亿元，相当于境内 A 股流通市值的 5.24%，较 2014 年底提高了 3.48 个百分点。

在这一时期，人民币汇率跌多涨少，累计贬值 5.9%。同期，人民币汇率升贬值与外资持有 A 股市值占比变动的相关性仅在 0.1 左右。而且，人民币贬值并未"劝退"外资。例如，在 2016 年以来的三轮贬值阶段中，外资持有市值占比均有所上升。相应地，人民币升值也不会显著带动外资流入。尤其是，2020 年 6 月—2021 年 5 月人民币升值 10% 以上，同期外资占比仅上升了 0.52 个百分点。

整体上看，尽管 2015 年来人民币汇率跌宕起伏，外资在 A 股中

---

① 据 21 世纪财经 2021 年 5 月 21 日的报道，美债收益率迅速冲高回落，削弱了市场买涨美元的人气，对冲基金开始加大买涨人民币力度，买入执行价在 6.20—6.30，期限在 1—2 个月的人民币汇率看涨期权，或者增加执行价格在 6.30 附近的离岸人民币掉期交易头寸（https://m.21jingji.com/article/20210521/herald/533bab6ecb16e5aa2c7647a4df7cf037.html）。

的占比却稳步提升。这主要是因为中国股市刚刚加快开放，外资尚处于进入阶段，在A股市场参与程度较低。外资大多以配置为主，主要看基本面，而且A股的估值水平低于国际主要股票指数，风险溢价仍有提升空间，汇率并非外资的主要考虑因素。至于人民币升值，虽然有助于增厚存量外资利润，但是会增加增量外资成本。因而，升值对外资来讲不一定是绝对的好事情。根据资产再平衡交易策略，若不考虑其他因素，人民币升值反倒可能促使外资减少A股配置。

当然，就更不要说A股整体走势与人民币汇率之间不稳定的线性相关性了。一方面，外资占比低，对A股的影响是信号作用大于实质作用；另一方面，外资坚持价值投资，部分交易盘坚持高抛低吸，才有外资是"聪明钱"，善于抄底逃顶之说。如2015年股市异动前夕，外资已经减缓买入节奏，4月首次净卖出约36亿元股票；2017年1月和8月，外资两次成功逃顶；2018年11月至2019年2月，外资大规模抄底，平均每个月买入460亿元，增持规模接近此前每月平均净买入额的4倍，此时恰逢A股估值处于低谷；2020年4月至6月，连续3个月大幅买入后成功"埋伏"2020年7月初的股市暴涨。

再者，以60个交易日为频率观察趋势，可以发现2020年3月以来股汇相关性趋弱。在2020年2月中旬达到峰值后，由于股市出现过较大的调整且汇市快速大幅升值，相关性呈现震荡下行的趋势；2021年以来虽有反弹，但仍处于样本均值（0.3）附近，仅是回归常态而已（见图3-3）。

若仅凭相关性来交易，显然2020年相关性更高，但也不是没有风险。例如，2020年7月至10月汇率升值速度进一步加快，而A股却陷入震荡调整。这也再次说明股汇之间的相关性并不稳定，机会稍纵即逝，而抓短期机会恰恰符合投机风格。

第三章 人民币汇率与 A 股不得不说的故事

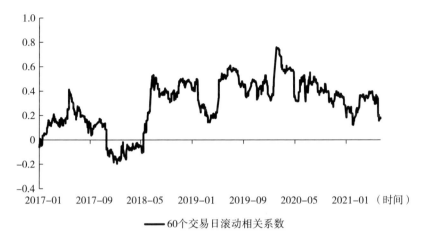

图 3-3 人民币汇率变动与沪深 300 变动的滚动相关系数

资料来源：万得。

三、陆股通净买入或更多出于交易性质而非资产配置

2021 年 5 月底，在人民币升值至接近 3 年来的高位时，5 月 25 日出现单日 217 亿元陆股通净买入，远高于上日 18 亿元的规模，单周创下 468 亿元的历史净买入新高，同期 A 股也明显上涨。而这是 2017 年以来唯一的 3 个标准差以上净流入，在既无消息面也无基本面新增利好的情况下，确实令人意外。此前 5 次两个标准差以上的净流入，均不以人民币汇率为触发点。例如，2020 年 2 月第一周外资大幅流入，抄底开市暴跌的 A 股[①]。

从上述论证可以看出，外资大量买入 A 股不一定拉动人民币升值，而人民币升值也不一定推动 A 股上涨。尤其对以配置为主的外资

---

① 5 次两个标准差以上的净流入分别为 2018 年 11 月第一周（接近破 7），2019 年 11 月第四周（中美第一阶段经贸协议意向书达成前夕），2020 年 2 月第一周（新冠复市后 A 股暴跌），2020 年 4 月第三周（央行实施定向降准），2020 年 7 月第一周（A 股罕见大涨）。

来说，持有人民币存在错配风险，人民币升值意味着汇率风险和交易成本会有所上升。三者之间的涨跌并不存在连贯的因果关系。这也使得 5 月最后一周陆股通创纪录流入和市场鼓吹"股汇同涨"显得格外不同寻常。

根据对 5 月最后一周陆股通持股数量变化百分位的表现分析，我们发现外资整体仍是高抛低吸的节奏，即持仓上升的均是较 1 月 21 日沪深 300 指数高点下跌的股票，持仓下降的均是同期上涨的股票。而且流通市值分布呈现正态分布，即持仓小幅变动的是大市值股票，持仓剧烈变动的为小市值股票。不过，虽然流通市值小的股票易于"操作"，但是否含有快进快出的交易盘属性还需看较长周期内的持仓变化。

进一步将 5 月最后一周持股数量翻番的 25 只股票合并统计[①]，我们可以发现 5 月 24 日平均持股量开始大幅上行至 28 日高点，日均增加 28%，明显高于 3 月 22 日以来 3% 的日均增持幅度。此后，在 5 月 31 日外汇存款准备金率上调后快速流出（见图 3-4）。如果没有政策干预来打破似是而非的股汇同涨逻辑，考虑到市场做多情绪不断升温，人民币汇率可能会在短期内升破 6.3，外资顺势继续流入股市可能会进一步提高收益。

---

① 25 只股票（富祥药业、雷赛智能、迪瑞医药、鸿达兴业、数码视讯、重庆银行、葫芦娃、富瀚微、容大感光、贵研铂业、晨光生物、中石科技、南大光电、省广集团、合肥城建、泸天化、天箭科技、露笑科技、兴森科技、值得买、焦作万方、深深房A、金丹科技、协鑫科技和新安股份）中，部分陆股通股票在 5 月 24 日前处于空仓状态，使得 5 月底 6 月初的快进快出更为明显。

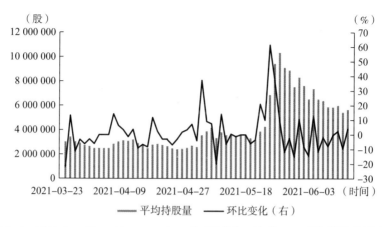

图 3-4　2021 年 3 月 22 日—2021 年 6 月"异常"买入的 25 只股票持股数量变化
资料来源：万得。

四、"股市＋汇市＋期权"交易策略或是陆股通异动的重要诱因

首先，人民银行退出外汇市场常态化干预，逆周期因子已经逐步淡出使用。由于人民币中间价定价机制的特殊性，在缺乏逆周期因子的情况下，美元兑人民币中间价由上一个交易日的收盘价和夜盘一揽子货币汇率（主要是美元指数）组成，而且人民币对美元指数的弹性可能会较过去有所上升。5 月最后一周，由于美元指数窄幅震荡，人民币中间价便会随着在岸人民币连续升值而不断调升，造成一种央行默许人民币升值的"错觉"。此外，由于 5 月美联储仍较为"鸽派"，加之距离 8 月杰克逊霍尔年会的潜在公布缩减购债窗口期还有足够时间，美元可能会维持一段时间的震荡，甚至有可能走势较为疲软[①]。因

[①] 2021 年 6 月美联储公布最新点阵图，显示 2023 年预计加息两次，为本轮货币周期的首次偏鹰派表态。尽管美联储主席鲍威尔在新闻发布会上极力安抚市场，但市场越发相信 8 月的杰克逊霍尔年会是美联储货币政策转向的时间点。

而，5月25日可能是短期做多人民币的较好开启时点。

其次，消息面和宏观面缺乏显著利空，市场存在临近特殊日子监管层维稳的预期。当时国内经济基本面处于明牌状态，延续经济复苏、消费追赶生产的趋势，而下半年经济回落速度难以预测。虽然国内外都有对高通胀的担忧，但是没有哪一个主要央行希望立刻通过紧缩来抑制通胀上行，甚至希望对方先收紧货币政策来帮助抑制己方通胀。2021年第一季度中国央行货币政策执行报告也透露出，国内货币政策处于观望状态，稳字当头。凑巧的是，临近特殊日子，市场有不少声音认为监管层可能以稳为主。这也在无形中给予了A股"抗跌"的额外属性。另外，2021年5月25日，外资或内资机构的信息里没有央行会提高外汇存款准备金率的预期，果断做多的理由也较为充分。一是央行干预工具有限（外汇存款准备金率已经十多年未见调整），二是股汇双涨具有一定的政治正确性，三是监管层干预也需要一段时间来观察①。

再次，A股已经较海外市场率先调整，具有一定的安全边际。中国股市从2021年1月底至3月经历了一波深度调整，部分热门股票（核心资产、白马股）的跌幅一度达到30%或40%。由于美股居高不下，不管是心理层面还是配置需求，A股也有补涨的冲动。另外，虽然中美利差变动是研究人民币走势的一个重要指标，但外资持有债券结构数据是以月度为频率公布，无法造成轰动效果。实时追踪的A股却不同，媒体聚焦有"放大器"作用，媒体对外资大幅流入的宣传可能引爆全市场的做多情绪。此外，媒体的推波助澜，也会加重持有大

---

① 投机者也清楚，资本异常流动和资产价格大起大落会引起监管层的关注。根据彭博新闻和21世纪财经报道，2021年5月中旬，参与做多人民币交易的主要是中小对冲基金，并且没有动用较高的杠杆。

量美元的贸易企业对人民币升值的"恐慌"。如果这一波操作可以拉动企业参与套汇,"羊群效应"将使得政策干预变得更为困难。

因而,在缺乏明显利多因素的情况下,5月中下旬突然引爆有关人士早已发表的观点,反复炒作"人民币长期趋于升值""央行将不再以汇率为目标""以人民币升值对冲输入性通胀"等言论。

五、主要结论

2021年5月25日,鉴于北上资金大幅净流入和媒体爆出海外对冲基金集中做多1—2个月人民币/美元看涨期权,市场普遍预计股汇联袂上涨的短线交易机会开启。由于美元走势疲软、人民币中间价定价机制具有追涨属性、海内外短期无明显利空信息、A股已有所调整和维稳预期等诸多因素叠加发酵,短期内同时做多人民币汇率和A股的交易策略并非不可行,尤其是在情绪催动下,市场天然具有超调的动能属性。

因为体量偏小,股市的外资变动对汇率影响并不显著,关键是媒体的渲染作用可能会引发贸易企业和金融机构的"羊群效应",不排除个人投资者也会设法加入做多队伍。如果市场一致预期人民币年内走势是"V"字形,仍有较大升值空间,有效市场应会迅速压缩获利空间。只不过,中国离有效市场仍有距离,追涨杀跌的"羊群效应"可能会持续更长时间。

5月31日和6月2日,央行和外汇局先后宣布大幅上调外汇存款准备金率和一次性发放较多QDII额度,释放出不愿意看到单边升值预期的明确信号。此后股汇同涨的局面有所缓解,投机者有获利了结的冲动。截至6月25日,人民币汇率已经回到5月初的水平,较

6月1日的前高回落了1.8%；沪深300指数较5月25日—27日加权平均水平（以同期陆股通净买入成交额为权重）下跌了1.6%。应该说，这波做多人民币的交易策略（如果有的话）仍可能铩羽而归。然而，只要美联储维持足够"鸽派"，不排除这类投机活动未来会卷土重来。

对个人投资者而言，投资布局要立足于价值投资和中长线布局，不要迷信外资。对企业而言，汇率总是有涨有跌的，它们应聚焦主业，树立风险中性理念。尤其在人民币升值过快的时候，企业需要防范贬值风险。例如，6月9日21世纪财经报道，在5月人民币急涨期间，欧美国家非法人理财产品借道债券通买入人民币债券的热情格外高涨，同时有不少海外大型资管机构加大汇率风险对冲操作力度。比如，买入3个月的外汇掉期交易锁定大部分人民币债券持仓的汇率波动风险，主要是因为一旦人民币汇率大幅回调导致人民币债券资产估值波动加大，可能会影响到整个新兴市场投资组合的净值波动性与收益稳健性[1]。

对监管部门来讲，随着金融市场越来越开放，我们面临的监管环境越来越复杂。因此，监管部门之间需要加强信息共享、政策协调，积极防范、化解跨境资本流动冲击风险，提高开放条件下风险防控和应对能力。

---

[1] 21世纪经济报道.借道人民币债券赌人民币汇率升值 海外资本"短退长持"[Z/OL].（2021-06-09）.http://www.21jingji.com/2021/6-9/4NMDEzODBfMTYyNTE4Ng.html.

第五节　从 2021 年 5 月人民币急升行情看加快外汇市场发展的紧迫性

如上节所述，2021 年 5 月底的人民币汇率急涨行情，不排除有离岸做多人民币的组合交易策略推波助澜之嫌。对这种在离岸市场发起的人民币多头组合交易策略，从内地来讲，我们既没有管理，也没有数据，监管难度相当大。加快培育和发展境内外汇市场，用改革的办法解决前进中的问题是重要出路。

一、扩大交易主体和拓展实需内涵是在岸市场发展的关键

这波人民币急涨背后的推手，是市场出现了人民币升值预期自我强化、自我实现的顺周期"羊群效应"。这暴露了在岸人民币外汇市场发展中存在的一些短板。

众所周知，香港有一个 NDF 人民币外汇离岸市场。在 2010 年离岸人民币市场大发展，推出可交割的人民币外汇远期（DF）之前，NDF 曾经是海外对冲或投机人民币汇率波动的重要工具，NDF 价格也是人民币汇率的一个重要影子价格。尽管近年来因为 DF 崛起，NDF 市场的活跃度和代表性有所下降，但其仍可作为人民币汇率预期的一个重要参考。我们就常用 1 年期 NDF 隐含的价格来反映可度量的人民币汇率预期。

央行对 NDF 市场没有调控或干预。但无论市场出现单边升值或

贬值预期，由于NDF交易的参与者中既有对冲汇率风险的套保者，也有押注汇率波动的投机者，且这些参与者的风险偏好比较多元化、交易没有限制，故即便出现单边预期，只要大家预期不一致，NDF仍然可以随时出清。如有人预期人民币未来一年可能升值1%，有人预期升值3%，那么，在1%和3%之间，买卖双方就可能达成交易。

在岸市场的情形却截然不同。在岸市场上，无论是即期还是衍生品交易，都有要基于合法合规的贸易投资需求的实需原则规范。无论在银行结售汇还是在银行间市场，基本都要遵循这一要求。故市场参与者的风险偏好同质化，容易出现单边市场。

现在，我们大力引导和鼓励市场主体适应人民币汇率双向波动新常态，聚焦主业，避免偏离风险中性的"炒汇"行为，加强汇率风险管理。但由于坚持实需原则，在外贸进出口顺差较大的情况下，"风险中性"的结果很可能是对未来的结汇和购汇需求都应该凭单证进行对冲，则远期结售汇大概率将是远期净结汇。而因为银行与客户签订远期合约后，将通过近端拆入美元换成人民币、远端卖出人民币归还美元的掉期来对冲远期净结汇的敞口，这意味着银行将加大在即期市场提前卖出外汇的力度，进而加速即期市场人民币升值。可见，"风险中性"可以缓解微观市场主体的困境，却难以解决宏观层面的问题。

根据国际清算银行3年一次抽样调查的结果，2019年4月，全球日均外汇交易量为6.60万亿美元。其中，美元日均成交量为5.82万亿，占88%；人民币日均成交量为2 850亿元，仅占4%，在国际货币基金组织披露的8种主要储备货币中排名最后。人民币日均成交量中，在岸即期交易占到全球人民币即期交易的52%，但远期和期权交易占比均为1/3稍强。

于在岸市场，扩大交易主体，引入不同风险偏好的市场参与者，同时拓展实需内涵，放松交易限制，此二者与丰富交易产品"三管齐下"，对境内外汇市场发展至关重要。2005年"7·21"汇改以后鼓励"两非"入市，即允许非银行金融机构和非金融企业做结售汇业务，成为银行间市场会员。但因为没有放开相关交易限制，只相当于将之前银行柜台结售汇业务转到银行间市场办理，所以积极效果并不明显。到2020年，非银行金融机构占境内外汇市场份额的比重仅有1.1%，而全球2019年此项平均占比为55%。

此外，中国早在"7·21"汇改之初就推出了外汇和货币掉期业务。这是全球广泛使用的外汇衍生品。但因为境内执行实需原则较为严格，2020年该项交易在境内银行对客户外汇交易中占比仅为5%，远低于2019年全球平均43%的水平。而在汇率单边预期不强的情况下，本有助于减轻即期市场的外汇供求失衡压力。比如说，这波人民币升值较快，有些企业可能不愿意低位结汇，但又有本币支付需求，本可以通过近端卖出美元换取人民币、远端卖出人民币归还美元的掉期交易来调剂。现在，因掉期业务的操作不够便利，企业便可能选择被动结汇。

二、推出人民币外汇期货交易正当其时

随着人民币汇率市场化程度提高，人民币汇率弹性增加，国内现已推出了除期货之外的基础外汇衍生品工具，包括远期、外汇和货币掉期、期权。

其实，早在1992年6月，中国曾在上海外汇调剂中心推出了外汇期货交易试点，央行还于1993年颁布了《外汇期货业务管理试行办法》。但因当时人民币官方汇率与外汇调剂市场汇率并存，外汇期

货价格难以反映汇率变动的预期，加之人民币可兑换程度较低、外汇交易限制较多（1994年汇率并轨后才实现人民币经常项目有条件可兑换），因而市场交投长期较为冷淡。1996年3月，央行、外汇局在清理非法外汇按金交易的过程中，废止了前述试点办法。

引入外汇期货交易依然是中国金融人孜孜以求的梦想。2018年，央行、证监会等9部委联合印发《"十三五"现代金融体系规划》，提出要丰富外汇市场交易产品，适时推出外汇期货以满足市场主体对交易和避险工具的多样化需求。2021年3月全国两会期间，两位证监会前副主席联名提议推出人民币外汇期货。4月初，央行工作论文也建议适时建立人民币外汇期货市场。

与远期、掉期、期权等场外交易、非标准化合约的外汇衍生品工具相比，外汇期货属于场内交易，是标准化合约，具有价格公开、连续、流动性高、信息透明等特点。正是这些显著的特点，可以帮助我们在更好地服务市场主体汇率风险管理的同时，提高监管的效率。

据说，1997年对冲基金做空泰铢，就是押注泰铢遭受攻击后泰国央行将会加息，根据利率平价，这将导致远期市场上泰铢兑美元汇率的贴水扩大。于是，对冲基金提前买入美元/泰铢的看涨远期结汇，然后在近端拆入泰铢抛售换成美元，压低泰铢即期汇率，在泰铢崩盘后按事前约定的远期汇率卖出美元、归还泰铢，进而赚取汇差。

外汇远期与外汇期权是类似的问题，也是场外交易和非标准合约，监管部门无法及时、准确地掌握对冲基金的持仓情况。1997年7月1日当晚，泰国政府撤换财政部长和央行行长，次日泰铢失守，引爆东南亚货币危机。据传，当时对冲基金的远期合约是7月初到期。如果泰国政府再坚守几日，从技术上讲，或可避免泰铢的崩盘。

由此可见，推出人民币外汇期货交易，或可帮助我们掌握一件应对各种形式的货币攻击的利器，提高开放条件下的风险防控和应对能力，更好地实施金融安全发展战略。其实，此前中资机构在海外衍生品交易巨亏的案例，也大都发生在期货市场、场内交易。中资机构的仓位都暴露在市场上，一旦走错方向而不及时止损，就有可能被外资机构围猎，损失急剧放大。

再者，2020年6月开始的人民币升值造成的国内出口企业增收不增利的问题引起了全国上下的广泛关注。由于中小企业风险中性意识较弱、相关金融服务供给不足（如中小银行大都没有金融衍生品业务资格，也就不能向中小企业提供外汇衍生品交易的服务），更容易暴露在汇率波动的风险之下。而外汇期货是匿名的标准化合约，对企业规模没有歧视。相反，外汇期货价格由市场决定，公开、连续、透明，可以降低企业远期套保成本。同时，外汇期货又因为其信息透明，而更便于监管。从这个意义上讲，推出外汇期货也是为中小企业发展纾困的可行之举。

近年来，中国期货市场快速发展，2020年成交额达到438万亿元人民币，远超过同期境内外汇市场成交206万亿元人民币的规模。据美国期货业协会统计，中国商品期货成交额已连续7年排名世界第一。这为我们发展境内外汇期货市场积累了丰富的经验。况且，外汇期货本身是国际市场成熟产品，境外已有一些人民币外汇期货交易产品，有现成经验可资借鉴。

只有外汇市场具有足够的深度、广度和良好的流动性，才能更好地吸收内外部冲击。同时，推出外汇期货，可以极大拓展人民币外汇市场的参与主体范围，提高人民币汇率价格发现的透明度和人民币汇率的公信力，对中国金融开放和人民币国际化具有深远的意义。

第四章

顺差从哪来,又去哪了

这是 20 多年前就曾经常碰到的问题。汇率并轨的 1994 年,人民币汇率不跌反涨,外汇储备翻了一番。于是,1995 年各方开始追问,500 亿美元外汇储备到底是多了还是少了?外汇储备增加是来自贸易顺差还是"热钱"流入?亚洲金融危机期间,中国遭遇了资本外流和汇率贬值压力,前述情况稍有缓解。这时各方又转而追问,为什么贸易顺差而贸易结售汇却是逆差(又称贸易顺差逆收)?资本外逃去哪了?2002 年之后,美联储降息以应对 IT 泡沫破裂和"9·11"袭击,中国重现资本内流、汇率升值。此时各方又重新关注"热钱"流入问题,外资再度成为国内股市、房市、汇市上涨的"替罪羊"。2020 年起,中国又遭遇人民币汇率持续升值,外汇重新供大于求。前述问题的提法虽有所变化,但依然不期而至。

第一节　当前人民币升值压力是来自"热钱"流入吗

2020年，人民币兑美元汇率中间价先抑后扬，后7个月累计升值9.3%，全年累计升值6.9%，年度涨幅为2015年"8·11"汇改以来最高。本轮人民币升值既反映了境外美元的弱势，也反映了市场供求的力量。全年，境内外汇总体供大于求，银行即远期（含期权）结售汇顺差2 152亿美元。虽然这远不及2011年的3 384亿美元、2013年的3 259亿美元的水平，但也是过去5年以来的顺差新高。那么，这些顺差是来自贸易项下，还是"热钱"流入呢？

一、三套数据背后2020年人民币汇率大涨的故事

国家外汇管理局定期公布银行代客结售汇、银行代客涉外收付款和国际收支数据。其中，银行代客结售汇、银行代客涉外收付款是高频的月度数据，国际收支是季度数据。通过这三套数据，可以多维度

观察2020年人民币升值背后的市场力量。

（一）银行结售汇数据

银行结售汇是指银行为客户及其自身办理的结汇和售汇业务。

2020年，银行即远期（含期权）结售汇顺差规模为2 151亿美元。其中，银行代客（即期）结售汇顺差1 442亿美元，贡献了银行结售汇总体顺差的67.0%；银行自身（即期）结售汇顺差145亿美元，贡献了银行结售汇总体顺差的6.8%；远期、期权等外汇衍生品交易（即期）增加外汇供给564亿美元，贡献了银行结售汇总体顺差的26.2%。由于银行自身结售汇未披露交易性质，因此本节只能分析银行代客结售汇数据的交易构成情况。

静态地看，在银行代客结售汇顺差中，经常账户贡献了69.8%，其中，货物贸易贡献了166.2%，服务贸易负贡献70.5%；资本账户贡献了30.2%，其中，直接投资贡献了25.8%，证券投资贡献了24.8%。由此可见，证券投资形式的"热钱"流入对代客结售汇顺差的贡献甚至不如跨境直接投资。如果将其他投资差额也考虑进来，二者合计的"热钱"流入对代客结售汇顺差的贡献率仅为4.4%。

动态地看，2020年银行代客结售汇顺差较2019年增加1 874亿美元，经常账户顺差增加贡献了86.4%，其中，货物贸易净结汇增加、服务贸易净购汇减少分别贡献了41.2%和47.6%；资本账户顺差增加贡献了13.6%，其中，直接投资净结汇减少负贡献5.2%，证券投资净结汇增加和其他投资净购汇减少分别贡献了12.0%和6.8%，二者合计的"热钱"流入增加对结售汇顺差增长的贡献率为18.8%（见表4-1）。

综上，银行结售汇静态数据显示，2020年人民币升值压力来自经常账户尤其是货物贸易净结汇；动态数据也显示，人民币升值压力来自经常账户净结汇增加，包括货物贸易净结汇增加、服务贸易净购汇减少。

表 4-1　银行代客结售汇差额构成及变动（单位：亿美元）

项目	2019年	2020年	2020年结售汇差额构成（%）	2020年较2019年结售汇差额变动	结售汇差额变动构成（%）
结售汇差额	-432	1 442	100.0	1 874	100.0
经常账户差额	-611	1 007	69.8	1 618	86.4
货物贸易差额	1 625	2 396	166.2	772	41.2
服务贸易差额	-1 909	-1 017	-70.5	892	47.6
收益和经常转移差额	-327	-373	-25.9	-46	-2.4
资本账户差额	180	435	30.2	255	13.6
直接投资差额	470	372	25.8	-98	-5.2
证券投资差额	132	357	24.8	225	12.0
其他投资差额	-421	-294	-20.4	128	6.8

注：本表中部分合计数与各明细数直接相加之和在尾数上如略有差异，系四舍五入所致。
资料来源：国家外汇管理局，万得。

（二）银行代客涉外收付款数据

银行代客涉外收付款是指境内非银行机构（包括非银行金融机构、非金融企业）和居民个人通过境内银行与非居民机构和个人之间发生的收付款。

2020 年，银行代客涉外收付顺差 1 169 亿美元，为 2015 年以来首次年度顺差。从币种来看，涉外人民币收付逆差 649 亿美元，涉外外币收付顺差 1 818 亿美元。这也从侧面反映出 2020 年人民币汇率升值的市场力量。

从交易性质来看，在银行代客涉外收付顺差中，经常账户净流出负贡献 46.1%，其中，货物贸易净流入贡献了 175.7%，服务贸易净流出负贡献 79.0%；资本账户顺差贡献了 139.5%，其中，直接投资顺差贡献了 63.3%，证券投资顺差贡献了 79.9%。由此可见，证券投资形式的"热钱"流入对银行代客涉外收付顺差的贡献超过了直接投资。如果将其他投资差额也考虑进来，二者合计的"热钱"流入对银行代客涉外收付顺差的贡献率为 76.4%，成为跨境资金净流入的重要来源（见表 4-2）。

表 4-2　银行代客涉外收付款差额构成及变动（单位：亿美元）

项目	2019 年	2020 年	2020 年收付款差额构成（%）	2020 年较 2019 年收付款差额变动	收付款差额变动构成（%）
银行代客涉外收付款差额	245	1 169	100.0	924	100.0
经常账户差额	-1 398	-539	-46.1	859	93.0
货物贸易差额	1 725	2 054	175.7	328	35.6
服务贸易差额	-1 642	-923	-79.0	719	77.9
收益和经常转移差额	-1 481	-1 670	-142.8	-188	-20.4
资本账户差额	1 562	1 631	139.5	69	7.5
直接投资差额	735	740	63.3	5	0.6
证券投资差额	742	934	79.9	192	20.8
其他投资差额	89	-40	-3.5	-130	-14.1
其他	82	77	6.6	-5	-0.5

注："其他"项余额主要来自 5 000 美元以下跨境收付免申报业务，故无法区分交易性质[①]；本表中部分合计数与各明细数直接相加之和在尾数上如略有差异，系四舍五入所致。
资料来源：国家外汇管理局，万得。

从其动态来看，2020 年银行代客涉外收付顺差较 2019 年增加 924 亿美元，经常账户净流出减少贡献了 93.0%，其中，货物贸易净流入增加、服务贸易净流出减少分别贡献了 35.6% 和 77.9%；资本账户净流入增加贡献了 7.5%，其中，直接投资净流入增加仅贡献了

---

① 国家外汇管理局.国家外汇管理局发布《通过银行进行国际收支统计申报业务实施细则》[EB/OL].(2020-09-27). http://www.safe.gov.cn/safe/2020/0927/17231.html.

0.6%，证券投资净流入增加贡献了20.8%。而由于其他投资收付款由顺差转为逆差，后二者合计的"热钱"净流入增加对银行代客涉外收付顺差增长仅贡献了6.7%。

综上，银行代客涉外收付款静态数据显示，2020年人民币升值压力来自资本流入，尤其是跨境证券投资净流入；动态数据则显示，人民币升值压力来自经常账户逆差缩小，包括货物贸易净流入增加、服务贸易净流出减少。

（三）国际收支平衡表数据

国际收支是指中国居民与非居民间发生的一切经济交易，相关数据由国家外汇管理局按照季度进行发布。国际收支统计包括流量统计（国际收支平衡表）和存量统计（国际投资头寸表），本节仅讨论国际收支平衡表。

2020年，国际收支平衡表数据显示，交易引起的储备资产净增280亿美元（剔除了估值影响，其中新增外汇储备资产262亿美元），相当于同期经常账户顺差的10.2%，显示中国央行（即中国人民银行）基本退出了外汇市场常态干预。在此情形下，经常账户与资本账户互为镜像关系。决定资本内流还是外流的因素，并不是汇率升/贬值，而是经常账户收支状况。2020年全年，经常账户顺差2 740亿美元，资本账户（含净误差与遗漏）逆差2 460亿美元（不含净误差与遗漏的资本账户逆差779亿美元）（见表4-3）。

动态来看，2020年新增储备资产较2019年同期多增了473亿美元，经常账户顺差增加1 711亿美元，贡献了361.7%，其中货物顺差扩大、服务逆差减少合计贡献了502.7%；资本账户逆差（含净误差与遗漏）增加1 238亿美元，负贡献261.7%，不含净误差与遗漏的资本账户逆差扩大849亿美元,负贡献179.5%,其中直接投资顺差扩大正贡献110.6%,证券投资顺差扩大正贡献62.2%。如果将金融衍生工具和其他投资考虑进来,2020年"热钱"流入对储备资产多增为负贡献290.3%;如果再包含净误差与遗漏变动,则"热钱"流入的负贡献为372.5%(见表4-3)。

表4-3 国际收支口径的储备资产变动额构成(单位:亿美元)

项目	2019年	2020年	变动额	变动额占比(%)
储备资产净获得变化	193	−280	−473	100.0
经常账户差额	1 029	2 740	1 711	−361.7
货物差额	3 930	5 150	1 220	−257.9
服务差额	−2 611	−1 453	1 158	−244.8
初次收入差额	−392	−1 052	−660	139.5
二次收入差额	103	95	−8	1.7
资本账户差额	−1 222	−2 460	−1 238	261.7
资本转移差额	−3	−1	2	−0.4
直接投资差额	503	1 026	523	−110.6
证券投资差额	579	873	294	−62.2
金融衍生工具差额	−24	−114	−90	19.0
其他投资差额	−985	−2 562	−1 577	333.4
净误差与遗漏差额	−1 292	−1 681	−389	82.2

注:由于国际收支平衡表中储备资产增加为负值,故表中变动额构成为:负值代表正贡献,正值代表负贡献。
资料来源:国家外汇管理局,万得。

综上,国际收支平衡表静态数据显示,2020年人民币升值压力来自经常账户顺差;动态数据也显示,人民币升值压力来自经常账户顺差扩大,包括货物贸易顺差增加、服务贸易逆差减少。

二、统计口径差异是导致三套数据结果大相径庭的主要原因

(一)三套数据的统计口径对比

1. 银行结售汇和国际收支口径的差异

银行结售汇是统计境内银行与客户及其自身之间发生的本外币买卖,即人民币和外汇的兑换交易。虽然交易构成中采用的经常账户与资本账户借用了国际收支的概念,但银行结售汇和国际收支口径仍然存在以下差别。

在统计范围上,国际收支只统计中国居民与非居民之间发生的交易,而银行结售汇不按居民与非居民交易的原则进行统计。换言之,银行结售汇既统计了银行与居民之间的交易,也统计了银行与非居民之间的交易。

在统计币种上,银行结售汇只统计发生本外币兑换的交易,而国际收支还统计了以人民币或外汇跨境收付的交易。

在统计原则上,银行结售汇采用现金收付制原则,从资金流动角度反映涉外经济活动,统计时点为人民币与外汇兑换行为发生时。而国际收支统计则采用权责发生制原则,从交易角度记录了中国居民与非居民之间的所有经贸往来,涵盖了不在银行发生收付的对外金融债权债务关系的变化[①]。

在统计对象上,银行结售汇统计只包括银行部门和非银行部门(不包括银行间外汇市场交易),而国际收支统计除前述部门外,还包括央行。如果银行结售汇差额由银行自行持有,会影响银行的外汇头寸增减,在国际收支平衡表上反映为银行部门的资本流入(结售汇顺

---

① 国家外汇管理局国际收支司.诠释国际收支统计新标准[M].北京:中国经济出版社,2015.

差）或流出（结售汇逆差）；如果通过央行平盘，则会影响央行外汇储备资产变动，在国际收支平衡表上反映为结售汇顺差、储备资产增加（记为负值）或结售汇逆差、储备资产减少（记为正值）。

此外，国际收支通常是跨境交易，而银行结售汇在兑换环节则只是境内交易。

2.银行代客涉外收付款和国际收支口径的差异

银行涉外收付款统计是基于国际收支间接申报体系，通过银行逐步采集国际收支数据时生成的副产品。因此，与银行结售汇统计相比，银行代客涉外收付款相当于国际收支统计的"近亲"，但两种口径仍然存在如下差别。

在统计原则上，与国际收支采用的权责发生制原则不同，银行代客涉外收付款采用现金收付制原则，统计时点为客户在境内银行办理涉外收付款时，不统计没有在银行发生涉外收付往来的对外金融债权债务关系的变化。

在统计对象上，银行代客涉外收付款只统计非银行部门发生的对外交易，不统计银行部门与央行发生的交易。

此外，银行代客涉外收付款仅反映非银行部门与非居民之间的资金流动状况，不反映实物交易，统计范围小于国际收支统计。

3.银行结售汇和银行代客涉外收付款口径的差异

虽然银行结售汇和银行代客涉外收付款统计，都是按照现金收付制原则，从资金流角度反映中国涉外经济活动，但两种口径在统计范围、统计币种和统计对象上存在较大区别。

在统计范围和统计币种上，银行结售汇统计银行与居民、非居民之间的本外币兑换交易,银行代客涉外收付款则统计居民和非居民之间的本币、外币资金划拨。

在统计对象上,银行结售汇和银行代客涉外收付款均不包括央行。后者只统计非银行部门在银行发生的涉外收付往来,而前者不仅统计非银行部门在银行发生的本外币兑换交易,还会统计银行自身的结售汇交易。

综上,三套数据的统计口径对比可总结为表 4-4,三者关系示意见图 4-1。

表 4-4 三个涉外收支数据统计口径的对比

项目	银行结售汇统计	银行代客涉外收付款统计	国际收支统计
统计范围	本外币兑换	居民与非居民间的收付款	居民与非居民交易
统计原则	现金收付制	现金收付制	权责发生制
统计对象	非银行部门、银行部门(不含银行间市场的批发交易)	非银行部门	非银行部门、银行部门、中国人民银行
统计币种	本外币兑换	本币、外币	本币、外币

资料来源:自行整理。

图 4-1 三个涉外收支数据关系图

资料来源:国家外汇管理局国际收支分析小组[1]。

---

[1] 国家外汇管理局国际收支分析小组.2010 年中国跨境资金流动监测报告[R/OL].(2011-02-17).http://www.safe.gov.cn/safe/2011/0217/6094.html.

(二)三套数据反映的结果对比

银行结售汇、银行代客涉外收付款和国际收支的统计口径差异,导致三套数据反映的结果有所不同,有时甚至方向截然相反。

1. 银行结售汇和国际收支数据差异

自2009年开始,国家外汇管理局调整了国际收支平衡表中的外汇储备记录方法,从以往记录外汇储备余额变动数据,调整为仅记录外汇储备资产交易变动数据,同时追溯调整了2003年以来的相关数据。交易引起的外汇储备资产变动,剔除了汇率及资产价格变动引起的外汇储备余额变动。[①]

从2003年以来的数据来看,银行代客结售汇差额与国际收支口径的外汇储备资产变动额之间有较强的正相关性,表现为结售汇顺差、外汇储备资产增加,结售汇逆差、外汇储备资产减少。然而,2020年银行代客结售汇顺差1 442亿美元,远大于同期国际收支口径的外汇储备资产增幅262亿美元。2020年央行外汇占款减少1 009亿元人民币,折合147亿美元,继续在零附近变动,表明央行没有对外汇市场进行直接干预。在这种情况下,银行结售汇顺差去哪了呢?

近年来,中国加快了外汇市场对外开放步伐,允许符合条件的境外银行成为银行间外汇市场(即中国外汇交易中心系统)会员,直接入市买卖外汇。2020年,境内银行代客涉外收付中,人民币跨境收付为净流出649亿美元。同时,CNH总体较CNY在境内银行间市场下午4点半收盘价方面偏弱,市场应该偏向于在境内购汇、境外结汇。故不排除境内银行结售汇顺差,一部分为境外银行从银行间市场买入

---

① 国家外汇管理局国际收支司. 诠释国际收支统计新标准[M]. 北京:中国经济出版社,2015.

持有（如通过人民币购售业务渠道），另一部分为境内银行自身持有（表现为银行结售汇头寸增加）。后者会被借记国际收支平衡表中银行部门对外资本输出增加（反映为证券投资和其他投资资产净获得负值增加）。

2.银行代客涉外收付款和国际收支数据差异

经常账户。2014年以来，国际收支口径的经常账户持续顺差，但涉外收付口径的经常账户却持续逆差。2020年，前者为顺差2 740亿美元，后者为逆差539亿美元。两个口径的经常账户差额方向相反，主要反映了出口少收、进口多付所导致的贸易顺差不顺收。从海关可比口径来看，2020年货物贸易涉外收付款顺差2 245亿美元，小于同期海关货物贸易顺差5 281亿美元，二者缺口为3 036亿美元（又被称为贸易顺差不顺收缺口）。由于国际收支采用权责发生制原则，只要出口企业在海关出口报关，就会被纳入国际收支统计中。而银行涉外收付款则采用现金收付制原则，如果出口企业没有收到货款，那么这笔交易就不会被统计到银行代客涉外收付款中。

资本账户。2020年，银行代客涉外收付款口径的资本账户为顺差1 631亿美元，国际收支口径的线上资本账户（即不含净误差与遗漏的资本账户）则为逆差779亿美元。或许有人以为发现了"热钱"流入的"新大陆"，但对此实在没有必要大惊小怪。一方面，这依然反映了两种口径采用的统计原则不同，突出表现为前述贸易顺差不顺收问题。按照国际收支平衡表"有借必有贷、借贷必相等"的借贷记账法编制原则，贸易顺差伴随着与贸易有关的资本流出，也起到了平衡国际收支的作用。如果能追踪到每笔外贸进出口活动及其相关的收付汇行为，按照借贷记账法，贸易顺差不顺收的缺口就一定可以贷记资本项下相应的支出科目。另一方面，这还反映了两种口径的统计对象不同。因为银行代客涉外收付款统计只涉及非银行部门，但企业跨境收付如外币收付顺差可以变成银行外汇存款，再由银行存放境外，后者借记国际收支口径的资本流出。同时，2020年银行代客涉外人民币收付为净流出，这意味着境内银行增加了对外人民币金融净负债。国家外汇管理局数据显示，2020年，银行代客涉外人民币收付累计净流出649亿美元，同期境内银行增加对外人民币金融净负债1 113亿美元，后者在国际收支口径中贷记资本流入。

3. 银行结售汇和银行代客涉外收付款数据差异

经常账户。2014年和2020年，银行代客涉外收付款口径的经常账户是逆差，但银行结售汇口径的经常账户却是顺差。这主要是由两方面的统计口径差异所致：一方面，银行结售汇只统计人民币和外汇的兑换交易，而银行代客涉外收付款统计的是非银行部门和非居民之间发生的跨境收付款（包括外汇和人民币）与境内收付款（暂不包括人民币）。如果市场主体直接以人民币或外汇对外支付，便会减少当期购汇需求。另一方面，银行结售汇数据反映资金在外汇和人民币之间的转换，银行代客涉外收付款数据则反映资金在境内外之间的划拨。市场主体之前收汇、现在结汇，现在购汇、之后付汇的交易会统计在银行结售汇数据中，但在当期涉外收付款数据中并不涉及。2014年和2020年，两个口径经常账户差额一正一负，不排除是因为企业直接用前期外汇收入或人民币对外支付，减少了当期购汇需求；或者是将前期外汇收入（存款）当期结汇，增加了当期外汇供给。

资本账户。2020年银行代客涉外收付款口径的资本账户顺差1 631亿美元，而银行结售汇口径的资本账户净结汇仅有435亿美元。

其中一个重要原因是，资本项下如"陆股通"和"债券通"北上资金是以人民币形式流入，这在银行结售汇统计中并不涉及。

三、明确升值压力的来源不只是口舌之争

由于银行结售汇、银行代客涉外收付款和国际收支的统计口径不同，这三套数据反映的结果存在差异在所难免，有时方向都截然相反。从静态数据来看，除银行代客涉外收付款口径外，银行结售汇口径和国际收支口径均反映出，经常账户，尤其是货物贸易顺差是2020年驱动人民币升值的主要力量，包括证券投资在内的"热钱"流入贡献有限。从动态数据来看，三套数据均显示经常账户顺差扩大是2020年人民币升值动力的主要来源，"热钱"流入变化的贡献度较低甚至是负贡献。

依靠数据做决策是科学决策的重要条件。这就要求我们在使用银行结售汇、银行代客涉外收付款和国际收支数据的时候，做到心中有数，特别是需要明确哪个口径反映的结果更加可靠。

一般而言，国际收支账户与国民账户、财政账户和货币金融账户构成四大宏观经济统计账户，是国际通行口径，具有国际可比性。而银行结售汇和涉外收付款是中国特有的统计数据，二者只是借用了国际收支的概念，但实际上与国际收支统计存在较大差别，尤其是银行结售汇，与国际收支统计更是相去甚远。因此，在使用银行结售汇和银行代客涉外收付款数据研判跨境资本流动形势时一定要非常慎重，防止找错源头、开错药方。

在这方面，我们有过经验教训。2008年国际金融危机之后，人民币升值压力加剧，对国内经济造成了较大冲击。为此，政府出台了一

系列措施,包括"控流入""扩流出"等①②。2006年底,中央经济工作会议就曾明确指出,中国国际收支的主要矛盾已经从外汇短缺转为贸易顺差过大、外汇储备增长过快,提出把促进国际收支平衡作为保持宏观经济稳定的重要任务,明确表示不追求贸易顺差越大越好、外汇储备越多越好③。但此后中国外汇储备仍然出现了超额积累,外汇储备余额从2006年底的1.07万亿美元增加到2014年6月底的3.99万亿美元,额外增加了近3万亿美元。

之所以出现这种情况,一方面,是因为人民币升值压力的主要来源不是"热钱"流入,而是基础国际收支顺差过大。2007—2013年的7年中,基础国际收支顺差合计2.91万亿美元,贡献了同期储备资产增加额的107%;短期资本(含净误差与遗漏)净流出1 791亿美元,负贡献7%。另一方面,得益于"调结构、扩内需、减顺差、促平衡"政策的持续推进。2008年国际金融危机之后,中国经济再平衡取得积极进展,经常账户与基础国际收支顺差大幅收敛。2020年,中国经常账户和基础国际收支顺差占GDP比重分别为1.9%和2.6%。虽然较2019年分别提高了1.1个百分点和1.5个百分点,但均远低于2006—2019年的14年间两者分别平均3.6%和5.4%的水平,且在国际认可的合理范围以内。因此,缓解本轮人民币升值压力的主要矛盾不在于"促平衡",而在于"扩流出",尤其是进一步释放购汇性质的对外投

---

① 易纲.加快外汇管理理念和方式转变 深化外汇管理体制改革[EB/OL].(2011-01-18)[2021-03-26].http://www.pbc.gov.cn/goutongjiaoliu/113456/113469/2849887/index.html.
② 张晓慧.国际收支顺差条件下货币政策工具的选择、使用和创新[EB/OL].(2011-03-24)[2021-03-26].http://www.pbc.gov.cn/goutongjiaoliu/113456/113469/2850815/index.html.
③ 搜狐财经.中央经济工作会议举行,胡锦涛、温家宝讲话[Z/OL].(2006-12-07)[2021-05-01].http://business.sohu.com/20061207/n246878808.shtml.

资需求,致使"控流入"的政策效果更为有限。当然,与 2013 年之前的情形相比,从外汇形势看,这一次"扩流出"的迫切性和重要性可能有所下降。下一步关键还在于继续深化汇率市场化改革,引导汇率双向波动,稳定市场预期,进一步发挥汇率对国际收支平衡的自动稳定器作用。

第二节 银行结售汇顺差对市场流动性的影响

2021 年初,有两个市场现象引起了广泛热议。一个是 2020 年境内外汇供大于求缺口达 2 000 多亿美元,但央行外汇占款下降。特别是 12 月,银行即远期(含期权)结售汇顺差合计 984 亿美元,当月央行外汇占款下降 329 亿元人民币。这些顺差都去哪了?另一个是 2021 年 1 月底,货币市场利率再度上行,月末银行间市场 7 天期回购利率(DR007)已趋近利率走廊上限。这与银行结售汇大顺差导致的市场流动性紧缩有关吗?本节拟就此谈几点看法。

一、1994 年汇改以来两个重要的制度或政策变迁

(一)银行对客户办理结售汇业务的资金来源变化

1994 年外汇体制改革,在官方汇率与外汇调剂市场汇率并轨,实行以市场供求为基础、有管理的浮动汇率制度后,取消外汇留成与上缴制度,实行外汇指定银行制度,引入了银行结售汇安排,建立了全国统一规范的银行间外汇市场。

基于外汇指定银行制度的银行结售汇安排，要求境内所有对客户的结售汇（即本外币兑换）都必须通过有结售汇业务资格的商业银行办理①。其中，银行从客户买入外汇被称作"银行结汇"，银行向客户卖出外汇被称作"银行售汇或购汇"。

银行结售汇是一个重大的制度创新。除当时因为外汇短缺，对中资企业经常项目外汇收入实施强制结汇外（2008年起改为允许100%保留经常项目外汇收入），还改变了银行对客户本外币兑换业务的资金来源。

1994年之前实行外汇留成与上缴制度，存在计划分配和市场调节并存的外汇双轨制。客户大部分的外汇交易通过外汇调剂市场或中心进行，使用外汇调剂市场汇率办理；剩余部分由银行对客户按官定挂牌汇率买卖外汇，使用的本外币资金均来自央行账户，属于真正意义的代央行办理结售汇业务。银行用央行提供的人民币资金从客户处买入外汇后，向央行办理外汇移存业务；银行用央行提供的外汇向客户卖出外汇时，向央行办理外汇提取业务。

自1994年开始引入银行结售汇制度后，银行用自有本外币资金对客户办理本外币兑换，然后在外汇局核定的结售汇头寸上下限范围内，到银行间外汇市场（即中国外汇交易中心系统，总中心在上海）平盘②。结售汇头寸超出上下限范围的，银行必须强制平盘；在上下限

---

① 为保持外汇政策的连续性，1996年6月底之前，外商投资企业还被允许在外汇调剂市场买卖外汇，直到同年7月1日起纳入银行结售汇体系。但各地外汇调剂市场或调剂中心继续保留，以备不时之需，直到1998年底才最终关闭。

② 银行结售汇头寸管理经历了从现金收付制头寸管理向权责发生制头寸管理，从正区间管理到正负区间管理的演变。2010年和2013年，为应对"热钱"流入、汇率升值压力，还曾经作为宏观审慎措施，将银行结售汇头寸管理分别与远期结汇和国内外汇贷款挂钩。

范围内的，银行可以自主选择。

（二）央行汇率调控政策的变化

1994—2017年，为实现人民币汇率有管理的浮动，央行外汇市场干预常态化。2018年以后，随着人民币汇率由单边走势转为双向波动，央行基本退出外汇市场常态干预。

外汇局自2001年1月起公布银行代客即期结售汇数据，从2010年1月起公布银行自身结售汇和代客远期结售汇数据，从2016年1月起公布银行代客期权交易数据。基于数据的可获得性，我们比较了3组月度银行代客结售汇差额与央行外汇占款变动额（折合美元）之间的相关性。3组数据显示，2001年初至2020年底，二者间均有较强的正相关性，即结售汇顺差对应央行外汇占款增加、逆差对应央行外汇占款减少。其中，2017年底之前，二者间的强正相关性均高于2001年初至2020年底；2018年1月至2020年12月，二者间相关性均降为弱正相关，分别为0.133、0.008和0.041，显示结售汇差额与央行外汇占款变动基本不相关（见表4-5）。

2003—2014年，中国外汇储备持续增加，外汇占款增多。到2013年底，央行总资产中，外汇储备资产占比达到83.3%的峰值，较2002年底提高了40个百分点。其间，央行通过发行央票、提高法定存款准备金率等方式对冲，以抑制基础货币投放过多可能引发的通货膨胀、信贷膨胀和资产泡沫风险。2003—2014年，外汇占款变动与基础货币变动之比平均为132.7%。同期，基础货币增长对M2增长的平均贡献率为100.1%，较1998—2002年平均贡献率上升了46.2个百分点。这表明，2014年之前，M2增长基本是由央行扩表带来的基础货币投放扩张所驱动。

表 4-5　银行代客结售汇差额与央行外汇占款变动额的相关性

项目	时间区间	相关性
银行代客即期结售汇	2001 年 1 月—2020 年 12 月	0.838
	2001 年 1 月—2017 年 12 月	0.854
	2018 年 1 月—2020 年 12 月	0.133
	2020 年 1 月—2020 年 12 月	−0.771
银行代客即远期结售汇	2010 年 2 月—2020 年 12 月	0.826
	2010 年 2 月—2017 年 12 月	0.865
	2018 年 1 月—2020 年 12 月	0.008
	2020 年 1 月—2020 年 12 月	−0.755
银行代客即远期（含期权）结售汇	2016 年 2 月—2020 年 12 月	0.627
	2016 年 2 月—2017 年 12 月	0.867
	2018 年 1 月—2020 年 12 月	0.041
	2020 年 1 月—2020 年 12 月	−0.695

资料来源：中国人民银行，国家外汇管理局，万得。

2015 年"8·11"汇改后，人民币汇率意外贬值。自此，央行外汇占款连年下跌（实际上从 2014 年下半年就开始了）。央行转而通过中期借贷便利（MLF）、常备借贷便利（SLF）、抵押补充贷款（PSL）等工具，对冲外汇占款减少的影响。自 2018 年起，随着人民币汇率由单边下跌转为双向波动，央行更是通过降准进一步释放中长期流动性。2015—2020 年，央行外汇占款累计减少 5.94 万亿元人民币，基础货币投放却累计增加 3.63 万亿元人民币。同期，货币乘数由 2014 年的 4.18 倍升至 2020 年的 6.62 倍，货币乘数上升对 M2 增长的平均贡献率为 77.9%，较 2003—2014 年上升了 78.0 个百分点。这显示过去 6 年来，货币乘数提高成为 M2 增长的重要驱动力。

二、无干预情形下结售汇顺差转变成为银行对外资产运用

2020年,银行代客即远期(含期权)结售汇顺差2 006亿美元,同期央行外汇占款反而下降1 009亿元人民币,折合147亿美元。全年,银行代客结售汇仅在6月和8月为逆差,央行外汇占款则仅有1月和11月增加。同期,3组月度银行代客结售汇差额与央行外汇占款变动额之间均为强负相关,即结售汇顺差反而外汇占款减少(见表4-5)。这表明,境内外汇供求状况与央行外汇占款变动基本是南辕北辙。

即便考虑了银行自身结售汇因素,前述结论依然未变。2020年,包括自身结售汇在内的银行即远期(含期权)结售汇顺差合计2 152亿美元,略大于代客结售汇顺差。其中,银行结售汇仅有6月、7月为逆差。

央行以往曾有以外汇储备注资,以及与其他机构开展货币掉期或委托贷款的政策性操作。这类交易通常会被记录为央行其他资产增加,而减记央行国外资产(即外汇占款)。但2020年,央行其他资产总计仅增加1 713亿元人民币,折合281亿美元。与央行外汇占款变动合计,全年央行资产折合净增134亿美元,仅相当于同期银行结售汇顺差的6.2%,杯水车薪。虽然2020年12月外汇占款与其他资产合计折合净增530亿美元,相当于同期银行结售汇顺差的53%,但全年仅该月合计数为正值,当年月度银行结售汇差额与央行两项资产变动额合计数之间仍为强负相关0.764。这表明,前述境内外汇供过于求、央行外汇占款减少的悖论继续成立。

近年来,中国也加快了外汇市场对外开放的步伐,允许符合条件的境外银行成为银行间外汇市场(即中国外汇交易中心系统)会员,直接入市买卖外汇。2020年,境内银行代客涉外收付中,人民币跨境

收付为净流出649亿美元。同时，CNH总体较CNY偏弱，市场应该偏向于在境内购汇、境外结汇。故不排除境内银行结售汇顺差，一部分为境外银行从银行间市场买入持有（如通过人民币购售业务渠道），另一部分为境内银行自身持有（表现为银行结售汇头寸增加）。

境外银行买入外汇属于资本流出，同时还将冲抵同期因跨境人民币净流出造成的中国对外负债增加。境内银行持有的这部分顺差也不会简单地被"消失"了，流量会被借记国际收支平衡表中银行部门对外资本输出增加（反映为证券投资和其他投资资产净获得负值增加），存量会被记为银行资产负债表和国际投资头寸表中银行部门对外金融资产增加。从央行统计看，2020年银行净增国外资产1.69万亿元人民币；从外汇局统计看，2020年银行对外金融资产新增2 015亿美元，其中新增外币资产1 611亿美元。

有人可能会质疑人民币升值、银行增持外币资产的合理性。然而，第一，银行持有海外资产（包括外币资产）主要是资产多元化配置和全球化经营的需要，而不是"炒外汇"。并且，2020年人民币汇率先抑后扬、宽幅震荡，但市场汇率预期保持了基本稳定，全年不论升值还是贬值，预期都不太强。第二，从银行相关资产的持有占比看仍属正常。到2020年末，银行总资产中国外资产占2.2%，与2019年末基本持平。到2020年第三季度末，银行国外资产中对外金融资产占比较2019年末上升了1.4个百分点，但对外金融资产中外币资产占比回落了1.4个百分点。第三，成熟市场也是类似的国际收支调节机制，汇率浮动负责价格出清，资本流动负责数量出清。后者就体现为银行成为市场外汇供求缺口的承载者，不论外汇供不应求还是供大于求，都是由银行提供外汇流动性。同时，只要不是垄断、串谋，在充分竞争的情况下，各家银行竞争性的报价将会趋于一致，而不会一味压价买入或抬价卖出外汇[①]。

三、市场流动性松紧关键看总量而非结构

如前所述，尽管2020年境内外汇供大于求的缺口重新扩大，但央行基本退出了外汇市场常态干预，央行外汇占款变动趋于稳定，且外汇占款涨跌规模都较小。从理论上讲，在此情形下，银行结售汇顺差不影响央行资产负债表，也不影响市场流动性。但有分析指出，结售汇顺差对市场流动性仍存在紧缩效应，其基本原理是：商业银行用储备资产中的超额准备金存款买入市场卖超外汇，将增加银行自有资金占用，而境内企业和居民通过结汇获得人民币以后变成人民币存款，银行需缴纳法定存款准备金，这锁定了部分银行体系的流动性，进而有可能推高市场利率。

然而，对这种紧缩效应不宜过分夸大。实际上，2018年1月—2020年12月（央行回归汇率政策中性期间），月度银行即远期（含期权）结售汇顺差与银行准备金存款变动额（以下午4点半月均收盘价折合美元）之间为弱正相关0.137。

这是因为，一方面，净结汇转化为银行存款后，对银行而言增加了外汇资产，对企业和居民而言增加了人民币资产，对市场本币流动

[①] 人民币汇率有管理浮动，既包括对银行间市场的浮动区间管理，也包括对银行对客户办理结售汇业务使用的挂牌汇率的浮动区间管理。后者主要规定挂牌汇率买卖差价的浮动区间。中国对挂牌汇率的管理也是逐步放宽：起初，官方公布中间价、现汇买卖价和现钞买入价；之后，规定现汇买卖差价及现钞买入差价；再后，取消对非美元货币挂牌汇率的浮动区间管理；最后，取消对美元挂牌汇率的浮动区间管理。其间，挂牌汇率还从一日一价演变成一日多价。但是，在境内结售汇业务市场竞争较为充分的情况下，尽管各行的挂牌汇率不尽相同，但大体趋于一致。

性影响总体偏中性。另一方面，即便对银行而言增加了人民币资金占用，但企业和居民人民币存款增加，增加了银行可贷资金来源，这部分存款也有货币乘数效应，可以部分抵消前述紧缩性影响。再一方面，市场流动性不完全是外生的，本币汇率升值、外汇供大于求或反映了市场风险偏好改善，有助于提高货币流通速度。2020年上半年，人民币汇率总体承压，货币流通速度由2019年底的0.4966次连续两个季度下行，降至第二季度末的0.4602次；下半年，随着人民币汇率震荡走高，外汇供大于求缺口扩大，货币流通速度连续两个季度上行，到第四季度末升至0.4665次。

更为关键的是，市场流动性松紧本身是总量概念，不论中央银行还是商业银行，都不可能也没必要把打酱油和买菜的钱分得那么清楚。

2020年12月，境内外汇供大于求的缺口创下2015年以来的月度新高。当月，银行准备金存款也增加1.25万亿元人民币，但仍低于2018年和2019年同期准备金存款分别增加1.84万亿元人民币和1.50万亿元人民币的水平。而且，2020年底，隔夜上海银行间同业拆借利率（Shibor）月日均利率为1.06%，较11月回落了79个基点，为年内的次低水平；DR007月日均利率为1.99%，环比回落了30个基点。这显示出年底的货币市场流动性较为充裕。而银行准备金存款增加与其说是因为银行结售汇顺差、市场主体人民币存款增多导致的被动增持，还不如说是2020年11月和12月央行连续扩表、增加市场流动性投放的结果。这两个月，央行总资产分别增加了1.02万亿元人民币和5686亿元人民币，合计相当于全年央行扩表规模的96%。同期，银行在央行的准备金存款分别增加了1.21万亿元人民币和1.25万亿元人民币。

进入2021年，境内货币市场利率快速走高，再度引发了市场关于结售汇顺差对市场流动性影响的讨论。

2021年1月第四周（1月25日—29日），隔夜Shibor日均为2.37%，较当月第一周（1月4日—8日）的日均低点反弹了161个基点；DR007日均为2.36%，较当月第二周（1月11日—15日）的日均低点反弹了59个基点，且高于7天逆回购利率2.20%。月末（1月29日），DR007更是收在3.16%，接近利率走廊上限7天SLF利率3.20%的水平。当日盘后，央行公开辟谣了SLF利率上调的市场传闻。

货币市场利率上行，显示国内货币市场流动性趋紧。但从境内银行间外汇市场即期询价交易的日成交量看，1月为364亿美元，环比下降了17.2%，同比仅上升了4.3%。特别是从周日均水平看，1月后两周的日均成交量为过去11周以来最低。这表明，尽管人民币汇率新年首日就升破6.50，但汇率预期基本稳定，外汇供求失衡较2020年12月或有所缓解。

主要影响市场流动性的是央行货币政策操作。2021年1月上旬，隔夜Shibor和DR007分别跌至1%和2%以下，市场再现宽松预期。在此背景下，伴随着国内股、债、商、楼市涨声四起，资产泡沫之争愈演愈烈。当月，央行通过公开市场操作（OMO）、MLF、SLF和PSL累计净投放货币1 723亿元人民币，环比回落了46.7%，同比回落了24.1%。况且，有理由相信，央行拥有高频的日度境内外汇交易数据，完全有能力针对结售汇业务引起的市场流动性波动（如果存在的话）及时采取措施。

四、主要结论

迄今为止，没有直接的证据表明央行要在结售汇顺差、人民币升值情况下重新入市干预。银行对外资产，特别是对外外币金融资产变动,或成境内外汇供求缺口的"蓄水池"和"调节器"。这有助于我们避免重回外汇占款带动基础货币投放的输入型流动性过剩时代。

在基本退出外汇市场常态干预的情况下,央行仍可以保持货币政策的相对独立性。当然,诚如易纲行长在2018年10月的国际货币基金组织和世界银行秋季年会上所言,任何选择都是有利有弊的,做出一个选择,就要接受这一选择带来的后果和变化,包括对汇率的影响。

无论是央行还是商业银行,评判市场流动性松与紧,都是基于总量角度,而不会简单就外汇供求状况做出响应。2020年底的中央经济工作会议和2021年初的人民银行工作会议都明确提出,要保持宏观政策(货币政策)的连续性、稳定性和可持续性,不急转弯。最近境内货币市场利率波动较大,反映了在流动性驱动的市场行情下,市场信心的脆弱。同时,也反映了货币政策沟通的梗阻。

货币政策应与金融市场保持一定的距离。根据金融调控的双支柱框架,货币政策主要应考虑增长、就业和物价稳定目标,而不是资产价格。将偏基本面、逆周期的货币政策与偏情绪化、顺周期的资产价格挂钩太紧,或会影响货币政策实施。

第三节 贸易顺差去哪了

2020年,在全球贸易大幅萎缩的情况下,海关统计的中国进出口额较2019年增长1.7%,顺差5 240亿美元,增长24%,仅次于2015年的5 939亿美元。然而,国家外汇管理局的银行代客涉外收付款统计显示,同期海关口径的涉外贸易收付顺差为2 245亿美元,较海关统计的进出口顺差少了 2 995 亿美元,"贸易顺差不顺收"的负缺口同比增长 31%。

一、出口少收、进口多付导致贸易顺差不顺收

2020 年,海关统计的出口额为 2.59 万亿美元,外汇局统计的海关口径贸易收入为 2.40 万亿美元,企业出口少收款 1 929 亿美元,贡献了贸易顺差不顺收缺口的 64%。海关统计的进口额为 2.07 万亿美元,外汇局统计的海关口径贸易支出为 2.17 万亿美元,企业进口多付款 1 066 亿美元,贡献了贸易顺差不顺收缺口的 36%。

2010 年以来,中国企业出口收入长期低于海关出口额(即出口少收款),出口收款比率维持在 90% 左右。2020 年,该比率为 92.6%,较 2019 年低了 0.3 个百分点。2013 年(含)以前,中国企业进口付款低于海关进口额,但 2014 年之后开始大过海关进口额(即进口多付款),企业进口付款比率持续高于 100%。2020 年,该比率为 105.2%,较 2019 年高出 2.7 个百分点。

受此影响,近年来中国贸易顺差不顺收状况越来越突出。2014—2019 年,该负缺口与同期进出口额之比平均为 6.4%,高于 2010—2013 年均值 5.0 个百分点。2020 年该比例为 6.5%,高出 2019 年 1.4 个百分点,与 2014—2019 年均值基本持平。

二、现实中海关进出口与贸易收付款本就难以一一对应

企业进出口往来中本身就有些正常的出口不收款和进口不支付情形。如对外无偿援助和捐赠物资出口没有对应的出口收入,对外承包工

程出口货物记录在对外投资项下也无对应的出口收入,来料加工仅收工缴费,等等。再如,接受境外无偿援助或捐赠物资进口没有对应的进口支出,来料加工装配贸易进口不用付款而是在出口环节收工缴费,外商投资企业作为投资进口的设备和物品是作为外商的实物出资不用付汇,等等。这些数据均可以从海关进出口的贸易方式统计中获得。

剔除正常的不收款因素后,导致企业出口少收的原因还有以下五个方面:一是境外进口商对境内出口商的赊账行为(即出口延迟收款)或偿还之前的出口预收货款;二是2011年1月1日起,境内企业出口收入在核定的规模内可以存放境外用于对外支付;三是企业出口出现坏账不能收汇;四是企业可能为完成业绩考核虚报出口价格;五是出口后不收汇,境外截留资金;等等。而导致企业进口多付的原因主要是企业进口预付货款或偿还之前的进口延迟付款,以及加工贸易保税产品转内销,等等。

由此可见,将贸易顺差不顺收都视作隐藏的资本外逃,显然言过其实。相反,贸易渠道的资本外逃更应主要是出口低报价、进口高报价,不能排除出口后不收汇和境外截留资金的情况。但这是非法逃汇,属于监管严打对象(逃汇罪被列入刑法),且早有成熟的信息化、电子化监管体系(20世纪90年代中期就在"金关"工程下推出了海关、外汇局、银行联网的电子口岸系统),恐不会太普遍。

三、贸易顺差不顺收的统计和经济含义

首先,进出口顺差不代表涉外收付款顺差,更不代表外汇供求顺差。2020年,银行代客贸易结售汇顺差2 396亿美元,相当于海关进出口顺差的46%,高于2019年的39%,但低于2017—2019年的均值

55%；较银行代客涉外贸易收付款顺差多出152亿美元，而2019年为少了297亿美元，这反映了当年人民币汇率先抑后扬、宽幅震荡，市场风险偏好的逆转。

从企业进出口报关到贸易收付款通常有1至3个月的时间差。2020年外贸出口增长前低后高，第四季度出口额占全年出口的30%，进出口顺差占全年顺差额的近40%；贸易顺差不顺收的缺口也主要出现在年底，第四季度贸易顺差不顺收负缺口1 537亿美元，占全年负缺口的51%。因此，不排除2020年底的贸易顺差不顺收部分，有可能转为2021年初更多贸易项下的跨境资金净流入乃至净结汇。

其次，银行代客涉外收付统计采用现金收付制的编制原则，而国际收支统计采用权责发生制的编制原则。二者的区别在于，在海关进出口报关后，如果当期没有发生贸易收付款行为，在银行代客涉外收付统计中就不记录，但在国际收支中却要记录。其中，前述出口延迟收款（包括部分被监测到的出口不收汇）或进口预付货款的行为，以及偿付出口预收货款或支付进口延迟付款的行为，要记为"其他投资"资产方的贸易信贷资产净获得增加，或负债方的贸易信贷负债净产生减少；企业出口收入存放境外，则要记为"其他投资"资产方的货币和存款净获得增加；如果企业核销出口坏账，应借记"经常账户"二次收入的经常转移；如果高报出口价格却没有对应的出口收入，以及低报进口价格却要产生对应的进口支出，这将反映贸易顺差的高估，会被记录为"净误差与遗漏"负值。

显然，在贸易顺差不顺收情形下，贸易顺差自带与贸易有关的资本流出，只是有的反映在前述线上项目中，有的反映为线下的净误差与遗漏负值。但不论反映在线上还是线下，都不会影响"经常账户顺差、资本项目必然逆差"的基本逻辑。从理论上讲，按照"有借必有贷、借贷必相等"的国际收支平衡表编制原则,如果与进出口相关的每笔交易(包括进出口走私和内部价格转移等非法交易)都可以被追踪到,就可以按借贷记账法做会计分录,最终借贷双方就一定能够做平。因为统计就是统计,是对经济活动的客观反映,统计不是监管。而且,相关部门掌握了大量内部信息,包括过程中的信息中间产品,外部简单由自己掌握的有限信息推论所谓"消失的贸易顺差"也要慎重。

需要指出的是,因为中国国际收支统计主要依靠银行间接申报,故长于现金收付制下的逐笔数据采集;而在权责发生制原则下,企业没有在银行发生收付款行为,故只能通过抽样调查或者估算方式获得数据。如贸易信贷的资产和负债统计,外汇局就是通过抽样调查的方式采集数据①。但受制于样本数和抽样的频率,贸易信贷统计的质量难以保证。比如,2020 年,贸易顺差不顺收负缺口 2 995 亿美元,其中相当一部分本应反映为贸易信贷资产净获得增加、负债净产生减少。但同期国际收支平衡表中的贸易信贷资产与负债合计仅净流出 293 亿美元,国际投资头寸表中的贸易信贷净资产余额也仅增加 293 亿美元。这显然与当期贸易收付款差额和进出口顺差的偏离相去甚远。

然而,一方面,贸易信贷抽样调查的方法在找到更加可信的替代方案之前不可能随意改动;另一方面,贸易信贷资产负债与进出口额的正常比例为多少,国际上没有统一的标准或经验值(如净误差与遗漏额的国际合理标准为国际收支口径的货物贸易进出口额的正负 5%以内)。鉴于中国进出口规模达每年四五万亿美元,一两个百分点的偏离就是成百上千亿,这可能是导致近年来中国国际收支净误差与遗漏偏大的重要原因。2010 年第一季度至 2020 年第四季度,贸易顺差

---

① 国家外汇管理局. 国家外汇管理局关于印发《贸易信贷统计调查制度》的通知[EB/OL].(2021-11-30). http://www.safe.gov.cn/safe/2021/1130/20271.html.

不顺收缺口与净误差和遗漏净值之间为强正相关 0.728。

在扩大开放过程中统筹安全与发展，不断提高跨境资本流动监测预警能力，是我们的"必修课"。《中华人民共和国国民经济和社会发展第十四个五年规划和 2035 年远景目标纲要》（以下简称"十四五"规划）明确提出，健全开放安全保障体系，构筑与更高水平开放相匹配的监管和风险防控体系，加强国际收支监测，加强对外资产负债监测，建立健全全口径外债监管体系；实施金融安全战略，完善跨境资本流动管理框架，加强监管合作，提高开放条件下风险防控和应对能力。

第四节　再议银行结售汇顺差去哪了

2022 年 3 月，我们又被问及，2020—2021 年，中国每年进出口顺差五六千亿美元、经常账户盈余两三千亿美元，外资也大量流入，央行外汇储备却没有增加，这些顺差去哪了？其实，2021 年初我们就撰文解释了这件事情[①]。今天，我们再次重复当时的结论，即不必对此讳莫如深，市场上卖超的外汇，若不是央行买入变成外汇储备，就一定是银行增持外汇资产。任何国家都概莫能外。

一、研判外汇供求状况宜用银行结售汇而非国际收支数据

实际上，开篇所提问题本身就不太准确。国际收支统计是基于权

---

① 管涛，刘立品.银行结售汇、外汇占款与流动性［R］.中银证券研报，2021-02-04.

责发生制,而非现金收付制,货物贸易、经常账户差额,不等于外汇供求差额。

"权责发生制"是以本期会计期间发生的费用和收入是否应计入本期损益为标准处理有关经济业务的一种制度。与之对应的是"现金收付制",是以款项是否在本期内实际收到或付出作为确定本期收益和费用的标准。

海关进出口顺差不论当期有没有涉外收付款,按照权责发生制,都应记到经常账户顺差中。同期外汇供求关系则首先受货物贸易涉外收付的影响,接着还要看这部分收付差额有没有在外汇市场买卖。后二者均属于现金收付制的概念。

如2020年,中国海关进出口顺差5 240亿美元,海关可比口径的银行代客货物贸易涉外收付顺差2 245亿美元,结售汇顺差2 396亿美元。再如2021年,中国海关进出口顺差6 767亿美元,海关可比口径的银行代客货物贸易涉外收付顺差3 395亿美元,结售汇顺差3 365亿美元。按照权责发生制,货物贸易涉外收付顺差少于海关进出口顺差的部分,就要记为国际收支平衡表中的金融账户"其他投资"净流出或"净误差与遗漏"负值。

另一种常见的误读是,市场一般只关注外资流入而忽视内资流出,有悖于中国金融双向开放的现状。如2020年,陆股通项下累计净买入2 089亿元人民币,与港股通累计净买入轧差后,股票通项下累计净流出3 877亿元人民币,同期国际收支口径跨境股票投资逆差510亿美元,较多对冲了跨境债券投资顺差1 466亿美元。再如2021年,陆股通项下累计净买入4 322亿元人民币,与港股通累计净买入轧差后,股票通项下累计净流入531亿元人民币,同期国际收支口径跨境股票投资逆差25亿美元,部分对冲了跨境债券投资顺差534亿美元。

我们推荐用银行结售汇数据分析境内外汇供求状况，尽管其不包含银行间市场的交易，却仍反映了大部分的外汇供求关系。经常账户与资本账户差额合计的国际收支差额不能真实反映外汇供求状况，因为每年一两千亿美元的净误差与遗漏负值会影响其准确性。国际收支平衡表中的外汇储备资产变动也不能反映外汇供求状况，因为它一方面包含了外汇储备经营收益引起的储备资产增加，并非央行干预市场所得；另一方面不能涵盖市场卖超外汇为银行持有的情况。

从银行即远期（含期权）结售汇数据看，2020年和2021年，顺差分别为2 152亿美元和2 742亿美元。同期，央行外汇占款分别减少1 009亿元人民币和增加1 559亿元人民币。这证实了央行基本退出外汇常态干预的立场。2020—2021年外汇储备资产合计增加1 729亿美元，也印证了2022年央行上缴结存利润主要来自储备经营收益的说法。

二、人民币升值情形下境内银行增持外汇资产有其合理性

境内银行增持外汇资产被质疑的理由是，近年来人民币汇率持续升值，中美利差又比较大，银行此举不经济。这种质疑貌似合理，其实违背了银行业务常识。因为银行本身有经营国际化、资产多元化的需求，并不完全是基于汇差、利差的考虑。

从银行资产负债表数据看，中国银行业近年来国外资产有所增加，但占比并不高。到2021年底，银行持有国外资产余额较2019年底增加1.03万亿元人民币，占银行总资产的2.15%，较2019年底回落了0.05个百分点，且占比远低于2005—2008年平均4.2%的水平。日本、韩国、泰国同行的国外资产占比都不低于中国，2015—2021年平均分别为4.6%、15.9%和9.4%，中国同期仅为2.2%。

从银行对外金融资产负债数据看，中国银行业确实增加了对外外币金融资产。到 2021 年底，银行对外金融资产余额较 2019 年底增加 3 601 亿美元，其中对外外币金融资产增加 2 389 亿美元；对外金融负债增加 2 388 亿美元，其中对外外币金融负债减少 205 亿美元；银行对外净负债较 2019 年底减少 1 212 亿美元，其中对外外币净资产增加 2 594 亿美元。

20 世纪 90 年代中期，一方面官方外汇储备投资低收益美债，另一方面境内企业高成本对外融资，才有了"以储顶贷"（即用外汇储备顶替国际商业贷款）的做法。之后发展为用外汇储备委托贷款的形式，支持国内企业"走出去"。2020—2021 年，中国境内外汇供求形势良好，银行适当增持外汇资产，减少对外外币融资，本身是理性的选择。2009—2019 年，中国银行业外汇存贷差一直为负值，直到这两年才转为正值，日均 1 年期人民币美元远掉期报价溢价上千点，明显高于 2018 年和 2019 年日均只有几百点的水平，显示境内外汇流动性得到极大改善。银行用增持的外汇头寸开展企业外汇贷款业务，落实了金融服务实体经济、降低融资成本的要求。

其实，美国银行业出于国际化经营需要也持有对外债权。2015—2021 年，美国自身对外债权与总资产之比平均为 16.4%，远高于中国同期的水平。对美国银行业对外债权规模与年均广义名义美元指数取自然对数，同期二者具有较强的正相关性，达到 0.696。这表明美元指数越强，美国银行业对外债权越多。我们是不是也有理由怀疑，当美元强势时，美国银行业在美国财政部授意下增持了对外资产呢？

外汇供求平衡是相对的，不平衡是绝对的。让银行发挥调节外汇供求失衡的"蓄水池"作用，是国际通行的做法。对此不能执行"双标"。如果市场存在外汇供求缺口，既不让央行入市干预，又不让银行吞吐外汇，那就不合适了。

第五节　本轮升值中国没有积累新的民间货币错配

国际投资头寸（IIP）数据显示，长期以来，中国对外净头寸呈现为国家对外净资产，民间对外净负债（即不含储备资产的对外净头寸）。2020年6月初以来，人民币汇率震荡升值，到2021年底人民币汇率中间价累计上涨11.9%。根据2013年之前的经验，在此种情形下，市场主体通常会减少对外资产而增加对外负债，民间货币错配重新增多。截至2021年末，中国对外金融资产9.32万亿美元，较2019年末增加1.45万亿美元，对外金融负债7.34万亿美元，增加1.79万亿美元；对外净资产1.98万亿美元，减少3 163亿美元。剔除3.42万亿美元储备资产后，民间对外净负债1.44万亿美元，增加5 203亿美元。但是，这并非交易引起的，而是非交易因素引起的。

一、非交易因素是引起2020年和2021年中国民间对外净负债增加的主因

国际投资头寸表中，交易引起的变动对应着国际收支平衡表中金融账户下的资产方（对外投资）和负债方（外来投资）的差额数据。2020—2021年，中国金融账户资产方累计净流出1.48万亿美元，负债方净流入1.25万亿美元，合计净流出2 400亿美元。这显示2020—

2021年中国跨境资本流动呈现大进大出、大开大合的格局。

然而，由于汇率变动、资产价格重估（即估值影响或账面损益变动）及统计调整等非交易因素引起的变动，2020—2021年对外金融资产减记89亿美元，对外金融负债增记5 473亿美元，使得对外净资产被减记5 563亿美元，相当于两年对外净资产降幅的1.76倍（见表4-6）。这是同期经常账户顺差累计5 661亿美元，对外净资产却不升反降的两大原因之一（另一大原因是同期净误差与遗漏负值3 262亿美元）。

表4-6 2020—2021年中国对外金融资产负债变动构成（单位：亿美元）

项目	2019年末	2021年末	期间余额变动	交易引起的变动	非交易引起的变动	非交易变动占比（%）
净头寸	22 996	19 833	-3 163	2 400	-5 563	175.9
不含储备资产的净头寸	-9 233	-14 436	-5 203	229	-5 432	104.4
对外金融资产	78 464	93 243	14 779	14 868	-89	-0.6
1 直接投资	22 366	25 819	3 452	2 818	635	18.4
2 证券投资	6 575	9 797	3 222	2 772	450	14.0
3 金融衍生工具	67	154	86	-128	215	248.4
4 其他投资	17 226	23 205	5 979	7 236	-1 257	-21.0
小计：不含储备资产的资产	46 235	58 974	12 739	12 697	42	0.3
5 储备资产	32 229	34 269	2 040	2 171	-131	-6.4
5.1 货币黄金	954	1 131	177	0	177	100.0
5.2 特别提款权	111	531	419	419	0	0.0
5.4 外汇储备	31 079	32 502	1 422	1 729	-306	-21.5
对外金融负债	55 468	73 410	17 942	12 468	5 473	30.5
1 直接投资	27 964	36 238	8 274	5 871	2 403	29.0
2 证券投资	14 526	21 554	7 028	4 237	2 791	39.7
3 金融衍生工具	65	103	38	-125	163	433.3
4 其他投资	12 913	15 516	2 603	2 486	116	4.5

注：（1）交易引起的变动中，资产方交易数据为国际收支平衡表对应项的负值，代表境内对外投资增加；（2）非交易引起的变动 = 期间余额变动 – 交易引起的变动；（3）非交易变动占比 = 非交易引起的变动/期间余额变动；（4）不含储备资产的净头寸 = 净头寸 – 储备资产。
资料来源：国家外汇管理局。

进一步分析，2020—2021 年中国非储备性质的金融账户下，剔除储备资产变动后的资产方净流出 1.27 万亿美元，与负债方净流入轧差后，非储备性质的金融账户合计净流出 229 亿美元。这也反映了 2020 年中国民间部门双向跨境投资趋于活跃、对外投资总体多于外来投资的情况。

这本应该减少民间对外净负债，但因为非交易引起的变动导致同期非储备性质的对外金融资产增记 42 亿美元，远小于同期对外金融负债增记的规模，令对外净负债被增记 5 432 亿美元，相当于同期民间对外净负债增加额的 1.04 倍（见表 4–6）。

之所以非交易引起的对外负债增记较多，主要是因为 2020—2021 年人民币兑美元汇率中间价升值较多，导致对外负债中以人民币计值的部分折合美元数增加。据估算，2020—2021 年中国人民币外债余额、境外机构和个人持有境内人民币股票资产余额，以及外来直接投资股权投资余额等三个部分，因人民币升值导致对外负债增记约合 4 103 亿美元（用 2019 年末与 2021 年末余额算数平均值乘以两年人民币汇率升值幅度），贡献了当期非交易引起的对外负债增记额的 75%。

二、对外经济部门较 2013 年"缩减恐慌"之时更具韧性

2021 年第一季度，10 年美债收益率飙升，美元指数反弹，引发了国际金融动荡。4 月，IMF 在春季年会期间一再预警，如果发达经济体的央行突然表示出对通胀风险的更大担忧，全球可能会出现类似 2013 年"缩减恐慌"（taper tantrum）那样的金融状况意外收紧[①]。

---

① IMF，2021. Global Financial Stability Report，April 2021：Preempting a Legacy of Vulnerabilities［R］. April. https://www.imf.org/en/Publications/GFSR/Issues/2021/04/06/global-financial-stability-report-april-2021#FullReport.

为此，也有人开始讨论这次"缩减恐慌"可能对中国对外经济部门的影响。

其实，2013年爆发"缩减恐慌"之初，中国作为好的新兴市场，对外经济部门延续了强劲的发展态势。当年，中国非储备性质金融账户的负债方净流入5 633亿美元，较2012年增长1.11倍；与资产方净流出轧差后，合计净流入3 430亿美元，2012年为净流出360亿美元；外汇储备资产增加4 327亿美元，增长3.39倍。2014年初，人民币汇率升至6.0附近，同年6月底外汇储备余额刷新了3.99万亿美元的历史记录。

2015年"8·11"汇改之初，中国经历了资本外流、储备下降、汇率贬值，主要是因为1994年初汇率并轨至2014年底之前人民币汇率持续单边升值。尤其是2005年"7·21"汇改以来，市场主体单向的"资产本币化、负债美元化"的财务操作，产生了较为严重的货币错配。

到2014年末，民间对外净负债2.29万亿美元，较2004年末增加了1.91万亿美元。其中，1.26万亿美元来自非储备性质金融账户的累计顺差，6 540亿美元来自非交易引起的变动，分别贡献了2005—2014年对外净资产增加额的66%和34%（见表4-7）。

表4-7 2005—2014年中国对外金融资产负债变动构成（单位：亿美元）

项目	2004年末	2014年末	期初期末余额变动	交易引起的变动	非交易引起的变动	非交易引起的变动占比（%）
净头寸	2 408	16 103	13 695	21 241	-7 545	-55.1
不含储备资产的净头寸	-3 778	-22 890	-19 112	-12 572	-6 540	34.2
对外金融资产	9 362	64 839	55 477	53 603	1 873	3.4
其中：储备资产	6 186	38 993	32 807	33 813	-1 005	-3.1
对外金融负债	6 954	48 735	41 781	32 363	9 419	22.5

资料来源：国家外汇管理局。

"8·11"汇改初期,人民币汇率意外贬值,触发了"藏汇于民"与"债务偿还"的集中调整。但任何事情都有两面性。到2018年6月底,民间对外净负债降至1.21万亿美元,与年化名义GDP之比为9.1%,较2015年6月底("8·11"汇改前夕)分别回落了49%和12.7个百分点。这令同年第三季度,人民币汇率因对外经贸摩擦、国内经济下行,再次跌到7附近,却有惊无险。2019年8月初,人民币汇率应声破7,但因为2019年6月底民间对外净负债与年化名义GDP之比较一年前回落了0.3个百分点,破7同样波澜不惊(见图4-2)。

图4-2 中国民间货币错配情况

注:(1)年化名义GDP为往前4个季度滚动合计;(2)民间货币错配以不含储备资产的对外净头寸衡量。
资料来源:国家外汇管理局,国家统计局,万得。

与2008年全球金融危机相比,这次公共卫生危机应对,虽然主要的经济体财政货币刺激力度空前,但持续时间较短,对中国对外经济部门的脆弱性影响有限。尽管民间对外净负债规模及占比均有所上升，但是，到 2021 年底，民间对外净负债较 2015 年 6 月底减少 9 296 亿美元，与名义 GDP 之比为 8.0%，下降 13.7 个百分点，甚至还低于 2019 年破 7 前夕 1.1 个百分点（见图 4-2）。与 2013 年"缩减恐慌"之时中国该比例高达 20% 多相比，更是不可同日而语。

三、进一步完善国际收支统计

如前所述，造成近年来中国经常账户顺差与对外净头寸变动负缺口较大的原因有二，一个是非交易调整，另一个就是净误差与遗漏负值较大。关于中国国际收支平衡表中的"净误差与遗漏"长期为负且规模较大的问题，市场一直广泛关注。这被认为是反映了中国存在较为严重的资本外逃现象[①]。然而，争议净误差与遗漏负值是不是资本外逃，其实际政策含义不大，更重要的工作应该是提高国际收支统计质量，更好地为宏观决策和市场分析服务。

各国国际收支平衡表中都设有"净误差与遗漏"项目。根据国际标准，国际收支平衡表采用复式计账原则编制，为使平衡表在借贷两个方向上始终保持平衡，表中设置了"净误差与遗漏"项。但是，"净误差与遗漏"项目是轧差出来的，不是统计出来的，只是国际收支平衡表的平衡项目。

从理论上讲，如果净误差与遗漏主要是由统计原因所致，那么其方向应该是随机分布，即时而为正、时而为负。然而，2009 年以来，中国国际收支平衡表中的"净误差与遗漏"年度数值一直为负，而 2002—2008 年则连续 7 年为正。特别是从季度数据来看，一旦净误差

---

① 余永定，肖立晟. 解读中国的资本外逃［J］. 国际经济评论，2017（5）：97–115.

与遗漏为负或者为正,就会持续这个方向,以致负值或正值不断累加。

将净误差与遗漏等同于资本外逃,肯定可以从统计或者经济的角度找到很多理由予以辩驳[①]。同时,"净误差与遗漏"中,究竟多少应该归为统计原因,多少应该归为经济原因;在经济原因中,又多少应该归为经常账户收入高估原因,多少应该归为资本流出低估原因,这在理论和实践中并无统一的量化标准。这就导致资本外逃成了一个"公说公有理、婆说婆有理"的"黑箱"。

更为关键的是,这种争论最多只有学术意义,而缺乏实操价值。一是无论净误差与遗漏为负是不是资本外逃,都不能改变"8·11"汇改初期中国资本外流状况一度较为严峻的客观现实。二是无论净误差与遗漏是不是资本外逃,对短期资本流动冲击风险采取果断措施已毋庸置疑。三是试图管理"净误差与遗漏"项下的资本外逃,管理无处着力,针对可监测和可监管的交易实施管理则更易事半功倍。四是贴上"资本外逃"的标签实际是对资本外流作出了主观的道德判断,而作出相关判断是见仁见智,难以取得共识。

一国经济越开放,净误差与遗漏额有可能越大。所以,国际上通常取"净误差与遗漏额"与国际收支口径的"货物贸易进出口额"之比的正负5%以内作为控制标准。只要该比例在这个警戒指标以内,国际收支账户的"线上项目"就越发全面和准确。自1996年1月1日起,中国正式按照国际标准实施国际收支统计申报制度,国际收支统计的质量不断提高。进入21世纪以来,净误差与遗漏同货物贸易进出口额之比在 –2.9% 到 +1.8% 之间,只是在2015年和2016年,该比例突然出现了较大跃升,分别达到 –5.7% 和 –6.6%。

[①] 国家外汇管理局国际收支分析小组. 2014年中国国际收支报告［R/OL］.（2015-03-31）［2021-05-01］. http://www.safe.gov.cn/.

改进国际收支统计方法，提高统计质量已迫在眉睫。为此，我们给出如下建议。

第一，进一步完善对外金融资产负债及交易统计制度。货物贸易是经常账户的主要科目，中国的相关统计已经较为健全，所以对经常账户的统计数据质量总体有信心。随着金融开放不断扩大，对跨境资本流动的统计越来越重要，在这方面，尤其是对外投资或债权统计方面，中国统计基础较为薄弱。自2016年9月开始实施的对外金融资产负债及交易统计制度，既有对负债（利用外资）的统计，又有对资产（对外投资）的统计，同时区分了对外资产的交易变化和货币折算等非交易变化。但是，该制度运行时间不长，还需要尽快磨合，以实现数据的稳定、可靠采集。

第二，进一步丰富国际收支统计方法。中国国际收支统计制度以间接申报为主，即企业和个人通过银行报送数据。其好处是，只要是通过银行办理的、现金收付形式的业务，基本可以全口径采集数据。但是数据采集的成本较高，而且不通过银行办理的业务往往容易形成数据缺口，特别是权责发生制的业务数据缺失较为严重，因为它们有些当期没有现金流。为此我们建议，除继续依靠基于企业调查制度逐笔采集交易数据外，还应研究更多运用抽样调查和估算的方法，以确保国际收支统计的全面性和准确性。实际上，如果大家坚持认为净误差与遗漏负值是资本外逃的话，只要能够大概区分出资产与负债方的变动，就可以用估算的方法将其纳入国际收支统计，不论这种交易是否合法。因为统计不是监管，而是对经济活动的真实、客观的反映。

第三，进一步加强对现有数据的加工和发掘。例如，中国仍是一个有大量现金收付的社会，购汇以后直接提取现钞携带出境是一种较为普遍的现象。携带外币现钞出境，既可能用于旅游消费支出，也可能用于个人资本转移。现在海关对 5 000 美元以上的携钞出境要求申报，但实践中可能申报的不多，而且即便申报了，海关也较少与外汇局进行数据交换，这部分缺失的数据就有可能体现为净误差与遗漏的负值。建议通过与海关携钞申报数据交换、银行抽样调查，或者提取外汇局居民个人结售汇管理信息系统数据的方式，对此加以测算。再如，借鉴外汇局编制国际收支口径的货物贸易数据时，将海关查获的进出口走私数据还原到进出口中的做法，结合近年来查获的地下钱庄和货币走私案件，区分资金流入和流出方向，加工相关数据，弥补数据缺口。

第五章

宏观调控的新挑战

2020年7月底,中央政治局会议指出,我们遇到的很多问题是中长期的。为此,会议强调必须从持久战的角度加以认识,加快形成以国内大循环为主体、国内国际双循环相互促进的新发展格局。同时,会议还首次提出建立疫情防控和经济社会发展工作中长期协调机制,完善宏观调控跨周期设计和调节,实现稳增长和防风险长期均衡[1]。2021年7月底,中央政治局会议再次提出,做好宏观政策跨周期调节,保持宏观政策连续性、稳定性、可持续性,统筹做好今明两年宏观政策衔接,保持经济运行在合理区间[2]。这是中国应对疫情持续冲击的重大宏观调控理论和实践的创新。

---

[1] 共产党员网.中共中央政治局召开会议[EB/OL].(2020-07-30). https://www.12371.cn/2020/07/30/ARTI1596107225760939.shtml.

[2] 共产党员网.中共中央政治局召开会议[EB/OL].(2021-07-30). https://www.12371.cn/2021/07/30/ARTI1627634169550274.shtml.

第一节　追求高质量发展是跨周期调节的重要逻辑出发点

一、近年来中国稳增长的宏观政策选择

每年年底的中央经济工作会议是最高规格的经济会议，会议主要议题是定调来年经济工作的指导思想和重点任务。重温2018年和2019年的中央经济工作会议精神，有助于我们更好地理解当年中国稳增长的宏观政策思路。

国内经济下行早于新冠疫情暴发。2018年底中央经济工作会议指出，经济运行稳中有变、变中有忧，外部环境复杂严峻，经济面临下行压力[1]。2019年第三、四季度经济同比增速连续破6，年底市场掀起了经济增速保6之争。2019年12月中旬的中央经济工作会议进一步指出，中国正处在转变发展方式、优化经济结构、转换增长动力的攻

---

[1] 共产党员网. 中央经济工作会议在北京举行［EB/OL］.（2018-12-21）. https://www.12371.cn/2018/12/21/ARTI1545386181641879.shtml.

关期，结构性、体制性、周期性问题相互交织，"三期叠加"影响持续深化，经济下行压力加大①。

如前所述，2018年底的中央经济工作会议指出，经济面临下行压力。为此，会议明确提出，宏观政策要强化逆周期调节，继续实施积极的财政政策和稳健的货币政策。其中，积极的财政政策要加力提效，稳健的货币政策要松紧适度，结构性政策要强化体制机制建设，坚持向改革要动力，社会政策要强化兜底保障功能，实施就业优先政策。会议还指出，要创新和完善宏观调控，统筹推进稳增长、促改革、调结构、惠民生、防风险工作，保持经济运行在合理区间②。可见，当时提出强化逆周期调节时并没有忽视防风险工作，而是继续将稳增长与防风险相结合。

2019年底，中央经济工作会议总结"十三五"时期经济工作的"四个重要认识"时强调，必须科学稳健把握宏观政策逆周期调节力度，增强微观主体活力，把供给侧结构性改革主线贯穿于宏观调控全过程；必须从系统论出发优化经济治理方式，加强全局观念，在多重目标中寻求动态平衡；必须善于通过改革破除发展面临的体制机制障碍，激活蛰伏的发展潜能；必须强化风险意识，牢牢守住不发生系统性风险的底线③。

会议在强调"稳增长与防风险并重、多目标动态平衡"的同时，突出了"改革比刺激更重要"的宏观调控理念。因此，尽管判断经济形势更为严峻，会议依然强调要坚持新发展理念，坚持以供给侧结构

---

① 共产党员网.中央经济工作会议在北京举行［EB/OL］.（2019-12-12）.https://www.12371.cn/2019/12/12/ARTI1576148359199968.shtml.
② 共产党员网.中央经济工作会议在北京举行［EB/OL］.（2018-12-21）.https://www.12371.cn/2018/12/21/ARTI1545386181641879.shtml.
③ 同①。

性改革为主线,坚持以改革开放为动力,推动高质量发展,加快建设现代化经济体系,统筹推进稳增长、促改革、调结构、惠民生、防风险、保稳定,保持经济运行在合理区间。为实现2020年预期目标,要坚持"稳"字当头,坚持宏观政策要稳、微观政策要活、社会政策要托底的政策框架,要坚持问题导向、目标导向、结果导向,在深化供给侧结构性改革上持续用力[1]。

面对突如其来的新冠肺炎疫情冲击,2020年4月,中央政治局会议提出,以更大的宏观政策力度对冲疫情影响,积极的财政政策要更加积极有为,稳健的货币政策要更加灵活适度[2]。即便如此,实际执行中的财政货币政策均保持了较大克制。到2020年底,社科院测算的中国宏观杠杆率为270.1%,较2019年底上升23.6个百分点,低于2009年上升的31.8个百分点。这充分汲取了2008年危机应对的教训,较好地实现了稳增长与防风险的均衡。

而且,这次公共卫生危机应对,中国打的是"纾困+改革"的组合拳。2020年4月的中央政治局会议,一方面强调加大宏观政策对冲力度,另一方面强调不失时机推动改革,完善要素市场化配置体制机制[3]。2020年5月底的政府工作报告提出,要用改革开放办法,稳就业、保民生、促消费,拉动市场、稳定增长,走出一条有效应对冲击、实现良性循环的新路子[4]。

---

[1] 共产党员网.中央经济工作会议在北京举行[EB/OL].(2019-12-12). https://www.12371.cn/2019/12/12/ARTI1576148359199968.shtml.

[2] 共产党员网.中共中央政治局召开会议[EB/OL].(2020-04-17). http://www.12371.cn/2020/04/17/ARTI1587121500545171.shtml.

[3] 同[2]。

[4] 中国政府网.政府工作报告[R/OL].(2020-05-29). http://www.gov.cn/premier/2020-05/29/content_5516072.htm.

二、追求高质量发展是当前稳增长的重要立足点

疫情暴发前夕，国内经济下行压力加大，中国没有像往年那样提出实施逆周期调节，一个重要原因是党的十九大以来中国经济逐渐由高速增长转向追求高质量发展。经济增速下行的新常态逐渐被接受和认可，被认为是反映了中国潜在经济增速的下行。

2020年5月底的"两会"期间，习近平总书记解释当年为何没有设置全年经济增速具体目标时指出，如果我们硬性定一个，那着眼点就会变成强刺激、抓增长率了，这样不符合我们经济社会发展的宗旨。"六稳""六保"表明，我们追求的是经济的科学发展，是贯彻新发展理念，追求的是广大人民群众的幸福美好生活[1]。

2019年9月，李克强总理在接受外媒采访时明确表示，只要就业比较充分，经济增速高一点、低一点都是可以接受的[2]。这实际隐含着用就业状况来衡量潜在产出的重要经济逻辑。同年年底，易纲行长在《求是》杂志上明确提出，保持货币条件与潜在产出和物价稳定的要求相匹配，保持流动性合理充裕，松紧适度[3]。

按照上述逻辑，也就能够理解，为什么2020年中国经济增速接近潜在产出水平，但年底的中央经济工作会议仍提出要保持宏观政策对经济恢复的必要支持。如果说2019年实际经济增速下行是在接近潜在产出水平，并不值得过分担心的话，那么，2020年初开始的疫情持续演变，则是使实际经济增速进一步偏离了潜在产出水平。其中一

---

[1] 杜尚泽. "着眼点着力点不能放在GDP增速上"[N/OL]. 人民日报，2020-05-23. http://cpc.people.com.cn/n1/2020/0523/c64094-31720348.html.

[2] 中国政府网. 李克强接受俄罗斯塔斯社书面采访[EB/OL]. (2019-09-16). http://www.gov.cn/guowuyuan/2019-09/16/content_5430056.htm.

[3] 易纲. 坚守币值稳定目标 实施稳健货币政策[J]. 求是，2019 (23).

个重要的显性指标是，2020年全国就业人员净减少383万人。其中第二产业增加就业309万人，反映了出口的拉动作用；第一、三产业分别减少就业937万人和增加就业245万人，则反映了疫情的严重冲击。

同理，这也是2021年7月中央政治局会议重提做好宏观政策跨周期调节的一个重要背景。2021年上半年，城镇新增就业698万人，同比增长23.8%，但较2019年同期仍少了39万人。面对全球疫情仍在持续演变，外部环境更趋复杂严峻，国内经济恢复仍然不稳固、不均衡，现在重提跨周期调节就意味着，为支持经济持续修复，宏观政策不会急于退坡，给市场吃一颗"定心丸"。

但是，市场对下半年政策宽松也不宜期待过高。"十四五"规划提出要完善宏观调控政策体系，做好跨周期政策设计，提高逆周期调节能力。这表明，跨周期调节不是对逆周期的替代，而是补充。中央政治局会议提跨周期而非逆周期调节，也就意味着今后一个时期宏观政策将立足于做实做细现有政策，积极的财政政策要提升政策效能，稳健的货币政策要保持流动性合理充裕。

这反映了中央对疫情影响客观冷静的分析，除必要的宏观政策对冲外，还要在疫情防控常态化情形下，加大改革力度，进一步激发市场主体活力，引导市场主动调整适应。国内外经验表明，宏观调控不能包治百病，过度刺激可能埋下资产泡沫、债务膨胀等隐患。现在刺激力度越大，将来退出可能越困难。至于坚持就业优先，也是要采取一揽子政策措施。除用财税金融政策兜牢基层"三保"底线，为中小企业和困难行业纾困外，还要强化高校毕业生就业服务，畅通农民工外出就业渠道，改进对灵活就业人员的劳动者权益保障。

当然，任何政策选择都有利有弊。如果经济下行超预期，那么，再行加码政策刺激，就有可能会事倍功半。所以，必须要求加强宏观调控的前瞻性、精准性和有效性，在加强形势研判的基础上，当出手时就出手。此外，做好对改革开放措施的政策影响评估，避免对经济特别是就业产生大的冲击，也是非常重要的。

第二节 疫情冲击下经济周期轮动是跨周期调节的现实挑战

2020年7月30日，中央政治局会议首次提出，要"完善宏观调控跨周期设计和调节，实现稳增长和防风险长期均衡"。会后，市场对"跨周期调节"主要从平衡短期稳增长与中长期防风险的角度进行了解读。显然，这是"跨周期调节"的重要内容，但这恐非"跨周期调节"的全部。同年8月中旬，我们就撰文指出，当前更为迫切的挑战是，下阶段宏观调控应当如何应对疫情防控常态化前提下，经济由收缩向扩张阶段的快速转变[①]。

一、中国经济增长正在快速由收缩转入扩张阶段

经济周期，也称商业周期，一般是指经济活动沿着经济发展的总体趋势所经历的有规律的扩张和收缩，是国民收入或总体经济活动扩张与紧缩的交替或周期性波动变化。在现代宏观经济学中，经济周期发生在实际经济增速相对于潜在经济增速上升（扩张，也称正产出缺

---

① 管涛.经济由收缩向扩张阶段折转的宏观调控：跨周期调节的现实挑战[N].第一财经日报，2020-08-18.

口）或下降（收缩，也称负产出缺口）的时期。

按照两阶段划分法，每个经济周期都可以分为上升和下降两个阶段。上升阶段也称为繁荣，最高点称为顶峰。此后，经济就进入下降阶段，即衰退。衰退严重则经济进入萧条，衰退的最低点称为谷底。此后，经济进入上升阶段。经济从一个顶峰到另一个顶峰，或者从一个谷底到另一个谷底，就是一次完整的经济周期。现代经济学关于经济周期的定义，建立在经济增长率变化的基础上，指的是增长率上升和下降的交替过程。

2020年初，新冠肺炎疫情暴发。这是新中国成立以来中国遭遇的传播速度最快、感染范围最广、防控难度最大的公共卫生事件。疫情令国内生产生活秩序受到巨大冲击，第一季度经济增长为负。但是，中国将疫情防控作为头等大事来抓，到3月23日，以武汉为"主战场"的全国本土疫情传播基本阻断。第二季度，经济稳步恢复，复工复产逐月好转，第二季度经济增长明显好于预期。

市场普遍预期，中国将是2020年主要经济体中唯一实现经济正增长的国家。据IMF在2020年6月底预测，2020年全球经济衰退4.9%，中国经济增长1%。据世界银行7月底预测，2020年中国经济增长1.6%。这意味着，下半年中国经济增长可能为4%左右，略低于潜在增长水平。境内外市场机构的预测则更为乐观，预计下半年中国经济增长将接近潜在增长，全年增长2%—3%。而无论是国际组织还是市场机构的预测，从全年看，2020年中国经济增长大概率将是低于潜在增长水平，处于经济收缩阶段，存在负产出缺口。

然而，即便是保守的国际组织，对2021年中国经济增长的预测也较为乐观。如IMF预测，中国2021年经济增速将反弹至8.2%；世界银行预测，中国2021年经济增速将反弹至7.9%。这都将高于中国的潜在产出水平,意味着中国经济在经历了短暂的收缩后,2020年下半年或者2021年初将转入扩张阶段。甚至因为2020年上半年的低基数,不排除2021年初中国经济出现两位数的高增长。

二、面对经济收缩向扩张的快速转换需有新的宏观调控思路

传统的宏观调控大都是逆周期调节,以熨平经济周期性的波动。通俗地讲,就是在经济收缩时,实施扩张性的财政货币政策;在经济扩张时,则实施紧缩性的财政货币政策。目标是避免经济过冷(较大的负产出缺口,通常伴随着较多失业甚至通货紧缩)或者过热(较大的正产出缺口,通常伴随着较高通胀和劳动力供给短缺),以对冲经济损失,缓释金融风险。

2020年以来,面对新冠肺炎疫情的严重冲击,中国政府坚持把人民生命安全和身体健康放在第一位,宏观政策立足于逆周期调节,加大对冲力度,使积极的财政政策更加积极有为,稳健的货币政策更加灵活适度,努力把疫情造成的损失降到最低,同时保持了政策定力并留有余地[1]。

当前中国经济复苏的不确定、不稳定因素依然较多。第一,中国已进入高质量发展阶段,但发展不平衡不充分问题仍然突出。同时,"内防反弹、外防输入"的疫情防控常态化,仍将从供需两端抑制经济的自我修复,就业压力显著加大,企业特别是中小微企业困难凸显,财政金融领域风险有所加剧。第二,海外疫情仍在波浪式蔓延扩散,世界经济复苏前景不明,产业链、供应链循环受阻,国际贸易投

---

[1] 共产党员网. 中共中央政治局召开会议 [EB/OL]. (2020-04-17). http://www.12371.cn/2020/04/17/ARTI1587121500545171.shtml.

资萎缩,致使高杠杆、大泡沫的金融脆弱性进一步积聚。第三,当今世界正经历百年未有之大变局,和平与发展仍然是时代主题,但疫情加速了全球政治经济格局的深度调整,国际环境日趋复杂。

2019年底,中央经济工作会议总结国内经济下行压力加大的原因之一是"三期叠加"影响持续深化,其中一期是"前期刺激政策的消化期"。这个"消化期",既有刺激时用力过猛的原因,也有退出时收手过快的因素,造成了宏观杠杆率过高、结构性扭曲加剧等"后遗症"。而应对疫情防控常态化背景下的本轮经济周期性波动,当前和今后一个时期,中国经济发展面临的风险挑战前所未有,宏观调控面临的风险挑战也前所未有。

美联储2020年7月的议息会议声明表示,美联储经济的发展道路将在很大程度上取决于疫情的发展进程[1]。这场仍在肆虐的公共卫生危机将在短期内严重影响经济活动、就业和通胀,并对中期经济前景构成相当大的威胁。鉴于这些因素,联邦公开市场委员会(FOMC)决定将联邦基金利率维持在现有0—0.25%的目标区间,直到确信美国经济能经受住近期事件的考验,并有望实现其最大就业和物价稳定目标。

8月初,美联储前主席珍妮特·耶伦(Janet L. Yellen)在网络研讨会上表示,美联储将于近期完成对货币政策框架的评估,届时或将转向平均通胀目标制。她认为,这样的决定将使市场对美联储长期保持低利率抱有信心,并刺激经济活动和推高通胀。在平均通货膨胀目

---

[1] Federal Reserve Board, 2020. Federal Reserve issues FOMC statement [EB/OL]. July 29. https://www.federalreserve.gov/newsevents/pressreleases/monetary20200729a.htm.

标制下,"美联储会认为让通胀率略超过 2% 水平是件好事"[1][2]。

鉴于这次疫情引发的经济周期性波动不同以往,故我们不宜简单套用过去的逆周期调节模式。跨周期调节要把握保增长与防风险的有效平衡,既要避免对冲政策退出过迟产生更多后遗症,又要避免退出过快导致复苏夭折。这将考验宏观调控跨周期设计和调节的技巧。我们认为,下阶段宏观调控要考量的因素应该包括但不限于以下几点。

首先,要对经济景气做出更加全面准确的判断。在经济复苏由供给端快速修复转向需求端逐步改善,经济逐渐回升时,不但要关注经济增长指标,更要关注就业和通胀指标,避免不成熟的政策退出。

其次,要注意分析经济复苏的动力源泉。如 2020 年第二季度,经济恢复正增长主要是因为投资特别是公共部门投资对经济增长的拉动作用增强,而民间投资和制造业投资仍然低迷,7 月社会消费品零售总额依然同比下降。要避免政策过快转向,抑制民间投资和制造业投资,以及消费需求的恢复。况且,保持宏观政策的连续性、稳定性,本身也是优化营商环境的应有之义。

再次,要注意加强政策的协调配合。如要完善"货币政策+宏观审慎"的金融调控双支柱。其中,货币政策应该主要关注增长、就业和通胀目标。打击资金空转套利,应该主要发挥宏观审慎和其他金融监管政策的作用。用货币政策抑制资产泡沫,有可能伤及实体经济,是因噎废食。因此,要加强财政政策与货币政策的协调配合。财政政策偏重结构,货币政策偏重总量,二者协调配合,有助于形成激励相容和风险分

---

[1] 新浪财经. 美联储前主席耶伦:美联储可能采取平均通胀目标制 [Z/OL].(2020-08-06). https://cj.sina.com.cn/articles/view/1704103183/65928d0f02001u2r4.
[2] 2020 年 8 月底,鲍威尔在杰克逊霍尔年会上对外正式宣布,美联储引入"平均通胀目标制"货币政策新框架。

担机制，提高疫情应对的政策效力，节约宏观政策的对冲成本。

最后，要打好"纾困+改革"的组合拳。制度是长期的、稳定的，政策是临时的、变化的。故在通过加大财政货币政策逆周期调节，降低疫情损失的同时，更要通过坚定不移推进改革，继续扩大开放，持续增强发展动力和活力，实现发展规模、速度、质量、结构、效益和安全相统一。

2020年底的中央经济工作会议指出，在肯定成绩的同时，必须清醒地看到，疫情变化和外部环境存在诸多不确定性，中国经济恢复基础尚不牢固。2021年世界经济形势仍然复杂严峻，复苏不稳定、不平衡，疫情冲击导致的各类衍生风险不容忽视。会议还指出，2021年宏观政策要保持连续性、稳定性、可持续性[①]。这契合了我们推理的前述政策逻辑。

第三节 还猜对了2021年的中国货币政策

2020年，中国央行与国外主要央行相比，不论在言论上还是行动上都略偏"鹰派"。当其他主要央行大幅扩表时，中国央行保持资产规模与名义GDP之间相对稳定。当美联储主席鲍威尔强调"多做比少做更好"和"经济复苏仍存在高度不确定性"时，中国央行领导则多次表示希望尽可能长时间地实施正常货币政策，以及为经济保持长

---

① 共产党员网.中央经济工作会议在北京举行[EB/OL].(2020-12-18). https://www.12371.cn/2020/12/18/ARTI1608287844045164.shtml.

期持续增长留出空间[①②]。伴随中国央行相关人士的"偏鹰"表态增多，2020年下半年市场逐渐形成货币紧缩的预期。但我们在2020年底就分析指出，2021年中国货币政策或不像大家想象的那么紧[③]。

一、疫情下半场，中国货币政策不应急于退出

上次各国危机应对的重要教训是政策悬崖。财政方面，由于2009年政府杠杆率上升较快，发达国家均选择了快速财政平衡政策，例如，德国在欧盟倡导的"黑零"，以及美国白宫和国会分裂后的"财政悬崖"；中国也有所跟进，并在2010年率先实现政府降杠杆。彼时，基于对短期债务高增的担忧，IMF支持财政紧缩调整，但并未料到财政紧缩对经济的副作用过大，更未料到财政不平衡会演变成欧洲政治矛盾的爆发点[④]。财政快速平衡的压力最终导致希腊危机爆发，对经济造成难以挽回的损失。货币方面，尽管希腊债务仍有蔓延趋势，欧洲央行于2011年4月和6月加息对抗通胀上行的压力。不过，当希腊危机从短期问题变成整个欧元区长期经济停滞时，欧洲央行陷入了货币政策难以正常化的泥潭。中国央行在2010年底也显著收紧了货币政策，一共进行了5次加息和12次提准。货币过紧和债务到期压力是后续钱荒爆发的重要原因。2010年以后，世界主要央行中仅美

---

① 易纲.坚守币值稳定目标 实施稳健货币政策[J].求是，2019（23）.
② 易纲.金融助力全面建成小康社会[J].中国金融，2020（19–20）：14–18.
③ 管涛，付万丛.逻辑比结论重要：关于明年（2021年）货币政策与人民币汇率的猜想[R].中银证券研报，2020–12–19.
④ IMF, 2019. The IMF and the Greek Crisis：Myths and Realities[Z/OL]. September 30. https://www.imf.org/en/News/Articles/2019/10/01/sp093019-The-IMF-and-the-Greek-Crisis-Myths-and-Realities.

联储仍在使用量化宽松政策支持经济复苏。虽然美联储的长期低利率引发了资产价格泡沫化、企业债务过高和"僵尸企业"过多等争议,但是美国依旧获得了历史上最长的经济扩张周期。

然而,2021年中国货币政策快速退出的急迫性不高。

一是上次危机应对中,中国采取了强货币刺激政策,2009年M2和社融增速较2008年分别提高了9.9个百分点和14.3个百分点,宏观杠杆率上升了31.8个百分点。因此才有2010年和2011年的连续紧货币、紧信用。但这一次,截至2020年11月末,M2和社融同比增速仅较2019年分别上升了2.0个百分点和2.9个百分点,宏观杠杆率上升主要不是因为分子加杠杆,而是因为遭受新冠肺炎疫情冲击、分母经济下行压力加大。

二是宏观杠杆率升幅逐季放缓,表明经济反弹有助于杠杆得到控制。虽然2020年第一季度宏观杠杆率上升较快,但是央行的流动性支持有效帮助了企业渡过生存难关。而且,社融拐点可能已经确认,债务增速即将进入下行趋势。11月末,社融同比增速较10月末回落0.1个百分点至13.6%,为年内首次回落。2021年社融增速可能回落至11%左右,接近名义GDP增速,意味着宏观杠杆率趋于稳定。

三是无论利率和央行资产负债表如何变动,中国货币政策一直是正常的,同时关键期限利差鲜有出现倒挂。正如央行有关部门负责人于2020年8月25日指出,中国没有采取零利率甚至负利率,以及量化宽松这样的非常规货币政策,因此也就不存在所谓的退出问题[1]。

四是中国债券融资占比已经不低。2020年前11个月债券融资累计金额占社融总额约36.4%,高于2019年同期约5个百分点。随着

---

[1] 国新网. 金融机构支持实体经济政策落实情况国务院政策例行吹风会 [EB/OL].(2020-08-25). http://www.scio.gov.cn/32344/32345/42294/43499/index.htm.

债券余额上升，货币政策收紧带来的融资成本上升将更胜从前。11月4日，IMF第一副总裁冈本在结束与中国2020年第四条磋商后表示，考虑到通胀水平较低，当局应维持宽松的货币政策，这也将为财政措施提供支持[①]。

中国经济仍未彻底走出疫情的阴霾。2020年的新增城镇就业虽然完成了"两会"的预期目标，但与2019年相比仍有所回落。如果没有疫情，按照就业市场较为平稳的规律来看，中国2020年新增就业应该会接近2019年水平。如果要实现无疫情下两年均值达到2019年新增就业的水平，2021年新增就业人数可能需要达到1 400万人左右，难度不小。就业总人数的损失会造成消费总量的损失，也会减少通胀上升的压力。由于生产端修复快于消费端，中国面临的通胀压力不大。与无疫情时期相比，中国内需仍较为疲软。不过，目前货币趋紧和汇率走强可能会降低2021年中国出口企业竞争力。

二、2021年经济不稳定、不确定因素仍较多

疫情和疫苗的影响还存在不确定性。2020年底，海外机构针对疫苗和美国经济正常化做出了新的预测。其中，麦肯锡资讯的模型结果显示，美国有望在2021年第三季度至第四季度实现群体免疫；延后实现的风险包括疫苗存在安全问题、生产制造供应链不及预期、群

---

① 澎湃新闻. IMF：中国应建立全面的银行重组框架以降低系统性风险 [Z/OL]. (2020-11-04). https://www.thepaper.cn/newsDetail_forward_9852555.

众接种意愿低、免疫时长不及预期及疫苗无法阻断传染①。12月1日，美联储主席鲍威尔在国会听证会上针对疫苗利好消息再次强调，无论有多大信心，目前都难以评估这些事态发展的时机和经济影响的范围②。疫苗对经济的修复作用不会立刻显现，而近期欧美疫情反弹的影响却已经出现。例如，美国加利福尼亚州和纽约市再次关闭，德国延长硬性封锁时间。未来一段时间内，中国疫情防控也不容松懈。同时，发达国家大肆囤积疫苗，导致发展中国家的疫苗普及和经济复苏可能要等到2022年。从疫苗分配的不均衡来看，2021年全球经济复苏节奏也是不均衡的。

疫苗的不确定性对中国经济前景的影响是多方面的。2021年，中国经济增长在低基数作用下大概率前高后低。未来市场关注点可能转向后半期中国经济回落的速度，关注中国经济是"走出了下行通道"还是"重回下行通道"。在疫苗有效的基线假设下，全球经济复苏，中国领先优势收敛，可能出现三阶段演绎。第一阶段在疫苗上市前，欧美的疫情更为严重，中国疫情防控仍有优势，复苏领先。第二阶段在疫苗上市后，由于中国人口基数大，疫苗普及的难度要大于发达国家，社会生活正常化可能会迟一些。此时，中国与发达国家的复苏不平衡被打破，时间点大约是2021年第三季度。第三阶段为疫苗全球普及，全球经济进入后疫情时代，刺激政策消化，国际秩序再平衡，

---

① Mckinsey, 2020. When will the COVID-19 pandemic end? An update [Z/OL]. November 23. https://www.mckinsey.com/~/media/mckinsey/industries/healthcare%20systems%20and%20services/our%20insights/when%20will%20the%20covid%2019%20pandemic%20end/nov%202020/when-will-the-covid-19-pandemic-end-an-update-vf.pdf.
② Federal Reserve Board, 2020. Coronavirus Aid, Relief, and Economic Security Act [EB/OL]. December 01. https://www.federalreserve.gov/newsevents/testimony/powell20201201a.htm.

产业链重构。疫情反思和大国博弈将是中国该阶段的重要外部变量。不过，如果疫苗普及不及预期，全球复苏被延后，疫情对经济的永久性伤害加剧，则任何事都有可能发生。

2021年，中国经济发展环境仍存在其他不确定性。2020年央行提供的流动性有效缓解了市场恐慌，但无法从根本上解决企业破产问题。2020年12月3日，清华大学朱民教授在中国国际金融学会年会上指出，2021年最大的挑战可能是企业破产，企业破产潮与当前高负债水平连在一起，银行最困难的阶段还没到[①]。早前的8月16日，银保监会主席郭树清在《求是》杂志上刊文提醒，由于金融财务反应存在时滞，目前的资产分类尚未准确反映真实风险，银行即期账面利润具有较大虚增成分，这种情况不会持久，不良资产将陆续暴露[②]。另外，不仅资金需求方的企业投资计划会受货币政策干扰，而且资金供给方的投资者也处于进退两难的地步。一边是潜在企业违约潮，另一边是货币政策的预期波动，要不要投和投向哪都是看不清的。美联储引入平均通胀目标制和呼吁多做比少做要好的目的是，希望减少政策预期不稳带来的投资顾虑，不让货币政策紧缩预期在投资者思维中自我实现和自我强化，导致经济潜力无法得到彻底释放。如果未来经济真的超预期好转，市场自然会有货币紧缩的预期，而美联储需要做的是平滑宽松、正常和紧缩的切换，准确判断经济是否企稳。

---

① 中国经营网. 朱民：垃圾债券和企业债务情况恶化或是2021年最大挑战［Z/OL］.（2020-12-04）. http://www.cb.com.cn/index/show/kx/cv/cv135340191559.

② 郭树清. 坚定不移打好防范化解金融风险攻坚战［J］. 求是，2020（16）.

三、货币政策可能仍需保持适度宽松

如何实现债务长期可控和避免重大经济不利影响是个世界性难题，尤其是当前世界经济仍处于"低增长、低通胀和低利率"状态。针对中国宏观杠杆率上升较快的问题，易纲行长在 2020 年第一期《中国人民银行政策研究》中提出三点建议，一是稳住宏观杠杆率，二是发展直接融资依靠改革开放，三是管理好风险[1]。虽然未来中国货币调控的思路会由间接融资转向直接融资，但是从 2020 年的 1.8 万亿元再贷款再贴现政策和两项直达实体工具来看，中国货币政策结构工具仍多以调控贷款为主，对债券利率与债券、票据等直接融资的关注相对较少。另外，与西方主要是政府加杠杆不同，中国的杠杆主要来自企业部门。货币条件收紧带来的信用风险更高。前期中国经济增速高，可以承受债务利息；后期经济增速下行，债务总量也已积累至较高水平，难以承受过高的利率。况且，2020 年扩表也可能是临时性的，2021 年自然到期后如何解决再融资问题尚且未知。

2020 年 8 月 25 日，央行有关部门负责人在国新办表示，货币政策需要以更大的确定性应对各种不确定性，保持"三个不变"：稳健货币政策的取向不变、保持灵活适度的操作要求不变、坚持正常货币政策的决心不变。未来货币政策会以三个不变来应对各种不确定性[2]。市场希望从央行的言论中寻找一个 2021 年的政策利率锚，但可能轻视了当时利率水平可能小幅偏紧或不合常理的状况。如果 2020 年和 2021 年是 5.5% 左右的平均实际增长，2021 年下半年 GDP 移动平均

---

[1] 易纲.再论中国金融资产结构及政策含义［R］.中国人民银行政策研究，2020（1）.
[2] 国新网.金融机构支持实体经济政策落实情况国务院政策例行吹风会［EB/OL］.（2020-08-25）. http://www.scio.gov.cn/32344/32345/42294/43499/index.htm.

增速与 5 年期 LPR 利率的差值（0.85%）将低于 2014 年降息时的最低点（1.18%），说明届时利率可能略微偏紧。此外，2020 年在经济尚未回到潜在产出之前，国债收益率已经高于疫情前水平。然而，一般加权贷款利率却仍处于下行趋势。一升一降表明中国融资市场之间存在分割和政策利率传导机制受阻。资金的紧平衡导致下半年银行存单利率持续走高，而银行的负债成本上升对实体经济来说是一种"隐性加息"。银行无法通过持续压降息差来对实体让利。最后，对 2021 年财政政策维持适当扩张的呼声逐渐出现，货币政策也应当给予适当的配合。

四、我们对 2021 年的货币政策有以下几点猜测和判断

第一，货币政策的跨周期调节既要处理好短期稳增长与中长期防风险的关系，也要处理好短期经济收缩与扩张周期快速切换甚至可能叠加的问题。防风险是底线思维，不能出现系统性风险，而经济不增长是最大的系统性风险。债务可持续是全球性挑战，去杠杆是一项技术活。2021 年的经济反弹有望抑制中国宏观杠杆率的上升势头。2021 年，在内外部不确定性较多的情况下，应该是稳杠杆而非降杠杆。

第二，鉴于疫情上半场货币政策保持了定力，避免了大水漫灌，下半场退出也没有必要太迫切。尤其考虑到 2021 年内外部的不确定、不稳定因素较多，保持宏观政策连续性和稳定性，有助于优化营商环境、稳定市场信心。进一步发挥金融调控双支柱的作用，货币政策管增长、就业和物价稳定，宏观审慎与其他金融监管政策配合，抑制资金空转和资产泡沫，引导金融服务实体经济。

第三，坚持实施正常的货币政策不等于利率、存款准备金率和资

产负债表只能紧不能松。鉴于 2021 年中国经济将更加全面地恢复，货币政策在继续使用直达工具精准滴灌的同时，还应适当采取公开市场操作、法定存款准备金率等总量工具，提高货币政策传导效率，引导债券市场利率走低，促进直接融资发展。至于是否有政策性利率的调整，则取决于下半年经济回落的势头[①]。根据易纲行长在"十四五"规划辅导读本中关于"建设现代中央银行制度"的阐述，我们期待央行进一步改善货币政策沟通机制，有效管理和引导市场预期，这是健全现代货币政策框架、畅通货币政策传导机制的应有之义[②]。

第四节　2022 年，在高质量发展中稳定宏观经济大盘

2021 年底的中央经济工作会议强调，要继续做好"六稳""六保"工作，持续改善民生，着力稳定宏观经济大盘，保持经济运行在合理区间。但是，稳增长不能"穿新鞋走老路"，会议对如何在经济高质量发展中稳增长做了具体安排和部署。

[①] 2021 年，中国人民银行于 7 月和 12 月各一次全面降准，12 月一次微调 1 年期 LPR 利率 5 个基点。
[②] 中国人民银行. 易纲：建设现代中央银行制度［EB/OL］.（2020-12-02）. http://www.pbc.gov.cn/goutongjiaoliu/113456/113469/4137408/index.html.

一、为做好经济工作的规律性认识指明了高质量发展的方向及做法

2021年,中国沉着应对百年变局和世纪疫情,构建新发展格局迈出新步伐,高质量发展取得新成效,实现了"十四五"良好开局。中国经济发展和疫情防控保持全球领先地位,完成了年初政府工作报告的主要预期目标。同时,在应对风险挑战的实践中,进一步积累了对做好经济工作的规律性认识。这些认识包括:必须坚持党中央集中统一领导,沉着应对重大挑战,步调一致向前进;必须坚持高质量发展,坚持以经济建设为中心,推动经济实现质的稳步提升和量的合理增长;必须坚持稳中求进,调整政策和推动改革要把握好时度效,坚持先立后破、稳扎稳打;必须加强统筹协调,坚持系统观念[1]。这些规律性的认识,对指导2022年工作具有重要意义。

经济工作必须坚持高质量发展,是因为党的十九大已作出了中国经济由高速增长阶段转向高质量发展阶段的重要判断和决策。2020—2021年经济增速下台阶,既有百年变局和世纪疫情的客观原因,也有对高质量发展的理解和执行偏差的主观原因。高质量发展虽然不唯GDP但并非不要GDP,而是要推动经济实现质的稳步提升和量的合理增长。做好"六稳""六保"工作,应对百年变局,均需要中国经济维持一定的增长速度。实践中刻意追求质的改善而忽视量的增长,可能会造成意想不到的结果。会议重提坚持以经济建设为中心是党的基本路线的要求,突出了发展是首要任务和解决任何问题的关键。各地区、各部门都要担负起稳定宏观经济的责任,这不仅是经济问题,

---

[1] 共产党员网. 中央经济工作会议在北京举行[EB/OL].(2021-12-12). https://www.12371.cn/2021/12/10/ARTI1639136209677195.shtml.

更是政治问题。

经济工作必须坚持稳中求进,是基于 2022 年经济形势的重大判断,即在世纪疫情冲击下,2022 年外部环境更趋错综复杂,内部面临需求收缩、供给冲击和预期转弱三重压力。中央经济工作会议通稿提及 25 次"稳",明确提出 2022 年经济工作要稳字当头、稳中求进。调整政策和推动改革要把握好时度效,坚持先立后破、稳扎稳打。经济运行是一个有序演化的动态过程,要保持战略定力和耐心,避免把长期目标短期化、系统目标碎片化,避免把"持久战"打成"突击战"。中国正处在转变发展方式、优化经济结构、转换增长动力的攻关期,但是,新旧动能转换难以一蹴而就,新经济增长点难以迅速补上房地产和高耗能产业等旧经济增长点留下的空白。因此,不能急于求成,要稳打稳扎,推进新旧动能平稳衔接,这有助于减少政策调整和改革的阵痛,对稳定宏观经济大盘和社会大局尤为重要。

经济工作必须加强统筹协调,坚持系统观念。虽然系统性视角已经被多次提及,但实践中各部门、各区域或多或少会优先考虑自己的业绩,轻视了"溢出效应"对整个系统的影响。经济社会发展是一个相互关联的复杂系统,既要防止出现合成谬误,也要防止分解谬论。2021 年,一些非经济政策希望快速实现长期目标,毕其功于一役,结果短期对就业市场和金融市场造成了较大冲击。同时,尽管一些经济政策和监管政策的初衷是好的,是实现可持续发展的必经之路,但它们可能低估了次生效应,只盯某个经济指标,而轻视了其他相关指标。因此,制定和实施政策都要坚持系统观念和实践标准,遵循经济规律,以实践效果来检验政策的成败优劣。

二、提出五个重大理论和实践问题进一步纠正认识和执行偏差

进入新发展阶段，中国发展内外环境发生了深刻变化，面临着许多新的重大理论和实践问题，需要正确认识和把握。会议对正确认识和把握五个重大问题进行了阐释。

一是正确认识和把握实现共同富裕的战略目标和实践途径。会议指出，共同富裕是先要通过全国人民共同奋斗把"蛋糕"做大做好，再通过合理的制度安排把"蛋糕"切好分好，而不是"劫富济贫"，搞逼捐、养懒人。这是一个长期的历史过程，要稳步朝着这个目标迈进。会议还提出，要在推动高质量发展中强化就业优先导向，提高经济增长的就业带动力；要发挥分配的功能和作用，坚持按劳分配为主体，完善按要素分配政策，加大税收、社保、转移支付等的调节力度。这说明，现阶段共同富裕的主要落脚点仍在以经济发展创造就业、提高劳动者报酬和加强社会保障为主的初次与再次分配。

二是正确认识和把握资本的特性和行为规律。这是对国内外关切的教育"双减"和互联网监管引发资本动荡的回应。资本以逐利为目的，能够提高资源优化配置，但如果不加以有效监管，任其野蛮生长，也会对社会生活产生消极作用。中国将为资本设置"红绿灯"，依法加强监管。在统筹发展和安全的前提下，仍会坚持两个"毫不动摇"。

三是正确认识和把握初级产品供给保障。世纪疫情冲击导致全球供应链断裂、国际物流受阻、大宗商品价格暴涨，引发各国通胀飙升。尽管中国通胀形势显著好于其他主要经济体，但缺柜、缺煤、缺电等造成的供给端通胀压力可能超预期。此外，中国工业生产高度依赖原材料和关键零部件进口，需要未雨绸缪。因而，会议提出"供给冲击"的概念，要求坚持节约优先，实施全面节约战略。

四是正确认识和把握防范化解重大风险。监管趋严是 2021 年经济工作的一大主题。这方面，2020 年中央经济工作会议已有多处部署。部分经济领域债务高企不具备可持续性，在国内经济增速放缓、美联储货币政策可能转向的大背景下，早晚都会"暴雷"。因而，主动"排雷"好过未来被动去杠杆。但要继续按照稳定大局、统筹协调、分类施策、精准拆弹的方针，抓好风险处置工作，加强金融法治建设，压实地方、金融监管、行业主管等各方责任，压实企业自救主体责任。

五是正确认识和把握碳达峰、碳中和。2021 年能耗双控引发热议，部分区域搞"碳冲锋"或"运动式减碳"，以至全国大范围出现拉闸限电，显著冲击了正常的工业生产，甚至影响了居民用电。需要注意的是，中国仍处于经济发展阶段，用电量只增不减，国内发电仍以煤电为主。新能源固然重要，短期内却难以完全替代传统能源。为了减少一些地区对"碳达峰、碳中和"的"冒进"，此次会议提出要科学考核，新增可再生能源和原料用能不纳入能源消费总量控制，创造条件尽早实现能耗"双控"向碳排放总量和强度"双控"转变。

对上述问题的阐述，积极回应了外界关切，澄清了模糊认识，不仅对当前和未来一个时期的经济工作具有重大指导意义，也契合了前述关于做好经济工作的规律性认识，即要稳中求进、加强统筹。

三、七大政策聚焦短期经济稳增长目标

会议要求，各地区、各部门要担负起稳定宏观经济的责任，各方面要积极推出有利于经济稳定的政策，政策发力适当靠前。可以预见，2022 年各地区、各部门有收缩效应的政策将会慎重出台。会议从

七个方面做了政策安排，宏观政策稳健有效位列七大政策之首。

2021年7月以来，面对保持经济平稳运行的压力加大，中国提出要做好宏观政策跨周期调节。我们曾多次提出，跨周期不是对传统逆周期调节的替代，而是补充。此次会议强调加大宏观政策跨周期调节力度，就是要保持宏观政策的连续性、稳定性、可持续性，继续给经济恢复提供必要的支持。所以，会议对财政货币政策的提法与2020年相比没有大的改变。积极的财政政策要提升效能，更加注重精准、可持续，党政机关要坚持过紧日子，坚决遏制新增地方政府隐性债务，要保证支出强度、加快支出进度，实施新的减税降费政策，适度超前开展基础设施投资；稳健的货币政策要灵活适度，保持流动性合理充裕。

面对2022年经济下行和三重压力，会议也指出，跨周期和逆周期宏观调控政策要有机结合。这意味着在加强形势研判的基础上，"当出手时就出手"，维持正常的宏观政策空间是留着用的，不是攒着看的。这也是坚持以我为主的宏观经济政策的题中应有之义，是保持经济运行在合理区间的底气所在。当然，面对疫情造成的非对称性冲击，可能仍要进一步发挥结构性或定向财政货币政策工具的作用，提高政策的针对性、有效性。财政政策要强化对中小微企业、个体工商户、制造业、风险化解等的支持力度；货币政策要引导金融机构加大对实体经济特别是小微企业、科技创新、绿色发展的支持。此外，还要加强财政货币政策的协调联动，提高宏观政策效能。

显然，财政货币政策不能"包打天下、包治百病"，还需要其他政策的支持和补充。在微观政策方面，深入推进公平竞争政策实施，营造各类所有制企业竞相发展的良好环境，有效治理恶意拖欠账款和逃废债行为，有助于持续激发市场主体活力，提振市场主体信心。在结构政策方面，深化供给侧结构性改革，有助于畅通国内大循环、突破供给约束堵点，打通生产、分配、流通、消费各环节。在改革开放政策方面，抓好要素市场化配置综合改革试点，调动地方改革积极性，推动制度型开放，落实好外资企业国民待遇，有助于激活发展动力。在区域政策方面，深入实施区域重大战略和区域协调发展战略，全面推进乡村振兴，提升新型城镇化建设质量，有助于增强发展的平衡性和协调性。在社会政策方面，统筹推进经济发展和民生保障，解决重点人群就业问题，健全灵活用工和社会保障政策，有助于兜住、兜牢民生底线。

2021年以来，房地产调控力度之大，历史罕见，尤其是对房企融资的控制。但是，由于中国经济与房地产深度捆绑，房地产大幅下行也不符合宏观经济稳定和社会大局稳定的总基调。此外，值得注意的是，房地产对中国经济是先破后立的逻辑，其留下的"蓄水池"功能也需要新经济加速填补。此次经济会议提出，科技政策加快落地，抓好关键核心技术攻关，强化国家战略科技力量，强化企业创新主体地位，实现科技、产业、金融良性循环，正是用"新经济"替代"旧经济"的重要出路。

四、2022年稳增长的市场与政策逻辑

（一）扩内需是经济稳增长的关键

2021年12月23日，国务院常务会议指出，2021年中国进出口快速增长，为稳定经济增长作出重要贡献，但当前外贸面临的不确定、不稳定、不平衡因素仍在增多。

目前市场对2022年中国出口前景有两派观点。一派认为，随着

全球疫苗接种普及，各国经济重新开放，中国可能面临出口订单流失、全球市场份额下降的问题。这将意味着外需对中国经济增长拉动作用减弱。另一派认为，因疫苗接种比率偏低或病毒变异导致免疫逃逸，2022年大部分时间全球疫情可能继续肆虐甚至跨年，中国的出口表现可能继续超预期。

在第一种情形下，2022年稳增长需要及时启动内需，避免内外需紧缩"双碰头"。在第二种情形下，全球经济重启受阻，将抑制中国出口增长空间。同时，疫情防控常态化将继续抑制国内消费和投资恢复。即便2022年中国出口市场份额进一步上升，对经济增长拉动作用增强，但难抵内需收缩，整体经济仍只能维持较低水平的均衡。由此可见，无论哪种情形，实施好扩大内需战略，增强发展内生动力，都是稳定宏观经济大盘的关键。

扩内需无非扩大国内消费和投资需求。首先来看扩大消费需求的潜力。一方面，疫情防控对线下消费、服务消费，尤其是接触性、聚集性消费等场景有较大冲击。这种影响短期内难以消除，未来还可能有"疤痕效应"。另一方面，疫情叠加监管政策，影响居民就业和收入，抑制居民消费能力和意愿。2021年虽已超额完成全年城镇新增就业目标，但尚未达到疫情前水平，更没有将2020年就业损失完全弥补回来。同时，疫情防控还加大了收入分配差距。这是当前鼓励消费政策效果不彰的重要原因。居民储蓄意愿上升、消费倾向降低的心态在疫情过后仍有可能延续。

再来看扩大投资需求的空间。从现价看，投资恢复情况要好于消费，但鉴于PPI累计涨幅远高于CPI，从不变价看，投资对经济增长拖累更大。扩投资的入手点要具体情况具体分析。

2021年高技术产业和制造业投资表现较好，但2022年的发展存在不确定性。2021年前11个月，高技术产业投资两年复合平均增长16.6%，远高出同期固定资产投资3.9%的可比增速，并高出2019年同期增速0.1个百分点。这反映了国内产业转型升级的大趋势，未来仍有成长空间。但因为基数较小，短期内对投资拉动作用有限。同期，制造业投资两年复合平均增长4.7%，高出2019年同期增速2.2个百分点，反映了出口增长强劲带来的较快增长。2022年制造业投资取决于出口景气及内需恢复状况。

房地产和基础设施建设投资是中国扩投资的两大"抓手"。理想状况是房地产不拖后腿，基建投资真正发力。

2021年9月以来，房地产开发投资累计同比增速更是断崖式下跌。这与大型房企债务违约造成的行业动荡有关。12月，房地产调控政策出现了松动，中央经济工作会议强调"因城施策"，促进房地产业良性循环和健康发展。2022年房地产开发投资同比维持正增长甚至增速不低于固定资产投资整体增速，就是较为理想的结果。

近年来，国内基建投资持续低迷。甚至在2021年7月中央政治局会议提出推动2021年底2022年初形成实物工作量，且第三季度经济增速偏弱的情况下，前11个月基建投资两年复合平均增速较上半年还低了1.9个百分点，与2019年同期增速的负缺口较上半年也大了2.4个百分点。2021年底中央经济工作会议明确提出，要适度超前开展基础设施投资，包括支持水利、交通、生态环保、农业农村、市政和新型基础设施建设。显然，基建投资能否改变2018年以来持续低迷的状况，是扩内需的关键，也是2022年初政策观察期的市场焦点。

（二）宏观政策效用与稳增长互为表里

2021年财政货币政策均被认为偏紧。到11月底，财政收支赤字 2.27 万亿元，仅完成了预算的 63.5%；政府性基金收入同比增长 5.4%，完成了预算的 81.1%，支出下降 4.8%，完成了预算的 69.3%；M2 增长 8.5%，社会融资规模存量增长 10.1%，增速分别同比回落 2.2 个百分点和 3.5 个百分点。到第三季度末，宏观杠杆率为 264.8%，连续 4 个季度环比回落，累计回落 6.4 个百分点。

但是，对财政货币政策效果的质疑，忽视了这些政策不完全是外生的，一定程度也是内生的这一客观事实，其效果也反映了其他经济政策的综合作用及经济运行的最终结果。

财政赤字预算执行进度较慢，主要是因为财政收入执行进度偏快而支出偏慢。财政收入形势好转，主要反映了随着经济增速反弹、企业经营恢复，税收状况得到一定程度的改善。但是，2021 年前 11 个月，国内增值税、消费税两年复合平均增速分别较 2019 年同期低了 1.4 个百分点和 16.2 个百分点，企业所得税增速略高出 0.3 个百分点，非税收收入两年复合平均下降 4.4%，表明给市场主体减税降费的政策仍在生效。同期，财政支出两年复合平均增长 1.8%，较 2019 年同期增速低了 5.9 个百分点。其中，中央本级财政支出两年复合平均增长 0.2%，较 2019 年同期增速低了 8.1 个百分点，反映了党政机关过紧日子，财政资源集中向地方转移。2021 年前三个季度，2.8 万亿元直达资金中，中央财政下达比例达到 97.3%，地方财政已将 97% 的资金分配到资金使用单位。但前 11 个月，地方政府财政支出仅增长 2.1%，较 2019 年同期低了 5.5 个百分点。

政府性基金收入和支出执行进度较慢，一是因为受疫情影响，部分基金减收较多；二是出台了阶段性免征政策，减轻市场主体负担；三是在持续加大资金支持力度的同时，不断强化专项债券"借、用、管、还"全流程管理，促进资金安全、规范、高效使用，导致地方政府专项债发行进度较慢，相应项目支出进度也减缓，这与当前基建投资持续低迷相互印证。

2021年，稳健的货币政策最终把"稳杠杆"变成了"降杠杆"，也不完全是货币政策本身的问题。中央经济工作会议要求2022年宏观政策要稳健有效，特别指出财政政策和货币政策要协调联动，切中要害。

从央行负债端看，2021年前11个月新增负债5 439亿元。其中，政府存款新增1.43万亿元，基础货币减少1.26万亿元。政府存款增加较多，是因为政府财政收入和政府性基金收入（包括地方政府专项债发行）形成的结余较多。这从市场回收了流动性，导致同期基础货币投放减少，影响货币供应增长。2021年11月，M2同比增长中，货币乘数上升贡献了87%，基础货币增长贡献了13%，2020年同期恰好是倒过来的13%和87%。其实，即便"赤字货币化"，如果政府收入用不出去，也将是类似的结果。

2021年前11个月，新增社融同比少增4.18万亿元。其中，政府债券发行少增1.78万亿元，反映了全年减少1万亿元特别国债和1 000亿元地方专项债发行，且专项债发行进度较慢的影响；新增委托贷款、信托贷款和未贴现银行承兑汇票合计少增1.45万亿元，反映了资管新规年底到期的影响；企业债券融资少增1.35万亿元，反映了基建投资低、债务去化，城投债发行减少，以及债务违约风险加大、民企发债减少的影响。

同期，新增人民币贷款仅多增201亿元，也是因为执行以"三条红线"为代表的房地产信贷调控政策，较多压制了相关贷款，以及专项债发行进度较慢背后是基建项目推进较慢，影响了银行中长期配套贷款的需求。据央行银行家问卷调查显示，2021年第三季度，各类银行贷款需求指数均降至疫情暴发以来的新低。

中央经济工作会议强调，2022年跨周期和逆周期宏观调控政策要有机结合。财政政策还没有执行完本年度的预算，新的预算要在2022年3月"两会"审议通过后执行。但财政部已向各地提前下达2022年新增专项债务限额1.46万亿元，供各地在2022年第一季度发行使用，并要求专项债发行要"早、准、快"。货币政策操作相对比较灵活，随着下半年稳增长压力重新显现，央行已于2021年7月和12月两次全面降准，12月又微调1年期LPR利率。到11月，货币乘数由6月的7.14倍升至7.41倍；到12月，主要月均市场利率较6月均有不同程度回落。

中央经济工作会议还提出，2022年要保证财政支出强度，加快支出进度。显然，适度超前开展基础设施投资是重要着力点。但项目建设能否与坚决遏制新增地方政府隐性债务，加强和完善专项债券管理相契合，又是积极的财政政策能否落地的关键。

此外，中央还要求各地区、各部门担负起稳经济的责任，有利于经济稳定的政策发力适当靠前，收缩性政策慎重出台。但是，新的政策措施出台，由谁来评估其对经济发展和就业的影响？还在执行的，特别是已变成规章制度的老政策，又由谁来评估其影响，调整其实施力度和节奏？只有解决好这些问题，才能疏通政策传导机制，提高政策协调性、操作性和有效性，才能避免7月底中央刚提出要纠正"运动式减碳"，做好电力迎峰度夏保障工作，8月、9月各地仍限电限产的事件重演[①]。

---

① 2022年3月21日，国务院常务会议首次提出要开展政策取向一致性评估，防止和纠正出台不利于市场预期的政策。http://www.gov.cn/premier/2022-03/21/content_5680311.htm.

第五节 央行上缴结存利润更多是
财政政策而非货币政策操作

2022年3月8日，人民银行对外披露，拟向财政上缴上万亿的结存利润，用于留抵退税和增加对地方转移支付[①]。这是落实李克强总理在政府工作报告中提及的，特定国有金融机构和专营机构依法上缴近年结存的利润，保证赤字率下调但财政支出强度不降的一项重要举措。据悉，这部分央行结存利润主要来自过去几年的外汇储备投资收益。这部分收益上缴会产生怎样的金融影响，本节拟对此进行分析。

一、这次操作的重点在于财政政策而非货币政策

有关消息披露后，有人评论，这是货币政策在帮财政政策的忙，用"宽货币"来支持"宽财政"。其实，这种看法似是而非，我们要先弄清楚财政和央行在外汇储备问题上的关系。

我们常说要按国际惯例行事，但有时国际惯例并非唯一的。比如，在中国（不含港澳台地区，下同）、欧元区，外汇储备是央行持有，反映在央行资产负债表上；而在美国、日本和中国香港，外汇储备却是财政持有，央行只是被财政部门委托经营管理，其央行资产负

---

① 中国人民银行. 人民银行向中央财政上缴结存利润，着力稳定宏观经济大盘 [EB/OL]. （2022-03-08）. http://www.pbc.gov.cn/goutongjiaoliu/113456/113469/4503994/index.html.

债表上的国外资产对应的并非外汇储备。如 2021 年底，日本官方外汇储备余额 1.28 兆美元，折合 147 兆日元，但同期日本央行资产负债表上外汇资产为 7.67 兆日元，仅为外汇储备的 5%。日本财务省发行特别国债来积累外汇储备，但因为这部分特别国债有外汇储备资产相对应，故不纳入日本的财政赤字。

如前所述，中国的外汇储备是央行持有。目前，人民银行按月公布外汇储备余额，外汇局在国际收支平衡表中按季公布交易引起的外汇储备资产变动，后者剔除了汇率及资产价格变动引起的估值影响。其中，交易引起的外汇储备资产变动又包含三个部分：一是央行外汇市场干预引起的外汇储备规模变化；二是外汇储备投资收益，在国际收支平衡表中，贷记"初次收入"的"投资收益"正值，借记"外汇储备资产变动"负值；三是其他交易引起的变化，如用外汇储备做委托贷款或政策性注资，引起官方外汇储备减少，而央行资产负债表上"其他国外资产"增加。

储备投资收益按权责发生制计提后，包含在公布的外汇储备规模中，在未上缴之前，属于应付款，是欠财政的钱。从严格意义上讲，这部分资金不符合外汇储备是央行或其他政府机构集中掌握并可以随时动用的外汇资产的定义。有鉴于此，前些年中国用外汇储备注资和委托贷款的钱，就从公布的外汇储备中剔除了，而反映在央行资产负债表的"其他国外资产"或"其他资产"项下。这次，以人民币上缴中央财政包括储备投资收益在内的结存利润后，央行才算是完成了"对价"，真正取得了官方外汇储备完整的所有权和支配权。这正是央行在声明中强调此举并非财政向央行透支的主要原因。

二、储备投资收益不论是否上缴均已反映在央行资产负债表中

财政部有关负责人解释此次中国人民银行依法上缴储备投资收益时指出，根据《中华人民共和国中国人民银行法》第 39 条，中国人民银行每个会计年度收入减支出并按核定比例提取总准备金后的净利润，全部上缴中央财政。世纪疫情暴发后，为应付可能出现的风险挑战，暂停了上缴利润，以备不时之需。有关机构因此形成了一些待上缴的结存利润，这次为实施新的组合式税费支持政策，按程序批准后被安排上缴 2021 年以前形成的部分结存利润[①]。

可见，过去按惯例，央行将外汇储备投资收益按年度归大账后，上缴中央财政。在境内以人民币划付时，反映为央行"外汇占款"变动（即"国外资产：外汇"变动）。如 2010 年，外汇储备资产和央行外汇占款分别新增 4 696 亿美元、3.16 万亿元人民币，折合 1 美元新增外汇储备资产需增加 6.73 元人民币外汇占款投放，与同期年均美元兑人民币汇率中间价 6.77 仅偏离了 0.5%。再如 2013 年，外汇储备资产和央行外汇占款分别新增 4 327 亿美元、2.76 万亿元人民币，折合 1 美元新增外汇储备资产需增加 6.38 元人民币外汇占款投放，与同期年均美元兑人民币汇率中间价 6.19 仅偏离了 3.0%。

只不过近年来作为预留政策空间的手段之一，央行储备投资收益没有按年度依法上缴。如 2021 年，外汇储备资产和央行外汇占款分别新增 1 467 亿美元、1 559 亿元人民币，折合 1 美元新增外汇储备资产需增加 1.06 元人民币外汇占款投放，大大偏离同期年均美元兑人

---

① 财政部. 财政部有关负责同志就人民银行上缴近年结存利润问题答记者问[EB/OL].（2022-03-08）. http://www.mof.gov.cn/zhengwuxinxi/zhengcejiedu/202203/t20220308_3793511.htm.

民币汇率中间价 6.45。这表明外汇占款变动不能充分反映新增外汇储备资产的变化。

但是，鉴于其已经反映在央行公布的外汇储备资产中，故本外币并表后，在央行资产负债表上会有所体现。按照权责发生制和有借必有贷的会计记账原则，央行对此在资产方记在"其他资产"增加，在负债方记在"其他负债"增加（央行对财政的待上缴利润）（见表 5-1）。

表 5-1 截至 2022 年 1 月底中国人民银行资产负债表（单位：亿元人民币）

项目	金额	项目	金额
国外资产	225 696	储备货币（基础货币）	331 197
国外资产：外汇（中央银行外汇占款）	213 201	储备货币：货币发行	111 877
国外资产：黄金	2 856	储备货币：非金融机构存款	25 041
国外资产：其他	9 640	储备货币：其他存款性公司存款	194 280
对政府债权	15 241	不计入储备货币的金融性公司存款	6 041
对政府债权：中央政府	15 241	债券发行	950
对其他存款性公司债权	134 700	国外负债	1 036
对其他金融性公司债权	4 112	政府存款	49 781
对非金融公司债权		自有资金	220
其他资产	23 376	其他负债	13 900
总资产	403 125	总负债	403 125

注：阴影部分为本文涉及的央行资产负债表相关科目。
资料来源：中国人民银行。

这次央行将结存的部分储备投资收益上缴财政，以人民币划付使用，不会减少外汇储备规模，也不存在"二次结汇"增加外汇储备规模，而只是已记账目的结构调整。这不会影响央行资产负债表总量，故不会引起财政向央行的透支，也不会额外增加税收或经济主体负担。

2015 年"8·11"汇改之前，国际收支"双顺差"、外汇储备持续增加、人民币汇率升值，有人觉得外汇储备多了是个负担，建议将外汇储备直接分给老百姓，或是直接用于养老、医疗、教育等社会福利。这都涉及外汇储备的无偿分配使用，属于财政向央行透支。储备投资收益上缴财政之后，政府完全可以在预算中决定是否将其用于社会福利目的，而这不涉及财政向央行透支。

三、上缴结存的储备投资收益"结汇"不同于日常的"结汇"

有人可能会质疑，涉及上万亿资金的大事，只是调调账目就办完了，这也太简单（草率）了吧？然而，"治大国如烹小鲜"。有些事情就是说起来复杂，做起来简单。

21世纪初，财政部就通过商业银行做"过桥"，发行等值2 000亿美元的特别国债募资后，向央行购买外汇注资成立中投公司，再通过中投公司收购汇金公司，然后再通过汇金公司向国有独资商业银行注资。整个过程，就是央行进行了一系列资产负债表的操作。对于银行将财政部发行的特别国债出售给央行，央行在资产端记为"对其他存款性公司债权"增加，在负债端记为"储备货币：其他存款性公司存款"增加。对于财政部用发债募集的资金向央行购买外汇，以及中投公司向央行收购汇金公司股权，央行在资产端记为"国外资产：外汇占款"和"其他资产"（对应着央行对汇金公司的股权按成本价转让给中投公司）减少，在负债端记为"其他负债"减少。

最终，央行资产负债表总量没变，只是结构有所调整，而且避免了财政向央行透支。然而，通过前述操作，财政部完成了中投公司的设立和汇金公司的收购，并通过汇金公司完成了对国有独资银行的注资。银行只是在购买财政部发行的特别国债时过了一下手，但立即出售给了央行，回笼了资金。有关银行时隔一年之后还获得汇金公司注资，开启了股改上市之路。

这次也类似。比方说，很多人非常纠结的储备投资收益结汇，其实也是一个账面的操作。当央行公布包含储备投资收益在内的外汇储备规模时，这部分收益已经纳入央行的表内资产，按照借贷记账法反映在央行资产负债表上。尽管当时还没有以人民币利润形式上缴财政，但按照约定的汇率在账面上折算成人民币金额，资产端记为"其他资产"增加，负债端记为"其他负债"增加，这实际就完成了"结汇"的操作。但这种"结汇"并不在外汇市场真实发生，不影响外汇供求，不会影响人民币汇率走势。

这次以人民币划付上缴结存的储备投资收益也会比较简单。财政部门审计本外币并表的央行资产负债表，核定并大账且已折成人民币的储备投资收益，央行据此划付资金。这个阶段不会有"二次结汇"的问题，也不会影响外汇供求、外汇储备和人民币汇率。

不要以为，财政要花人民币，就要从央行划走外汇到市场上卖出，换取人民币；又或者是，央行要以人民币上缴利润，就要把外汇卖给市场换取人民币，再从市场把外汇买回来。没必要那么复杂，就是调整一下相关账目。然后，财政部在央行的账上有钱了，就可以根据"两会"审议通过的《关于2022年中央和地方预算草案的报告》办理留抵退税和地方转移支付了。

四、上缴结存的储备投资收益不会对央行货币政策操作产生大的影响

如前所述，央行向财政上缴包括储备投资收益在内的上万亿结存

利润,将用于留抵退税和增加对地方转移支付。在以人民币提取和使用过程中,虽然不存在"二次结汇"、扩张央行资产负债表,但会影响央行资产负债表的结构。

从资产端看,央行上缴储备投资收益,将减少央行"其他资产"余额,相应增加"外汇占款"投放。从负债端看,财政收到上缴利润后,将减少央行"其他负债"余额。之后,如果财政没有及时用出去,则增加"政府存款",这对市场流动性没有影响;如果财政及时用出去了,比如给企业办理了留抵退税或者用于基层"三保",则变成企业或住户存款,增加"储备货币"(即基础货币)余额,进而增加市场流动性。

有人将此比作全面降准 50 个基点。这种类比其实不太准确,因为全面降准属于深度释放中长期资金,影响的是货币乘数而非基础货币总量。而前述操作却是直接扩大基础货币投放,对货币乘数的影响则不确定,尽管最终结果均反映在 M2 的变动上。按照过去 12 个月滚动平均的货币乘数计算,这 1 万亿元的结存利润上缴财政后,若能够用出去,即可带动 M2 增加 7.23 万亿元,到年底拉动 M2 增长 3.0 个百分点。

由此就判断央行降准降息的必要性降低,这种看法更值得商榷。固然,央行向财政上缴结存利润后,央行负债端的"其他负债"减少,"政府存款"和"储备货币(基础货币)"增加。这意味着央行负债端一部分趴着不动的"死钱"将变成基础货币的"活钱",影响市场流动性,进而影响市场利率。但央行按月均衡上缴结存利润,本身意味着这种影响将是渐进的、可控的。同时,这只是财政政策对货币政策的溢出影响,不足以体现货币政策的主动作为。

政府工作报告明确要求,2022 年要加大稳健的货币政策实施力度，发挥货币政策工具的总量和结构双重功能，为实体经济提供更有力的支持。其中保持流动性合理充裕是央行工作的重要内容。央行在 2021 年第四季度货币政策执行报告中指出，政府在央行的存款是银行体系流动性的影响因素之一，但分析银行体系的流动性状况，宜着眼于央行流动性管理的整体框架，而不是局部因素。同时，还应该特别强调，观察流动性松紧程度最直观、最准确、最及时的指标是市场利率，判断货币政策姿态也应重点关注公开市场操作利率、MLF 利率等政策利率，以及市场利率在一段时间内的总体运行情况，而不宜过度关注流动性数量以及公开市场操作规模等数量指标[①]。

显然，财政部门加大留抵退税和地方转移支付力度只是影响市场流动性的局部和短期因素，甚至可能不是主要因素。上缴结存利润影响市场流动性，但不是央行货币政策的替代。未来是否降准降息，央行还是要基于对市场流动性和经济运行状况的整体进行把握。

五、主要结论

外汇储备经营收益上缴属于财政政策而非货币政策操作。从金融影响看，一是这次央行上缴结存利润是以人民币划付，不会减少外汇储备规模；二是这次上缴只是现有央行资产负债表账目间的调整，不是"二次结汇"，既不会增加外汇储备规模，也不会导致央行"扩表"；三是这次上缴将从负债端增加"基础货币"投放，加大对实体经济的流动性支持，但从资产端增加"外汇占款"投放，既不等于央

---

① 中国人民银行货币政策分析小组. 2021 年第四季度中国货币政策执行报告［R/OL］.（2022-02-11）. http://www.pbc.gov.cn/goutongjiaoliu/113456/113469/4469772/index.html.

行恢复外汇干预,也不代表即期外汇供求的新变化[①];四是这次上缴的本来就是应依法上缴中央财政的结存利润,不属于财政向央行透支,不是践行 MMT(现代货币理论)。

第六节　中国利率长期趋势与股市前瞻

2019 年 8 月人民币汇率应声破 7,汇率保 7 之争尘埃落定。但年底面对中国经济增速继续下行,市场又开始激辩经济增速是否要保 6。2020 年初,新冠肺炎疫情突然暴发对国内经济造成严重冲击,2020 年 5 月底的政府工作报告没有提经济增速目标。但 2021 年初的政府工作报告则重提经济增长预期目标在 6% 以上,加之全年经济增速前高后低,稳增长压力较小的时间窗口正在逐渐关闭,跨周期调节进入下半场。2021 年 7 月以来,中央政治局会议和国务院常务会议一再强调要做好跨周期调节,统筹 2021 年下半年和 2022 年经济增长,统筹今明两年宏观政策衔接。从政策上来讲,面对经济增速下行,一种是继续追求 6% 以上的增长,意味着宏观政策支持需要进一步加码;另一种是接受低于 6% 的增长,承认潜在经济增速下行的客观事实。在前一种情形下,显然货币政策将重新转向宽松,央行需要采取包括降息、降准、扩表在内的措施。而在后一种情形下,面对潜在经济增速下行,国内中长期政策性和市场利率是否有望走低?利率走低对股价

---

① 实际上在缴结存利润的操作中,央行没有调减"其他资产"、调增"外汇占款"。一方面,央行结存利润虽然主要来自外汇储备经营收益,但也有其他所得;另一方面,避免调增"外汇占款"造成的市场误读,影响汇率预期。

表现有何影响？本节拟从自然利率的角度展开探讨。

一、关于自然利率的简要介绍

（一）自然利率的基本概念

自然利率（nature rate of interest）的概念最初由瑞典经济学家克努特·维克赛尔（Knut Wicksell）提出，他将自然利率概括为对商品价格中性的贷款利率，既不会提高也不会降低商品价格。卡尔·缪达尔（Karl Gunnar Myrdal）指出自然利率具备三层含义：与资本收益率或生产率相符，使得储蓄与投资相等，并保持物价中性的利率[1]。

20 世纪 90 年代，随着主要中央银行货币政策转向价格型调控为主，自然利率重新获得关注。托马斯·劳巴赫（Thomas Laubach）和约翰·威廉姆斯（John C. Williams）指出，自然利率是与实际产出等于潜在产出、通胀稳定相对应的实际短期利率[2]。这与泰勒规则中的均衡实际利率思想一致。Laubach 和 Williams（以下简称 LW）进一步指出，其对自然利率的定义是从更长期的视角出发，指经济摆脱任何周期性波动并以趋势速度扩张后的实际利率[3]。也有其他研究结果与之互为补充，强调了自然利率的短期波动。例如，迈克尔·伍德福德（Michael Woodford）认为自然利率是一个与经济运行密切相关的动态

---

[1] Myrdal, G., 1939. Monetary Equilibrium [M]. London：William Hodge & Co.
[2] Laubach, T. and Williams, J., 2003. Measuring the Neutral Interest Rate [J]. Review of Economics and Statistics，85（4）：1063-1070.
[3] Laubach, T. and Williams, J., 2016. Measuring the Natural Rate of Interest Redux [J], Business Economics，51（2）：57-67.

概念，随时间变化而变化[①]。

此后，本·伯南克（Ben S. Bernanke）、耶伦等人也多次发表关于自然利率的看法。例如，耶伦指出，均衡实际利率通常被认为是在经济不受到干扰情况下，与最大就业和物价稳定相符的剔除通胀后的短期利率[②]。

概括而言，自然利率是指剔除通胀影响的实际利率，是经济实现潜在产出、物价稳定目标时对应的均衡利率水平。

（二）自然利率的影响因素

影响自然利率的因素众多，包括但不限于潜在产出增速、人口增速和年龄构成变化、对安全和流动资产需求变化等。

LW先后两次估算了美国的自然利率：2003年的测算结果显示，尽管美国自然利率随时间变化，但并没有发生明显变动；2016年更新后的研究结果显示，美国自然利率在连续下降。LW将自然利率分解为由美国经济趋势增长率解释的部分和残差项，但发现前者只能解释自然利率降幅中较小的部分[③]。

中国有不少学者也对自然利率进行了深入研究。徐忠、贾彦东指出，长期自然利率的变化趋势由劳动生产率（技术进步）和人口增速决定；短期自然利率由储蓄和投资之间的相对关系主导，人口结构变化、收入和财富分配差距、不确定性等因素可能影响居民储蓄倾向，

[①] Woodford, M., 2003. Foundations of a Theory of Monetary Policy[M]. Princeton：Princeton University Press.
[②] Yellen, J. L., 2015. Normalizing Monetary Policy：Prospects and Perspectives［Z/OL］. March 27. https://www.federalreserve.gov/newsevents/speech/yellen20150327a.pdf.
[③] Laubach, T. and Williams, J., 2003. Measuring the Neutral Interest Rate［J］. Review of Economics and Statistics, 85（4）：1063–1070.

投资品价格变化、政府公共投资、风险溢价与不确定预期等可能影响投资倾向①。Rees 等测算了中国的自然利率，结果显示，过去 10 年中国自然利率出现下降，GDP 趋势增速变化解释了自然利率变化的大部分，可能是由于中国资本账户相对封闭，中国自然利率变化主要反映了国内因素②。

二、关于中国自然利率的测算

（一）自然利率的研究概述

在价格型调控框架下，多数中央银行的货币政策在实践中的首选是短期利率，基于充分套利机制影响中长期利率，影响国债、贷款等金融产品利率，并最终影响投资和消费行为等。国内学者在测算中国自然利率时所选取的政策立场指标存在较大差异。部分早期的研究选择存贷款利率指标为估算对象，也有研究选择货币市场利率，通过泰勒规则描述中国的货币政策。

考虑到中国货币政策实行的是数量型调控与价格型调控相结合的方式，也有人提出中国的政策利率应该同时包含数量因素和价格因素。如李宏瑾、苏乃芳在测算中国自然利率时，选择银行间市场隔夜质押式回购利率作为利率指标，并在泰勒规则中引入了货币数量因素③；徐忠、贾彦东利用 M2 与 10 年期国债收益率构建"中国影子政

---

① 徐忠，贾彦东.自然利率与中国宏观政策选择［J］.经济研究，2019（6）：22–39.
② Rees, D. M., 等.中国的自然利率［R/OL］.（2021–06–09）.http://www.pbc.gov.cn/zhengcehuobisi/125207/3870933/3982071/4265452/index.html.
③ 李宏瑾，苏乃芳.货币理论与货币政策中的自然利率及其估算［J］.世界经济，2016（12）：22–46.

策利率"[①]；Rees等在测算中国自然利率时同时考虑了贷款利率和M2增速[②]（见表5-2）。

表5-2 中国自然利率测算研究对比

作者	政策立场指标	通胀预期指标	测算结果
李宏瑾、苏乃芳	银行间市场隔夜质押式回购利率，并在泰勒规则中加入货币数量因素	根据VAR模型计算通胀率预测值	2004年Q1至2016年Q2自然利率均值为2.5%左右，2012年至2016年Q2利率均值降至1.9%左右
徐忠、贾彦东	利用10年期国债实际收益率和M2增速的加权值，构建影子政策利率	未来4个季度通胀均值	近年来（样本期截至2018年Q4），中国自然利率呈现逐步下降特征，均值为0.3%左右
姚翔等[③]	银行间7天拆借利率	以2010年为基期的GDP平减指数	2000—2017年自然利率均值约为1%，2008—2017年为2.08%，2010—2017年为2.55%，均值有所上升
单强等[④]	银行间债券隔夜质押式回购利率	利用费雪方程计算通胀目标水平	2004—2018年自然利率大致在0.68%—3.96%之间，均值约为2.35%；金融危机之后自然利率趋于上行
张舒媛等[⑤]	Shibor利率族（隔夜、1周、3个月等）	将提前10年的数据滚动估计作为替代	2019年Q2自然利率在1.78%—3.44%波动，处于下行通道
Rees等	假设LPR、1年期贷款基准利率和平均贷款利率都等于不可观测的实际政策利率加上预期通胀，此外也考虑了M2增速	过去4个季度潜在通胀均值	1995年Q2至2019年Q4，自然利率下降了约2.5个百分点，2019年自然利率略微超过2%

资料来源：自行整理。

---

① 徐忠，贾彦东.自然利率与中国宏观政策选择［J］.经济研究，2019（6）：22-39.
② Rees, D. M., 等.中国的自然利率［R/OL］.（2021-06-09）. http://www.pbc.gov.cn/zhengcehuobisi/125207/3870933/3982071/4265452/index.html.
③ 姚翔，张伟进，王凤.中国自然利率水平测算与影响因素分析［J］.金融评论，2019（1）：15-29.
④ 单强，吕进中，王伟斌，等.中国化泰勒规则的构建与规则利率的估算［J］.金融研究，2020（9）：20-39.
⑤ 张舒媛，卢爱珍，王钟秀瑜，等.中国自然利率估计：基于状态空间模型［J］.上海金融，2020（10）：29-36.

对比上述研究的测算结果发现,关于中国自然利率水平存在较大差异,部分研究认为中国自然利率接近零,也有研究认为中国自然利率在2%以上。对比上述研究里中国的实际利率和自然利率,结论也存在较大差异。主要可以归为三派观点。一是认为中国实际利率低于自然利率。李宏瑾、苏乃芳测算得出,自然利率持续高于实际利率,但随着利率市场化加速推进和基本完成,二者日趋接近。二是认为中国实际利率高于自然利率。徐忠、贾彦东测算得出,1995年第一季度至2018年第四季度,除个别时期外,自然利率和实际利率走势比较趋同,仅在波幅上存在差异;近年来中国自然利率水平逐步下降,但实际利率仍高于自然利率平均水平。三是认为中国实际利率与自然利率接近。Rees等测算得出,实际利率在20世纪90年代后期高于自然利率,在21世纪00年代中期略低于自然利率,2016年以来实际利率已接近自然利率,与央行货币政策中性立场一致。

(二)自然利率的简单测算

上述研究在测算中国的自然利率时,选择的指标不同,得出的结论也存在较大差异。那么,应该如何评估中国的自然利率?如前所述,自然利率的含义之一是与资本收益率相等的实际利率。那么,我们可以采用白重恩教授等[①]的方法估计中国的实际资本回报率,以此评估中国自然利率水平和变动趋势。

$$r(t) = i(t) - \hat{P}_Y(t) = \frac{\alpha(t)}{P_K(t)K(t)/P_Y(t)Y(t)} + \left[\hat{P}_K(t) - \hat{P}_Y(t)\right]\delta(t)$$

---

① Bai, C., Hsieh, C., and Qian, Y., 2006. The Return to Capital in China [J]. Brookings Papers on Economic Activity, 2006(2): 61-88.

上式中，$i(t)$ 是名义资本回报率；$P_Y(t)$ 是产出价格，用 GDP 平减指数表示；$P_K(t)$ 是资本价格，用固定资产投资价格指数表示；$P_Y(t)Y(t)$ 是经济总产出，用现价 GDP 表示；$P_K(t)K(t)$ 是资本存量，我们以张军等[1]计算的 1990 年资本存量为基期，使用永续盘存法[2]估算各年以不变价计的资本存量，然后按照相应的价格指数估算各年以现价计的资本存量；$\alpha(t)$ 是资本份额，一般用（1-劳动报酬占收入法 GDP 比重）表示，考虑到税收影响，我们在此基础上剔除了生产税，此外我们也参考何东等[3]的做法，利用世界银行 2018 年发布的国民财富数据，计算了生产资本在总资本中的占比，对资本份额进行了调整；$\delta(t)$ 是折旧率，用第 t 期的固定资产折旧占第 $t-1$ 期的资本存量比重表示。

由于收入法 GDP 数据（包括劳动者报酬、生产税净额、固定资产折旧和营业盈余）只更新到 2017 年，为了评估近几年资本回报率情况，我们利用 2010—2017 年收入法 GDP 各分项占同期现价 GDP 比例的均值进行近似估算。由于 2020 年比较特殊，遭遇了疫情冲击，难以用历史数据预测当年资本回报率，因此这里只估计 2018 年和 2019 年的资本回报率。需要指出的是，根据上述方法测算出来的资本回报率对指标选择和调整方法非常敏感，选择不同的指标或者对指标调整与否都会对回报率的测算结果产生较大影响。但我们认为测算结果仍然具有参考意义。

---

[1] 张军，吴桂英，张吉鹏. 中国省际物质资本存量估算：1952—2000 [J]. 经济研究，2004（10）：35-44.

[2] 公式是 $K_t = K_{t-1}(1-\delta_t) + I_t$，其中 K_{t-1}、K_t 分别为第 $t-1$、t 期的资本存量，I_t 为第 t 年的投资，δ_t 为第 t 年的折旧率。

[3] 何东，王红林，余向荣. 中国利率何处去——利率市场化后政策利率的制定与操作 [J]. 新金融评论，2013（6）：134-148.

图 5-1 是我们测算的实际资本回报率及其 5 年移动平均水平，后者更符合自然利率的含义。2000 年以来，中国自然利率下行趋势明显，2013—2016 年自然利率企稳，在 2.2%—2.5% 范围波动，2017 年—2019 年利率有所上升。宏观层面的资本回报率在企业层面也有同样体现。通过对比上市公司投入资本回报率（ROIC）和我们测算的名义资本回报率发现，二者大体走势基本相似，都经历了先上升、后下降的走势，这也印证了我们测算的宏观层面资本回报率的可信性。其中，上市公司 ROIC 在 2007 年之后率先回落，2001—2007 年 ROIC 均值为 8.5%，2008—2019 年均值降至 5.5%；我们测算的名义资本回报率自 2008 年开始回落，2000—2008 年均值为 8.6%，2009—2019 年降至 5.6%（见图 5-2）。

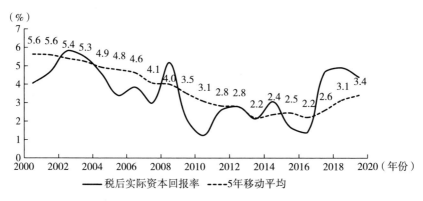

图 5-1　中国实际资本回报率走势

资料来源：自行整理。

需要特别指出的是，根据经济增长理论中的"资本积累黄金定律"，社会福利最大（即人均消费最大）时，资本边际回报（实际利率）等于人口增速与生产率增速之和，一般用经济增速替代。但包括我们在内的许多研究者测算的自然利率大多显著低于中国 GDP 增速。

很多人据此认为中国实际利率长期偏低。实则不然，现有研究对此已有较多解释。例如，李宏瑾、苏乃芳指出，黄金定律在经验上不符合具有规模报酬递增效应的高速增长经济体，以潜在产出增速作为衡量自然利率合理与否的做法理论假设过强。伍戈、李斌认为，一国储蓄率越高、消费率越低，均衡实际利率也会越低于经济增速。中国是高储蓄率国家，因此均衡实际利率低于经济增速是合理的[①]。易纲行长指出，中国大部分时间的真实利率都是低于实际经济增速的，这一实践可以称为留有余地的最优策略[②]。

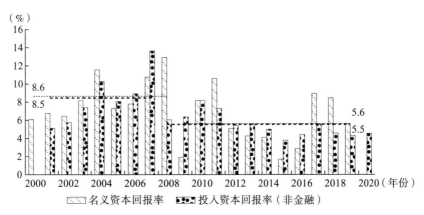

图 5-2　中国名义资本回报率和上市公司投入资本回报率

资料来源：万得。

（三）自然利率的趋势判断

1.潜在产出角度

LW 关于自然利率的公式中包括潜在产出趋势项，表明潜在产出

---

① 伍戈，李斌.货币数量、利率调控与政策转型［M］.北京：中国金融出版社，2016.
② 易纲.中国的利率体系与利率市场化改革［J］.金融研究，2021（9）：1-11.

是影响自然利率的重要因素。Rees等的研究结论是，中国潜在产出增速下降是自然利率下降的主要原因。党的十九大报告对中国经济发展作出重大判断，指出中国经济已经由高速增长阶段转向高质量发展阶段。除了外部不确定性以外，支撑中国经济发展的内在条件也已发生重大变化，包括资本形成效率下降、技术进步增长放缓、人口红利减少、资源环境约束加强等。在新发展理念下，中国政府不再单纯追求经济增速。近年来，许多学界或政府机构的研究结果表明，未来中国潜在产出增速大概率趋于下降（见表5-3）。在这种背景下，中国自然利率长期也将逐渐降低。

表5-3　中国潜在产出增速的测算结果对比

作者	测算结果
刘世锦[①]	2020—2025年中国潜在增长率在5%到6%之间，这种增长阶段转换是符合规律的
徐忠、贾彦东[②]	2019—2024年中国潜在增长率为5.5%，2025—2029年为4.6%
白重恩、张琼[③]	预测2021—2025年、2026—2030年、2031—2035年、2036—2040年、2041—2045年、2046—2050年潜在产出增速分别为5.8%、4.8%、3.9%、3.4%、3.5%和3.0%
白重恩[④]	"十四五"期间中国潜在增长率约为5.8%，2026—2030年约为5%，2031—2035年约为4%

---

① 新京报.刘世锦：用刺激政策达到超过潜在增长率的增速是寅吃卯粮［Z/OL］.（2019-12-07）.https://www.bjnews.com.cn/finance/2019/12/07/659085.html.

② 徐忠，贾彦东.中国潜在产出的综合测算及其政策含义［J］.金融研究，2019（3）：1-17.

③ 白重恩，张琼.中国经济增长潜力预测：兼顾跨国生产率收敛与中国劳动力特征的供给侧分析［J］.经济学报，2017（4）：1-27.

④ 新华网.白重恩：未来15年中国经济应该保持怎样的增速？［Z/OL］.（2020-12-08）.http://www.xinhuanet.com/fortune/2020-12/08/c_1126834317.htm.

续表

作者	测算结果
人民银行调查统计司课题组[5]	中国潜在产出自 2010 年以后出现趋势性下降。"十四五"期间潜在产出增速将保持在 5.1%—5.7%，估算 2021—2025 年各年潜在产出增速分别为 5.7%、5.5%、5.5%、5.3% 和 5.1%

资料来源：自行整理。

2.资本回报率角度

通过拆解上文测算的实际资本回报率可知，2008 年金融危机之后，资本产出比上升对资本回报率下降的贡献最大，表明生产效率降低是资本回报率下降的主要原因（见表 5-4），而技术进步、人口因素是影响生产效率的主要因素。前者是在要素投入量既定情况下改变整体生产能力，后者与资本为互补性要素，影响资本边际产出。关于金融危机后技术进步放缓、人口红利消失的现象已有较多研究，此处不再赘述。我们主要分析未来人口因素对自然利率的影响。

表 5-4 实际资本回报率贡献分解（单位：%）

区间	资本回报率	资本收入份额	资本产出比	资本价格变动	产出价格变动	折旧率
2000—2008 年	4.5	27.6	181.0	2.8	4.2	9.4
2009—2017 年	2.4	25.1	238.8	1.5	2.9	6.8
贡献率	−2.0	66.2	180.7	67.1	−64.0	−128.0

资料来源：自行整理。

劳动参与率可以衡量适龄人口参与生产经营活动的程度。联合国数据显示，2020 年中国人口年龄中位数为 38.4，高于世界平均水平 30.9。预计 2035 年和 2050 年我国人口年龄中位数分别升至 45、47.6。伴随人口年龄的增长，劳动参与率（以就业人数与适龄劳动人口之比

---

[5] 人民银行调查统计司课题组."十四五"期间中国潜在产出和增长动力的测算研究［W］.中国人民银行工作论文，No.2021/1.

衡量）长期也将下降。这意味着，未来会有更少的适龄人口从事生产经营活动，会降低资本边际产出，拉低资本回报率。此外，在适龄劳动人口中，35岁以上的人口多为资本提供者。随着人口老龄化程度加重，此年龄段的人口占适龄人口比重趋于上升，意味着资本供给增多，因此长期利率倾向于下行。从图5-3可以看出，主要经济体国债收益率和人口年龄结构变化具有很强的负相关关系。

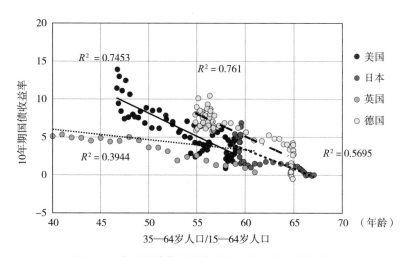

图5-3 主要经济体国债收益率和人口年龄结构关系

资料来源：联合国，万得。

三、自然利率的货币政策意义

（一）影响货币政策效果

自然利率为货币政策操作提供基准，但由于自然利率水平无法直接观察，利率估算结果准确与否，会直接影响货币政策执行效果。泰勒提出泰勒规则时，是根据联邦基金利率的历史数据，将美国均衡实际利率设为了2%。但耶伦于2015年指出，现在泰勒规则要求联邦基金利率远高于零，但如果当前经济的均衡实际利率降低，那么泰勒规则提供的处方会发生重大变化。LW 详细解释了这一影响：假设自然利率从 r* 永久性降至 r*′，只有当政策制定者认为的自然利率等于 r*′ 时才能实现通胀目标；但如果政策制定者认为自然利率仍然是 r*，那么通胀率会在一定程度上低于通胀目标[①]。

$$i_t = \hat{r}^* + \pi_t + \alpha(\pi_t - \pi^*) + \beta Y_t.$$

$$r^{*\prime} - \hat{r}^* = \alpha(\pi - \pi^*).$$

纽约联储主席约翰·威廉姆斯（John C. Williams）于 2019 年再次表示，自然利率的估计是非常不精确的，央行不会根据测算出的某个数字就决定如何调整货币政策。不过，自然利率整体下降是证据确凿的。这一点从学术研究、美国联邦基金利率走势以及美联储官员对长期利率的预测值都可以看到。在既定通胀目标下，自然利率下行会增加名义利率触及零利率下限（ZLB）的可能，导致经济衰退时期货币政策失效的风险增加。美联储经济学家迈克尔·凯利（Michael Kiley）和约翰·罗伯茨（John Roberts）研究指出，美国短期利率等于零或接近零的情况可能在未来很频繁[②]。为了缓解零利率下限的影响，美联储可以采取量化宽松或者实施更积极的财政政策。伯南克提出了改进美联储政策框架的两种方式，一是实施平均通胀目标制，弥补理想的通胀水平的缺失；二是实施最优"补偿"策略，即承诺在 ZLB 不再约束货币政策之后，保持一段时间的低利率来补偿 ZLB 的

---

① Laubach, T. and Williams, J., 2016. Measuring the Natural Rate of Interest Redux [J]. Business Economics, 51（2）: 57–67.
② Kiley, M. and Roberts, J., 2017. Monetary Policy in a Low Interest Rate World [J]. Brookings Papers, https://www.brookings.edu/wp-content/uploads/2017/03/5_kileyroberts.pdf.

影响。两种方式可以结合使用①。

（二）评判货币政策立场

实际利率与自然利率的缺口是货币政策决策的重要参考。如果实际利率低于自然利率，为扩张性货币政策，反之则为紧缩性货币政策。

从日本的情况来看，Iwamura 等（2005）采用了 LW 的方法估算日本的自然利率。研究结果表明，20 世纪 90 年代日本自然利率总体下行，从 7% 附近降到零，甚至部分时候低于零。日本实际利率虽然也出现趋势下行，但与自然利率的缺口不断发生变化。例如，20 世纪 80 年代中后期，日本实际利率显著低于自然利率，因此推动了资产价格上涨。而 1998—2002 年，实际利率高于自然利率，因为自然利率在零附近波动，但名义利率已经降至零，通缩预期导致实际利率大于零②。

从中国的情况来看，我们估算的自然利率在 2000—2012 年出现明显下降，2013—2016 年企稳，2017—2019 年有所上升。在此基础上，我们加上 2%、3% 的通胀目标得到名义自然利率的大致范围。与 1 年期贷款利率相比发现：2000—2007 年，贷款基准利率明显低于自然利率，以利率管制形式存在的金融抑制可能是主要原因；2007—2010 年，贷款基准利率和名义自然利率均呈现趋势性下行，绝对水平

---

① Bernanke, B. S., 2017. The Zero Lower Bound on Interest Rates: How Should the Fed Respond? [Z/OL]. April 13. https://www.brookings.edu/blog/ben-bernanke/2017/04/13/the-zero-lower-bound-on-interest-rates-how-should-the-fed-respond/.
② Mitsuru Iwamura, Takeshi Kudo and Tsutomu Watanabe, 2005. Monetary and Fiscal Policy in a Liquidity Trap: The Japanese Experience 1999—2004 [R/OL]. January 31. https://www.frbsf.org/economic-research/files/IKW_revised0131.pdf.

也比较接近；2010—2014年，贷款基准利率和贷款加权利率均高于名义自然利率；2016—2019年，贷款加权利率基本位于名义自然利率附近（见图5-4）。Rees等人也认为，2016年之后实际利率已接近自然利率，与央行在这段时期内的货币政策中性立场一致①。

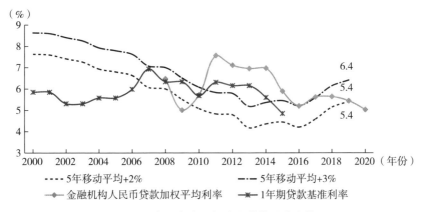

图 5-4　中国资本回报率和贷款利率走势

资料来源：万得。

由于数据限制，我们无法测算2020年的自然利率。根据Rees等的研究，2019年中国自然利率略超2%，中国GDP趋势增速大致在6%左右，自然利率对趋势增速变化的敏感度估计值为0.3。据人民银行调查统计司测算，2020年中国潜在产出增速降至5.1%。我们结合两项研究结果，假定其他因素不变，1%的潜在产出增速降幅对应的实际自然利率应该下降约0.3个百分点，即2020年自然利率有可能在1.7%左右。在此基础上，如果加上2%—3%的通胀目标，我们得到的名义自然利率为3.7%—4.7%。这与当时1年期LPR（3.85%）比较接近，依然符合货币政策的中性立场。

————————

① Ree, D. M., 等. 中国的自然利率［R/OL］.（2021-06-09）. http://www.pbc.gov.cn/zhengcehuobisi/125207/3870933/3982071/4265452/index.html.

如上文所述，影响自然利率的因素众多，既有长期和短期因素，又有国内和国外因素。因此自然利率的估计存在很大的不确定性，将其应用于货币政策实践面临较大挑战，只能作为决策参考。目前中国的自然利率远高于欧美发达国家。因此，预计在较长时间内，中国自然利率下行并不会影响货币政策的有效性。2019年易纲在《求是》撰文指出，在世界经济可能处在长期下行调整期的环境下，要做好"中长跑"的准备，尽量长时间保持正常的货币政策，以维护长期发展的重要战略机遇期，维护广大人民群众的根本利益[①]。为此，我们要加快供给侧结构性改革，提高全要素生产率和潜在产出水平，延缓自然利率的下降速度。

四、中美实际利率与股价表现

根据资产定价公式 $P=EPS \times PE \propto EPS/(R+ERP)$ 可知，股票价格由盈利和估值共同决定，分子端是每股收益（EPS），分母端是无风险利率（R）与股权风险溢价（ERP）之和。因此，理论上，利率下行会提高股票估值，推动股票价格上涨。由于上文讨论的自然利率是剔除通胀影响的实际利率的概念，因此我们将单独讨论实际利率和股价的关系。然而，根据上述公式，影响股价的因素不仅包括实际利率，还包括通胀预期、股权风险溢价和盈利水平等。由于这些因素同时作用于股票价格，因此实际利率下行过程中股价不一定上涨。

---

① 易纲.坚守币值稳定目标　实施稳健货币政策［J］.求是，2019（23）.

（一）美国利率与股价表现

美国联邦基金利率是金融市场基准利率。从历史数据来看，美债收益率与美国联邦基金利率相关性较强，1955—2021年二者相关系数为0.91。现实中市场更关注美债利率走势，因此我们下文分析美债利率和美股表现。考虑到美国通货膨胀保值债券（TIPS）利率的时间序列较短，我们用10年期美债利率与核心个人消费支出（PCE）的差值来表示美债实际利率。2003—2021年，TIPS利率和扣除核心PCE后的美债利率的相关系数为0.91。

1980—2020年，美债实际收益率总体下行，美股总体上涨，相关系数为-0.78。但如果看分阶段来看，实际利率和股价的相关关系有所变化：1980—1999年，实际利率与估值为负相关，利率下行对应股市上涨；2000—2011年，实际利率与股指为弱正相关，利率先下行后转为震荡，股价则经历了两次暴跌再反弹的过程；2012—2020年，实际利率与股价再次转为负相关，利率震荡下行，股价则持续上涨。将标普500指数进行拆解后发现，不同时期估值和盈利因素对美股贡献度差别很大：1980—1999年，估值是美股主导因素，对标普500指数的贡献率为193%；2000—2011年，美股切换为盈利主导，盈利对标普500指数贡献率为492%；2012—2020年，美股再次切换为估值主导，但贡献率降到99%。

当估值成为美股主导因素时，实际利率与美股为负相关，利率下行通过提升估值推动股市上涨；当盈利成为美股主导因素时，实际利率与美股转为正相关，此时利率下行对股市的影响被其他因素抵消。

从盈利角度来看，1980—2020年，美股走势和盈利存在明显的正相关关系，相关系数高达0.84。其间，互联网泡沫破灭以及次贷危机爆发后，美股和盈利下滑，危机过后二者又恢复上涨趋势。但从估值角度来看，1980—2020 年美股走势和估值的关系有所变化：1980—1999 年，二者相关系数为 0.81；但 2000—2011 年，相关系数转为 -0.46，其间美股震荡上行，估值出现明显回落；2012—2020 年，相关系数再次转正，为 0.71，利率下行、估值提升、股市上涨。

为什么 2000—2011 年美股估值和股价表现会出现背离？2000—2011 年实际利率总体下行。我们进一步将市盈率公式拆分后发现，2000—2020 年，风险溢价较 1980—1999 年均值有所上升。其中，2000—2011 年利率下行，但风险溢价上升，导致市盈率下降，因此估值和股价出现背离；2012—2020 年利率下行，风险溢价逐渐稳定，市盈率回升，估值重新主导美股走势但主导作用明显弱于 1980—1990 年。至于为什么 2000—2020 年风险溢价会上升，一个可能的解释是受安全资产短缺的影响[①]。

因此，在估值因素对美股主导作用减弱背景下，盈利将成为美股走势的关键。而在长期利率下行过程中，上市公司盈利能力大概率下降，这会从分子端压制整体股价表现。不过，盈利稳定性较强的板块表现或相对突出。将 1991—2020 年分 3 段时期来看，非必需消费、公共事业指数相对标普 500 指数的表现与实际收益率的相关系数均为负值，表明实际收益率下行时期，行业指数表现较好；金融行业指数相对标普 500 指数的表现与实际收益率的相关系数均为正值，表明实际收益率上行时期，行业指数表现较好（见图 5-5）。

（二）中国利率与股价表现

2014 年之前，国债收益率基本持续低于资本回报率，并且不存在

---

① 彭文生. 安全资产荒与低利率的逻辑［J］. 新金融, 2019（12）：4-9.

第五章　宏观调控的新挑战

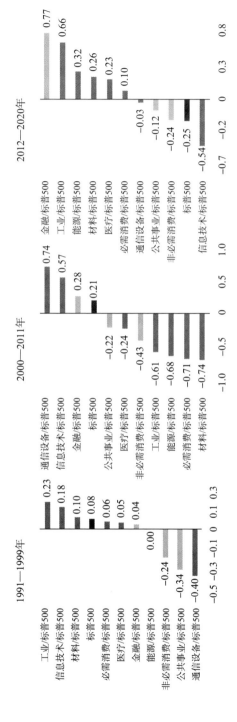

图 5-5　标普 500 行业指数与美债实际收益率的相关系数

资料来源：万得。

明显的趋势性特征。2014年之后，国债收益率与资本回报率逐渐靠近，并且中枢有下降趋势（见图5-6）。未来随着自然利率继续下行，国债收益率中枢存在长期下行趋势。

由于行情软件不公布上证综指权重调整后的EPS和PE，因此无法根据P=EPS×PE公式直接计算盈利和估值对上证综指涨跌幅的贡献度。不过，可以根据"市值=净利润×市盈率"的公式计算盈利和估值对上证综指总市值的贡献度。分析结果显示，2008年金融危机之前，估值下移明显，股价表现和盈利走势相近，表明盈利是股市的主导因素；金融危机之后，估值下行速度放缓，股价和估值相关性增强，表明估值成为盈利的主导因素。

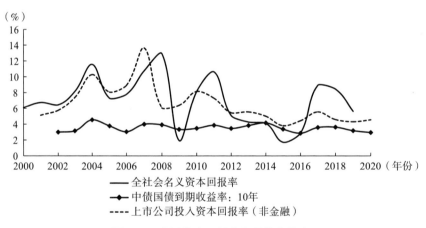

图5-6 中国资本回报率和国债收益率

资料来源：万得。

将中债名义收益率剔除核心CPI同比得到中债实际收益率。2013—2021年，虽然估值是A股的主导因素，但中债实际收益率和上证综指相关系数为-0.19，显著低于美债实际收益率和标普500指数的相关系数，表明A股估值受其他因素影响更大。通过对市盈率进行拆借可知，A股的股权风险溢价显著高于美股。这可能与A股投资者以散户为主、风险偏好较强有关。

2013—2021年，不同行业相对上证综指的表现与中债实际收益率的相关关系存在明显差异。其中，通信、公共事业、工业和金融相对上证综指的表现与中债实际利率为负相关，表明利率下行时期，行业指数表现较好；可选、材料等行业相对上证综指的表现与中债实际利率为正相关，表明利率上行时期，行业指数表现较好（见图5-7）。

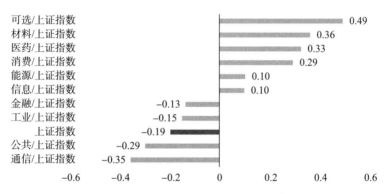

图5-7　2013—2021年上证综指行业指数与中债实际收益率的相关系数

资料来源：万得。

五、主要结论

自然利率是指经济实现潜在产出、物价稳定目标时对应的均衡实际利率水平，受多种因素影响，包括但不限于潜在产出增速、人口增速和年龄构成变化等。国内学者关于中国自然利率的研究较多，但结论存在较大差异。我们估算了中国的实际资本回报率，以此观察中国的自然利率变化，可以发现，2000年以来自然利率下行趋势明显。无论从潜在产出角度，还是从资本回报率角度来看，预计中国长期利率都会趋于下行。

对货币政策而言，自然利率是重要参考，但并非央行决策的主要依据。其原因有三个方面：一是自然利率像均衡汇率、潜在产出一样，不可直接观测；二是自然利率是剔除通胀的实际利率，故央行利率决策还受到国内通胀走势的影响；三是自然利率是使经济内外同时达到均衡时对应的合意水平，更适合事后中长期研判，而央行货币政策还需要考虑平滑短期的经济周期性波动。

自然利率下行导致名义利率触及零利率下限的可能性增加，即货币政策失效风险增加。目前，中国自然利率远高于欧美发达国家，自然利率下行尚不会影响货币政策的有效性。但我们要加快供给侧结构性改革，提高全要素生产率、潜在产出水平，延缓自然利率下降速度。

对股票价格而言，利率是重要影响因素但非唯一影响因素。在长期利率下行过程中，企业盈利能力、投资者风险偏好也会对股价产生影响，因此利率下行不一定利好股价表现。从美国的数据来看，1980—2020年，实际利率与美股的相关关系时正时负，估值对美股的主导作用逐渐减弱。在利率下行过程中，盈利稳定性较强的板块表现相对突出。从中国的数据来看，估值对A股的影响作用较大。但2013—2020年实际利率与股价表现的相关性较弱，可能与A股投资者以散户为主、风险偏好较强有关。

第六章

美联储紧缩是人民币"三连涨"的终结者吗

从 2020 年 6 月人民币汇率升值以来，到 2022 年已进入第三个年头。央行在 2021 年第四季度货币政策执行报告中指出，疫情形势、通胀走势、发达经济体宏观政策调整是 2022 年的三大外部不确定性。报告特别强调，主要发达经济体宏观政策总体退坡，不仅可能伴生资产价格震荡调整的金融风险，还会通过贸易往来、资本流动、金融市场等渠道对新兴经济体产生明显外溢效应[①]。本章拟就其对中国经济的影响进行分析。

---

① 中国人民银行货币政策分析小组. 2021 年第四季度中国货币政策执行报告 [R/OL]. (2022-02-11). http://www.pbc.gov.cn/goutongjiaoliu/113456/113469/4469772/index.html.

第一节　2015年中美货币政策错位对中国影响的经验及启示

2021年下半年以来，美联储加快货币紧缩，人民银行却降准降息齐出，两国货币政策重新错位，引发了市场广泛关注。上一次中美货币政策分化，恰逢2015年"8·11"汇改，在中国引发了资本外流、储备下降、汇率贬值。本节拟通过回顾、总结上次的经验教训，探讨其对这次货币政策分化的借鉴及启示。

一、主要背景

上次中美货币政策错位，正值美联储在2008年危机应对中引入"零利率+三轮量化宽松"之后，当时，美联储还逐步启动了货币政策正常化操作。美联储于2013年中释放退出量宽的信号，2014年初启动缩减购债，2015年初停止购债，接着酝酿加息。

在此情形下，美元指数从2014年下半年起加速升值，这给中国带来了资本外流、汇率贬值的压力。从 2014 年 5 月起,中国境内银行即远期结售汇持续逆差;11 月底起,境内银行间外汇市场下午 4 点半人民币汇率收盘价相对当日中间价持续偏弱,偏离幅度持续达到 1% 以上。只是因为人民币汇率中间价保持了基本稳定,故人民币汇率交易价并未实质性走低,但这毕竟影响了中间价的市场基准地位和权威性。到 2015 年 8 月 10 日("8·11"汇改前夕),人民币汇率中间价和收盘价与 2014 年底基本持平,ICE 美元指数累计上涨 7.7%。

2015 年 8 月 11 日,人民银行发布公告,为提高中间价市场化程度和基准地位,完善人民币汇率形成机制,强调中间价报价将综合考虑市场供求和国际金融市场变化,由此揭开了"8·11"汇改的序幕。这是 2005 年"7·21"汇改的延续,不涉及有管理浮动汇率制度的变革,而只是汇率政策的调整。过去,外汇形势好的时候,人民币汇率小步快走、渐进升值;不好的时候,主动收窄汇率波幅(如 2008 年全球金融危机)或不贬值(如 1998 年亚洲金融危机)。而这次严格执行"7·21"汇改确定的参考一篮子货币调节的汇率调控机制,美元升值、人民币中间价贬值。结果,"8·11"汇改当日和次日,境内银行间市场人民币汇率交易价连续跌停。到 2016 年底,人民币汇率距破 7、外汇储备距破 3 万亿美元均一步之遥。由此,市场开始激辩"保汇率"还是"保储备"。

二、原因分析

当时,中国坐拥 3 万多亿美元外汇储备、每年有数千亿美元贸易顺差(2015 年顺差达到创纪录的 5 939 亿美元),对外部门可谓十分强劲。但为什么一次小小的汇率政策调整,却会引发如此激烈的市场反应呢？

一是中美经济走势和货币政策分化。2012年以来，中国经济下行压力逐渐加大，经济增速分别于2012年、2016年跌破8%、7%。2015年，中美经济增速差异为4.3个百分点，远低于2011年的8.1个百分点。在此背景下，美联储采取缩减购债、加息、缩表等措施逐步正常化，而中国央行采取降准、降息、扩表等措施，逐渐转向稳增长，推动中美利差收敛。2016年12月，日均10年期中美国债收益率较2012年12月收敛了120BP。

二是"7·21"汇改后人民币双边和多边汇率均累积了较大涨幅。到"8·11"汇改前夕，人民币汇率中间价较"7·21"汇改前夕累计升值35%；人民币名义和实际有效汇率分别升值46%和57%，其中2014年下半年以来，分别升值15%和14%。这与2007年以来中国经常账户顺差与GDP之比回落，双双成为人民币汇率高估的"铁证"。

三是境内股市异动引发信心危机传染。2015年7月，中国股市在经历了近一年时间的单边上涨、股指翻番行情后，冲高回落，单月深沪股指跌幅均达到10%以上，个别交易日还出现多股跌停，酿成金融市场恐慌。当时，货币政策、银行体系为稳定资本市场采取了一些流动性支持措施，也影响了境内外汇供求关系。7月，银行即远期结售汇逆差由前两个月的70多亿美元跳升至561亿美元，境内人民币汇率收盘价较当日中间价持续偏弱约1.5%。结果，"8·11"汇改，外汇继续供不应求，人民币汇率进一步走弱。这反过来又造成信心危机由汇市向股市的传染，引发了2015年8月和2016年1月两波"股汇双杀"。

四是人民币意外下跌造成贬值预期脱锚。1994年汇率并轨之前，人民币官方汇率处于螺旋式的贬值通道，从改革开放初期的1.58，一路跌至 1994 年汇率并轨之初的 8.70。当时，大家对人民币贬值见怪不怪。并轨后，人民币汇率就开始实行以市场供求为基础的、有管理的浮动汇率制度，在此汇率制度框架下，不同时期实行不同的汇率政策。"8·11" 汇改之前，人民币汇率 20 年来都没有出现过像样的调整，且成为新兴世界强势货币。因此，市场对人民币贬值缺乏思想准备，甚至外汇交易员以为 8 月 11 日汇改当天银行间市场开盘前的中间价报价出错了（当天美元兑人民币汇率跳升 1.9%）。这引燃了市场贬值恐慌，触发了贬值预期自我强化、自我实现的恶性循环。2015 年 8 月，银行代客远期净购汇累计未到期额环比暴增 106%，贡献了当期银行即远期结售汇逆差额的 54%。8 月底，央行引入了远期购汇外汇风险准备金制度，于 2015 年 10 月 15 日正式实施。

五是民间货币错配加大对外金融脆弱性。"8·11" 汇改酿成高烈度跨境资本流动冲击的真正原因是，在 20 年来的人民币单边升值行情下，民间资产本币化、负债美元化。到 2015 年 6 月底，对外净负债 2.37 万亿美元，相当于年化名义 GDP 的 21.8%。"8·11" 汇改后，人民币汇率意外下跌，触发了市场增加海外资产配置和加快对外债务偿还的集中调整，导致资本净流出规模超过经常账户盈余，外汇储备下降，人民币汇率走弱。直到 2017 年人民币汇率止跌企稳，这一势头才得到遏制。

三、三点启示

一是金融体系健康才能享受汇率灵活的好处。如前所述，2015 年中的股市异动，造成了信心危机从股市向汇市传染。7 月以来，境内外汇供求失衡加剧，"8·11" 汇改前夕，美元兑人民币汇率收盘价相对当日中间价持续偏贬值方向，偏离程度维持在1.5%左右。即使没有"8·11"汇改，中国也已经发生外汇储备下降，2014年第三季度至2015年第二季度，剔除估值影响后，外汇储备资产累计减少963亿美元。当时，中国更大的金融脆弱性体现为民间对外净负债的绝对和相对水平都比较高，对汇率贬值较为敏感。其实，这种情况21世纪初以来就已经存在。只是"8·11"汇改之前，人民币汇率持续单边升值，故市场没有贬值的心理和措施准备，"8·11"汇改突如其来的调整才引发了市场挤兑外汇储备的行为。但经历了这波集中调整后，民间对外净负债规模和占比均明显下降。结果，2018年底人民币汇率再度跌到7附近，市场有惊无险。此后，更是经历了2019年人民币汇率破7和2020年人民币汇率大起大落的考验。由此可见，这次中美货币政策分化背景下，中国稳汇率的关键在于进一步降低金融脆弱性。目前对外部门不是重点，而要多关注对内部门。如IMF在最新的世界经济展望中明确表示，房地产部门的扰动已成为更大范围中国经济减速的前奏①。

二是经济强才是货币强的坚实基础。如前所述，中美货币政策错位的一个重要结果，就是中美利差收窄。事实上，这并非新鲜事。2002年初至2007年底的大部分时间里，10年期中美国债收益率甚至是倒挂的。在此期间，两国均有一波加息周期，只是美联储加息的频率更高、幅度更大。需要指出的是，2005年2月初至2007年底，联邦基金利率持续高于1年期人民币定期存款利率，这与10年期中美国债收益率差倒挂的时间有所重叠。但是，当时正值美元指数经历

---

① IMF, 2022. World economic outlook, January 2022: Rising Caseloads, A Disrupted Recovery, and Higher Inflation [R]. January. https://www.imf.org/en/Publications/WEO/Issues/2022/01/25/world-economic-outlook-update-january-2022.

2002年初以来的贬值周期,而中国正处于经济高增长、低通胀的黄金时期。利率倒挂没有影响人民币汇率自"7·21"汇改重归真正有管理浮动后加速升值,国际收支延续"双顺差",储备资产较快增加。由此可见,这次中美货币政策重新错位的背景下,中国稳汇率的关键也在于稳增长。尤其是如果发达经济体货币紧缩过快,引爆了当地的经济、金融危机,人民币是扮演风险资产抑或避险资产角色,就取决于中国能否像2008年应对危机那样,用好正常的财政货币政策空间,保持经济复苏的全球领先地位。

三是汇率灵活有助于吸收内外部冲击。回顾"8·11"汇改之初遭遇的资本流动冲击,对"温水煮青蛙"有了更深的体会。2013年中,美联储释放退出量宽信号,新兴市场血雨腥风,而中国这边风景独好。甚至在2014年初,人民币汇率交易价差点破6进入5时代。为此,2014年"3·17"汇改还借扩大汇率浮动区间之机,搞了一次双向波动,收盘价最多较年初高点回调了将近4%。但是,如前所述,2014年下半年开始,银行即远期结售汇持续逆差,人民币汇率贬值压力逐渐积聚。即便是在2015年上半年A股高歌猛进之时,境内外汇依然供不应求,人民币汇率收盘价相对当日中间价持续在偏贬值方向,1月底到3月初一度逼近跌停位置。可见,当时资本外流、汇率贬值早有迹象。但2014年人民币汇率中间价最大振幅仅有1.3%,为2010年以来的最低。缺乏弹性的汇率政策丧失了价格发现功能,导致各方长期沉浸在防升值中,却忽视了汇率反向调整的风险。2020年人民币汇率大起大落则恰恰相反。上半年,人民币汇率持续承压,5月底创下2008年9月金融海啸以来的新低,6月初起震荡走高,才孕育了这波持续3个年头的强势人民币行情。

第二节 2015年和2022年中美货币政策分化的比较及启示

面对世纪疫情冲击,中国疫情防控和经济复苏全球领先,货币政策也是"先进先出"。但2021年底以来,美联储加快缩减购债进程,并将加息和缩表提上议事日程。而中国央行坚持稳字当头,以我为主,综合发挥货币政策工具的总量和结构双重功能,与美联储政策再度背向而行。上次中美货币政策分化,恰逢2015年"8·11"汇改,引爆了一场高烈度的资本流动冲击。这次是否会终结2020年6月以来的这波人民币强势呢?本节拟在与上次经验教训对比的基础上,分析未来人民币汇率走势可能的情形。

一、四点相似之处

一是经济走势分化导致中美货币政策分化。2012年以来,中国经济下行,增速分别于2012年、2016年跌破8%、7%。2015年,中美经济增速差异为4.3个百分点,远低于2011年的8.1个百分点。在此背景下,美联储自2014年初起,采取缩减购债、加息、缩表等措施逐步实施货币政策正常化,而中国央行采取降准、降息、扩表等措施逐渐转向稳增长。这次,自2021年下半年起,中国重提做好跨周期调节,保持经济运行在合理区间。美联储迫于通胀压力而加快货币紧缩步伐,而中国央行则连续降息降准。据主要国际机构最新预测,经历了 2021 年的恢复后，2022 年中美经济复苏势头同时减弱，但美国经济增速仍在趋势值以上，中国则在潜在增速的下限附近，中美经济增速差异将是 20 世纪 90 年代以来最低（见表 6-1）。预计 2022 年，中美货币政策分化将进一步扩大。

表 6-1 2022 年 1 月主要国际机构对 2022 年中美经济增速预测值

国际机构	中国经济增速（%）	美国经济增速（%）	中美经济增速差值（个百分点）	
			差值	较上年收敛
国际货币基金组织	4.8	4.0	0.8	1.6
世界银行	5.1	3.7	1.4	1.0
经济合作与发展组织	5.1	3.7	1.4	1.0

资料来源：根据新闻报道自行整理。

二是货币政策分化推动中美利差快速收敛。上次，在两国经济走势和货币政策分化背景下，到 2016 年 12 月，日均 10 年期中美国债收益率差较 2012 年 12 月缩小了 120BP。这次，受通胀上行和货币紧缩预期影响，2021 年，美国主要市场利率走高，到年底，日均 10 年期中美国债收益率差同比回落 94BP。这减缓了外资流入中国的势头，全年境外净增持境内人民币债券较 2020 年减少 30%。2022 年 1 月，前述利差进一步收敛 38BP，境外净增持人民币债券环比减少 5%，同比减少 70%。到 2 月，该利差又缩小 15BP，跌至所谓"舒适区"下限附近。3 月，月均利差只有 68BP，跌破了"舒适区"下限。

三是人民币持续升值孕育汇率超调的风险。上次自 2005 年"7·21"汇改以来，人民币双边和多边汇率均累积了较大涨幅。到"8·11"汇改前夕，人民币汇率中间价累计升值 35.3%；人民币名义和实际有效汇率分别升值 46.3% 和 56.6%，其中 2014 年下半年以来分别升值 14.8% 和 14.1%。这与 2007 年以来中国经常账户顺差与

GDP之比回落，共同成为"8·11"汇改之后看空人民币的重要理由。自2020年6月开始，人民币升值已步入第3个年头。起初主要是人民币兑美元双边汇率升值，导致企业出口从接单、生产、发货到收款期间蒙受财务损失。2021年起，逐渐转为人民币双边汇率升幅收窄，但多个口径的人民币多边汇率指数创历史新高，对企业出口造成竞争力冲击。人民币升值与运费、原材料成本、能源资源价格上升，并列为中国外贸面临的"四升"挑战。2021年11月，有关方面首次提示"偏离程度与纠偏力量成正比"。若未来中国经常账户顺差收敛或出口市场份额回落，不排除重新成为市场看空、做空人民币的依据。

　　四是美联储紧缩引发风险资产调整的传染效应。对1990年12月至2022年2月间的月均上证综指、标普500指数和10年期美债收益率取自然对数进行相关性分析显示，10年期美债收益率与标普500指数表现为负相关0.804，标普500指数与上证综指为正相关0.815，均为较强的相关性。这表明，从较长时期来看，全球无风险资产定价之锚——10年期美债收益率越高，美股表现越差，而美股表现差，也会带动A股下行。2021年以来，美联储和IMF已多次预警，货币宽松不及预期，有可能引发全球风险资产价格调整。继2021年3月美债收益率飙升、美股巨震之后，2022年1月，受类似因素影响，美股再度剧烈震荡，A股也跟随调整，同期陆股通累计净买入成交额环比下降81%，同比减少58%。2月，叠加俄乌冲突升级，陆股通累计净买入成交额环比下降76%，同比下降90%，3月更是转为累计净卖出451亿元人民币。鉴于此次美联储退出，既要稳物价，又要稳经济，还要稳金融，政策力度难以拿捏，存在较大的市场沟通难题，故紧缩过程中金融动荡恐难避免。

二、五个差异所在

一是对外金融脆弱性改善。上次中美货币政策分化导致中国出现储备下降、汇率贬值，主要原因是"8·11"汇改之前的人民币汇率长期单边走势，导致民间积累了较为严重的货币错配且忽视了汇率波动的风险管理。结果，人民币汇率意外贬值，触发了市场增加海外资产配置和加快对外债务偿还的集中调整，导致了"资本外流—储备下降—汇率贬值"的恶性循环。但经历了2015年和2016年的集中调整后，民间对外净负债大幅减少，并经受了2019年8月人民币汇率破7和2020年人民币汇率大起大落的市场检验。自此轮人民币升值启动以来，民间对外净负债有所增多，但主要是因为人民币升值带来的对外人民币负债折美元的估值变化。同期，民间对外净负债较2015年6月底减少近万亿美元，与年化名义GDP之比回落将近14个百分点（详见第四章第五节讨论）。这有助于增强基础国际收支较大顺差的"安全垫"功能。此外，自2018年初特别是人民币破7以来，人民币汇率有涨有跌，双向波动，打开了可上可下的弹性空间，市场对汇率波动的适应性和承受力增强。现在不论汇率涨跌，境内外汇市场都能保持平稳运行，较好地发挥了汇率对国际收支平衡和宏观经济稳定的自动稳定器作用。

二是发达经济体货币政策集体转向加大美元走势的不确定性。自2013年中释放量宽退出信号到2017年之前，美联储货币紧缩一直领先其他主要央行，这支持了美元指数走强。直到2017年，主要经济体经济走势和货币政策分化收敛，美元指数才出现较大回调。同年，中国借机在中间价报价机制中引入"逆周期因子"，实现汇改人民币不跌反涨的成功逆袭。这次，迫于全面通胀的压力，除日本央行处于观望之中外,现在以美联储、英格兰银行为代表的主要央行大都改口"通胀暂时论",已经或准备启动加息和缩表进程。即便是犹豫之中的欧洲央行,也在2022年首次议息会议后承认通胀的严重性超乎预期,并罕见地没有表态"今年不太可能加息"。这导致2022年前两个月,在美联储加快货币紧缩、俄乌冲突升级的背景下,ICE美元指数累计仅上涨0.8%(两个月美指均值较2021年12月还跌了0.2%)。同期,人民币汇率随美指涨跌震荡盘整,兑美元汇率中间价累计升值0.8%,CFETS人民币汇率指数上涨1.9%。

三是发达经济体货币政策集体转向加大新兴市场资本外流压力。如前所述,若其他发达经济体也加快货币紧缩步伐,将抑制美指涨势,却会推高发达经济体债券收益率,加速国际资本回流成熟市场。2022年以来,全球负收益债券规模大幅回落。到1月底,全球负利率债券降至4.54万亿美元,远低于2020年和2021年末分别为18.38万亿美元、11.31万亿美元的规模。叠加货币紧缩引发的全球风险资产价格震荡,2021年8月—12月,新兴市场外来组合投资净流入月均155亿美元,较2020年4月—2021年7月均值减少67%。同期,不含中国的新兴市场外来组合投资净流入减少76%,2022年1月更是变为净流出77亿美元,为过去6个月来第3次净流出。中国迄今仍扮演着"避风港"角色,但月均净流入减少58%。2022年1月净流入环比下降28%,同比下降83%。

四是发达经济体宏观政策退坡或将加速中国外需景气的拐点。2014年美联储启动货币政策正常化之前,美国财政刺激早已退出。2022年,发达经济体不仅货币政策转向,财政刺激也将退出。IMF预计,美国、欧元区、日本和英国的赤字率将从2021年的10.8%、7.7%、9.0%和11.9%降至2022年的6.9%、3.4%、3.9%和5.6%。2022年初,

IMF再次警告，美联储加快加息或会扰乱金融市场，收紧全球金融条件。这可能伴随着美国需求与贸易放缓，并加速新兴市场的资本外流和货币贬值。通胀压力较大或经济较为疲弱的新兴市场国家应为潜在的经济动荡做好应对准备。基于前述因素与俄乌冲突造成的冲击，2022年4月，国际货币基金组织、世界银行再次下调了2022年全球经济增长预测值。在最新世界经济展望中，国际货币基金组织指出，俄乌冲突和西方对俄制裁将扰乱劳动力市场和国际贸易，并造成全球金融市场动荡；全球多个经济体加息，导致投资者降低风险偏好、全球金融条件收紧；低收入国家新冠疫苗短缺可能导致新一轮疫情暴发。基于此，国际货币基金组织将2022年全球经济增速预测值从此前的4.4%下调至3.6%。世界经济复苏势头弱化，将减少全球对中国商品的进口需求（见表6-2）。

表6-2 IMF 2022年4月的世界经济展望预测值

项目	2022年		2023年	
	预测值（%）	较2022年1月的偏离（个百分点）	预测值（%）	较2022年1月的偏离（个百分点）
世界经济	3.6	−0.8	3.6	−0.2
发达经济体	3.3	−0.6	2.4	−0.2
新兴市场和发展中国家	3.8	−1.0	4.4	−0.3
全球贸易量（商品和服务）	5.0	−1.0	4.4	−0.5
发达经济体	5.6	−0.7	4.6	0.0
新兴市场和发展中国家	4.0	−1.7	4.2	−1.2

注：发达经济体、新兴市场和发展中国家的贸易量增速预测值为进口增速和出口增速预测值平均数。
资料来源：国际货币基金组织。

五是中国对外风险暴露随着金融开放扩大而增加。1998年亚洲金融危机和2008年全球金融危机时期，中国受到的金融冲击较小，主要是因为当时对外开放程度较低。但近年来，中国加快扩大金融双向开放。到2021年底，民间对外金融资产负债与名义GDP之比，较2008年底上升了18.7个百分点，其中，对外资产和负债占比分别上升11.5个百分点和7.2个百分点。与2008年全球金融危机相比，这次主要央行货币放水是"快进快出"，从而使全球流动性拐点或将来得更早、更猛。虽然从短债/外汇储备之比看，国家整体偿债风险较低，但中国短债平均占比50%多（国际警戒线为低于25%），个别企业短债占比可能更高，面临更大的外汇流动性风险。同时，不少企业以境外机构名义海外筹资，不在中国外债统计口径内。若全球流动性收紧，美元利率汇率上扬、人民币汇率走弱，将推升相关企业海外再筹资的风险溢价，或加大对境内实体代偿债务的依赖。另外，到2021年底，民间对外金融资产达5.90万亿美元，其中既有直接投资也有间接投资，既有成熟市场也有新兴市场资产。若全球金融动荡或脆弱新兴市场发生"缩减恐慌"，将危及中国在当地的资产（包括债权）安全。

三、四种影响情景（或四个阶段）

情景一：人民币汇率继续走强但涨幅放缓。这是美联储货币紧缩启动之初或货币紧缩力度不足的情形，也就是美联储缩减购债时的情形。2022年1月，受美债收益率飙升影响，境外净增持境内人民币债券减少、陆股通项下北上资金净流入下降，债券通和陆股通北上资金合计净流入环比下降48%，同比下降68%。银行即远期（含期权）结售汇顺差149亿美元，环比和同比均下降66%。当月，3个月环比的人民币汇率中间价月均值仅上涨0.95%，较2021年12月涨幅回落了0.46个百分点（2月环比涨幅进一步回落0.19个百分点）；人民币实际有效汇率指数较 2021 年 12 月回落 0.7%。可见,无论从数量还是价格来看,人民币升值动能均有所减弱。若未来发生市场供求变化(如外资流入减少、贸易顺差下降)或国际金融市场变化(美元升值),将进一步减轻人民币升值压力。

情景二:人民币汇率出现有涨有跌的双向波动。如果未来发达经济体发生更大力度的货币紧缩,有可能加剧本地金融震荡、减缓经济复苏,引发中国出现阶段性资本外流、贸易顺差减少,由此导致人民币汇率出现回调。这有助于真正实现双向波动,增加汇率弹性,促进预期分化和供求平衡。鉴于美联储市场沟通难题和财政货币刺激双退坡,发生这种情形的概率应该不低。

情景三:人民币汇率重新转弱且持续承压。2022 年 2 月,美联储前副主席艾伦·布兰德(Alan Blinder)在普林斯顿大学讲座上总结了 1960 年以来的美联储"软着陆"成功次数,11 次加息周期引发 8 次经济衰退(如果不算疫情原因只有 7 次),成绩非常不理想[1]。与 2008 年危机时相比,中国已更加融入经济金融一体化。若未来发达经济体货币超预期紧缩,引发本地金融危机和经济衰退,不排除中国经济加速下行、贸易顺差扩大,但衰退型顺差扩大可能恶化市场预期,加剧资本外流和汇率贬值压力。

情景四:人民币汇率进一步加快升值。如果发达经济体货币紧缩力度不足,市场流动性继续宽松,市场风险偏好较强,中国外需景气延长;又或者是发达经济体超预期紧缩,引发本地经济及金融危机后,迅速转向再宽松,中国有可能扮演"避风港"角色,吸引更多外资,人民币汇率加速升值。这类似于 2009—2013 年的情形。当然,

---

[1] Alan Blinder, 2022. Landings Hard and Soft:The Fed, 1965—2020 [Z/OL]. February 11. https://bcf.princeton.edu/wp-content/uploads/2022/01/Combined-Slides.pdf.

这取决于中国能否在全球金融危机、经济衰退的情形下，用好正常的财政货币政策空间，保持经济发展在全球的领先地位。否则，衰退型贸易顺差扩大伴随着低水平的经济对内均衡（负产出缺口），人民币汇率遭遇的可能是第三种情景。

四、六大对策建议

一是保持经济运行在合理区间。经济强则货币强。只要中国能够充分利用疫情防控有效、政策空间较大的优势，做好自己的事情，保持和巩固经济稳中向好、稳中加固的发展势头，外部冲击只会是临时性的，跨境资本流动和人民币汇率波动终将回归经济基本面。尤其是在百年变局加速演进的背景下，维持较快的经济增长速度，有助于进一步展现统筹疫情防控和经济社会发展工作的战略成果，支持中国在地缘政治博弈中占据主动。

二是用好正常的宏观政策空间。财政货币政策处于正常状态，是资产而非负债，这是中国经济韧性的表现，为夯实疫情后经济恢复的基础提供了更大的回旋余地。中国应该在加强国内外形势研判的基础上，坚持以我为主，当出手时就出手，加强政策协同，强化政策效果。中国货币政策的"窗口期"并非美联储加息之前，而是中国通胀压力起来之前。同时，为实现经济高质量发展，还要保持推进结构调整和改革的定力，但具体实施时要更加精细化、专业化，防止引发次生风险。

三是稳慎推进金融双向对外开放。中国对外开放正步入金融开放的深水区。当前内外部环境更趋复杂多变，全球流动性过剩，国际资本大进大出。因此，要统筹发展和安全，坚持协调配套、整体推进，要低调务实、少说多做。要推动制度型开放，提高政策透明度和可预期性，吸引中长期资本流动。要借鉴国际惯例,结合中国国情,完善宏微观审慎管理,加强国际收支统计监测,提高开放条件下风险防控和应对能力。

四是继续增加人民币汇率灵活性。实践表明,人民币汇率双向波动、弹性增加,有助于吸收内外部冲击,及时释放市场压力,避免单边预期积累。当然,任何选择都各有利弊,汇率政策其实是利弊权衡的取舍。建议采取"继续增加汇率弹性+有序金融双向开放"的外汇政策组合,多管齐下以降低对单一工具的过度依赖,提高政策的有效性。同时,这些政策工具都是既有目标、也有代价的,关键是要排出政策目标的优先次序,并加强对政策效果的事后动态评估。此外,在兼顾市场透明度和政策公信力的基础上,积极引导和管理预期,防范化解汇率偏离经济基本面的超调风险。

五是引导境内机构防化涉外风险。中国无惧美联储货币政策调整,不等于跨境资本流动和人民币汇率不会出现波动。中国整体无对外偿债风险,不等于个体不会出现对外偿债困难。要继续加强市场教育,引导国内企业强化风险中性意识、建立严格的财务纪律,立足主业,加强汇率敞口管理。要引导境内机构加强对外投融资管理,既要保障境外资产安全,也要防范对外融资风险。

六是做好溢出影响的应对预案。如前所述,美联储紧缩对中国的溢出效应存在不同的情景,也不全是坏事情。中国已经平稳度过了的第一种场景或者说第一个阶段(美联储缩减购债)。但随着美联储紧缩步伐加快,甚至是超预期的加息和缩表,对中国经济和金融的溢出影响加大,我们需加强对其边际变化的监测分析和研判[①]。同时,预案

---

① 2022年3月中旬以来,随着美国通胀上行和紧缩预期加强,美元指数走高,叠加国内疫情多点散发、俄乌冲突风险外溢等影响,触发了人民币汇率的快速回调、市场纠偏。美联储紧缩对中国的溢出影响正式进入了第二种场景或者说第二个阶段。

比预测更重要。因此要在做好情景分析、压力测试的基础上，拟定应对预案，提高政策响应能力，因势利导，趋利避害。

第三节　2022 年 2 月人民币汇率升值的新逻辑

2022 年 2 月 24 日俄乌冲突全面爆发后，全球避险情绪上升，美元、美债和金价大涨。同期，人民币汇率又走出了一波"美元强、人民币更强"的独立行情。当月，境内外汇供求关系却发生反转，人民币汇率升值动能进一步减弱。

一、人民币延续强势但境内外汇供求关系反转

2022 年 2 月 28 日，ICE 美元指数较 2 月 23 日（俄乌冲突爆发前夕）上涨 0.52%，境内人民币兑美元汇率中间价和下午 4 点半收盘价分别上涨 0.14% 和 0.11%。其间，人民币汇率还刷新了 2018 年 4 月底以来的新高。全月，中间价和收盘价均值环比各上涨 0.2%。由此，人民币被贴上"避险货币"的标签。

贸易盈余、结售汇顺差驱动人民币升值，这是理解此前人民币强势的一般市场逻辑。然而，2 月外汇收支数据却颠覆了这种认知。

2 月，海关统计的进出口顺差 306 亿美元，已连续 24 个月顺差。当月，银行即远期（含期权）结售汇（以下简称银行结售汇）却合计逆差 65 亿美元，环比减少 214 亿美元。其中，银行即期结售汇顺差 42 亿美元，环比下降 236 亿美元；银行代客外汇衍生品交易在即期市

场平盘净买入外汇 107 亿美元。上次银行结售汇逆差为 2021 年 8 月的 16 亿美元。

2022 年初，我们曾撰文指出，贸易顺差能否支持人民币继续升值取决于三点：一是贸易顺差本身的规模，二是贸易顺差转化为结售汇顺差的能力，三是贸易结售汇顺差被其他渠道的结售汇顺差对冲的程度。2 月数据显示，这三个方面的情况均有了新变化①。

二、当月海关贸易顺差和银行贸易结售汇顺差均大幅收窄

首先，由于出口降速快于进口，海关贸易顺差环比大幅收窄。2 月，以美元计值的出口环比下降 34%，进口下降 23%，进出口顺差减少 64%，较 2021 年月均顺差规模也少了 46%。

同期，海关可比口径的银行代客货物贸易涉外收入环比下降 25%，涉外支出下降 21%；银行代客货物贸易涉外收付顺差 276 亿美元，下降 45%，与海关贸易顺差的背离仅为负缺口 30 亿美元，环比下降 91%。

但是，贸易顺差规模本身决定了货物贸易结售汇顺差的格局，因为后者不可能背离实体经济太远。当月，银行代客货物贸易结汇环比下降 35%，售汇下降 23%，结售汇顺差下降 78%。

其次，银行代客货物贸易结售汇顺差大幅减少，驱动银行结售汇顺差下降。2 月，银行代客结售汇顺差 26 亿美元，环比下降 327 亿美元，贡献了银行结售汇顺差总降幅的 153%。其中，银行代客货物贸易结售汇顺差 85 亿美元，环比下降 299 亿美元，贡献了银行结售

---

① 管涛. 2022 贸易顺差能支撑人民币汇率"三连涨"吗？［N］.第一财经日报，2022-02-05 . https://www.yicai.com/news/101307954.html.

汇顺差总降幅的 140%；银行代客证券投资结售汇由顺差转为逆差 27 亿美元，环比下降 47 亿美元，贡献了银行结售汇顺差总降幅的 22%。

2 月，银行代客货物贸易结售汇顺差仅相当于海关贸易顺差的 28%，远低于 2021 年平均 50% 的水平。这主要是因为企业贸易结汇率下降、购汇率上升。当月，银行代客货物贸易出口结汇率（货物贸易结汇额/海关出口额）为 53.2%，较 2021 年均值回落 1.5 个百分点；进口购汇率（货物贸易售汇额/海关进口额）57.3%，较 2021 年均值上升 1.4 个百分点。同期，金融机构境内外汇存款新增 231 亿美元，其中境内非金融企业新增境内外汇存款 219 亿美元。

银行代客证券投资结售汇由顺差转为逆差，主要反映了债券通项下境外净减持人民币债券的影响。2 月，境外净减持人民币债券合计 803 亿元（其中净减持人民币国债 354 亿元），为债券通业务启动以来最大单月净减持规模。这既反映了当月 10 年期中美国债收益率差进一步收窄的影响，也反映了地缘政治风险外溢的冲击。

俄乌冲突对陆股通项下外资流动也有负面影响，但尚未逆转净买入的发展态势。2 月，陆股通项下累计净买入 40 亿元，其中 2 月 24 日—28 日 3 个交易日仅有 1 天为净卖出，合计净买入 51 亿元。外资减持人民币股票主要发生在 3 月，到 3 月 15 日，陆股通项下累计净卖出 645 亿元。3 月 16 日国务院金融委会议后，市场信心回暖，外资重新回流。截至 3 月 31 日，陆股通项下累计净买入 194 亿元。

2 月，银行代客证券投资结售汇逆差，主要是因为结汇环比下降 55 亿美元，购汇不升反降 9 亿美元。但是，同期银行代客人民币涉外收付逆差 252 亿美元，反映债券通、股票通项下的外资流出有可能在离岸市场购汇。这导致银行代客外币涉外收付顺差环比下降 37%，也间接减少了境内外汇供给。当月，银行代客即远期（含期权）结售逆差 81 亿美元，与银行代客涉外收付顺差的背离为负缺口 269 亿美元，较 1 月扩大了 2.71 倍。

三、其他渠道的结售汇逆差对冲了贸易结售汇顺差

2 月银行结售汇逆差的主要原因是，未到期远期净结汇和外汇期权德尔塔净敞口分别下降了 93 亿美元和 14 亿美元。这导致银行为对冲代客外汇衍生品交易的风险敞口，提前在即期外汇市场净买入 107 亿美元外汇，超过了当期银行代客货物贸易结售汇顺差 85 亿美元的规模。

虽然外汇衍生品交易对即期结售汇顺差仍为负贡献，但未出现市场恐慌。当月，银行代客远期结汇和售汇签约额分别环比下降 7% 和 26%，远期签约由 1 月净购汇 31 亿美元转为净结汇 45 亿美元。剔除远期履约因素后，当期远期结汇签约额相当于银行代客结汇的 29.3%，远期售汇签约额相当于银行代客售汇的 23.1%，环比分别上升 10.5 个百分点和下降 0.7 个百分点。受此影响，当期银行代客外汇衍生品交易提前净买入外汇较 1 月减少 22 亿美元。

需要指出的是，将 2 月的人民币强势归结为企业结汇意愿较强，缺乏数据支持。为更好反映市场主体当期的结售汇动机，剔除远期履约后，当月，银行代客收汇结汇率为 43.3%，环比回落 12.6 个百分点，为 2017 年初以来最低；代客付汇购汇率为 51.2%，环比回落 1.1 个百分点，保持了基本稳定。

此外，银行结售汇只有月度数据，没有日度数据，故高频分析主要看境内银行间市场即期询价交易。由后者看，俄乌冲突或是诱发外汇供求形势反转的重要拐点。2 月 24 日—28 日，即期询价交易的日

均外汇成交量378亿美元，较2月7日—23日日均成交量增长22%。只是，大家（包括我们在内）出于惯性思维，以为人民币升值必然伴随外汇供大于求，进而认为外汇市场成交放量，有可能意味着银行结售汇顺差进一步扩大。事实证明，这是误判。而且，日度数据只反映即期结售汇，不能反映外汇衍生品交易的情况。要谨慎使用该数据分析的结果，切记。

四、主要结论

由于外汇市场存在多重均衡，在给定海关贸易顺差的情况下，境内外汇既可能供大于求也可能供不应求，人民币汇率既可能升值也可能贬值。2月的境内汇市表现并非异常，不值得大惊小怪。

由于前期人民币强势缺乏市场供求的支持，3月回调，到15日抹去年内所有涨幅，也在情理之中。这波调整主要是离岸市场驱动，因外资大举减持人民币股票后需在离岸市场购汇，导致3月11日—15日，境外相对境内人民币汇率持续偏弱，日均差价近两分钱。境外将这波调整归咎为汇率中间价有意低报，如同前期炒作避险货币概念，却偷偷减持人民币债券一样，是在转移视线。

这波人民币汇率双向波动的行情提醒我们，当货币宽松不如预期、疫情防控不如预期、经济复苏不如预期，以及地缘政治冲突超乎预期，都可能引起跨境资本流动和人民币汇率走势波动。所以，要力戒线性单边思维。

不确定性是最大的确定性。在此背景下，预案比预测更重要。如果市场主体对各种情形尤其是坏的情形均有所准备，就可以增加在"世纪疫情冲击＋百年变局演进"下的胜算。

第四节　俄乌冲突下人民币非典型的避险货币特征

当地时间2022年2月24日凌晨，俄罗斯正式宣布俄军在乌克兰东部地区的军事行动，俄乌冲突全面爆发。受此影响，全球避险情绪上升，美元、美债和金价大涨。同期，人民币汇率依然保持坚挺，初步体现了避险货币特征，但人民币还不是典型的避险资产。

一、乌克兰危机下全球资金逃向安全资产

到3月11日，反映市场恐慌情绪的标普500波动率指数（VIX）最高升至36.45，较2月23日（俄乌冲突爆发前夕）增长18%；2月24日—3月11日（俄乌冲突爆发以来），VIX均值为31.63，较2月1日—2月23日均值涨了26%。这显示地缘政治冲突升级压抑了市场风险偏好，全球资本逃向安全资产。

一是美元指数出现趋势性上涨。2021年，受美国在发达经济体中经济率先复苏，通胀上行、货币紧缩预期影响，ICE美元指数止跌反弹，全年上涨6.7%。但2022年以来，在其他发达经济体逐步复苏，其他主要央行尤其是欧洲央行也开始酝酿加快货币退出步伐的情况下，美指涨势放缓。1月，美指均值95.94，环比回落0.3%；2月（截至23日），美指均值95.87，环比回落0.1%。乌克兰危机爆发，扭转了震荡行情。到3月11日，美指最高收在99.26，较2月23日升值3.2%；2

月24日—3月11日，美指均值为97.94，较2月1日—2月23日均值上涨2.2%。

二是10年期美债收益率急跌。2022年以来，受通胀加速上行、美联储加快紧缩的影响，全球无风险资产定价之锚——10年期美债收益率再度飙升。到2月23日，美债收益率一度升破2%，收在1.99%，较2021年底累计上涨47BP。其中，实际收益率负值收敛贡献了50BP，预期通胀率收敛贡献了3BP。然而，俄乌冲突发生后，美债收益率急速下行。到3月11日，10年期美债收益率最多较2月23日回落27BP；2月24日—3月11日，10年期美债收益率均值为1.88%，较2月1日—2月23日均值回落12BP。

三是黄金价格飙升。新冠肺炎疫情大流行以来，金价在2020年8月一度升破2 000美元/盎司，此后震荡下行，在1 700—1 800美元/盎司反复震荡。2022年，受俄乌冲突影响，"乱世买黄金"的想法推动金价升破1 900美元/盎司。到3月11日，伦敦现货黄金价一度升破2 000美元/盎司，最多较2月23日涨了7.1%；2月24日—3月11日，金价均值为1 953美元/盎司，较2月1日—2月23日均值上涨5.8%。与此同时，10年前美债实际收益率负值重新走阔，2月24日—3月11日，实际收益率负值的均值较2月1日—2月23日均值回升35BP，预期通胀率均值回升29BP。黄金还扮演了抗通胀资产的角色。

二、俄乌冲突初期人民币双边与多边汇率走得比较强

历史上，不论是国际经济风险还是地缘政治风险发生，人民币汇率通常会走弱。典型案例就是2011—2012年欧美主权债务危机冲击。

2011年前三季度，人民币汇率继续升值，外汇储备增加。但7月、8月美债上限谈判陷入僵局，美债信用降级；9月欧洲主权债务危机进一步蔓延，引爆欧美主权债务危机。当时，很多人都以为会是中国"风景这边独好"，外资会进一步流入，人民币会更快升值。但我们带领的研究团队早在9月就分析指出，传统上人民币是风险资产而非避险资产，发生外部冲击时，大概率会出现资本外流、汇率贬值。事实上，我们猜到了这次故事的"开头"①。

2011年第四季度，人民币汇率陡然由强转弱，离岸购售人民币额度首次告罄，12月前两周境内银行间市场连续跌停（当时涨跌幅区间为0.5%，2012年4月汇改才扩大浮动区间至1%）。2011年第四季度至2012年第三季度，中国国际收支由"双顺差"转为经常账户顺差、资本账户逆差，剔除估值影响的外汇储备资产增长放缓，甚至于2012年第二季度还呈现阶段性下降。2011年第四季度至2012年第四季度，季均外汇储备资产增加220亿美元，较2010年第一季度至2011年第三季度锐减82%。

2020年初的情形也是如此。当3月疫情大流行、美股10天4次熔断时，全球避险情绪骤升，VIX指数一度升破80，美指涨破102。虽然3月底中国内地已基本阻断了本土疫情传播，但人民币汇率仍跌至7.10比1附近。

在俄乌冲突中，人民币表现却大相径庭。首先，从双边汇率看，人民币兑美元的时点汇率虽上下波动，但冲突爆发以来的人民币汇率均值仍较冲突前偏强。其次，从多边汇率看，不论是时点汇率指数还是期间均值，冲突爆发以来的水平均强于冲突之前。最后，与瑞士法

---

① 管涛.汇率的本质[M].北京：中信出版社，2016：255-264，278-289.

郎和日元相比，人民币的避险特征比这两种传统避险货币表现得更为突出（见表6-3）。

表6-3 俄乌冲突前后传统避险货币及境内人民币汇率走势（单位：%）

项目	中间价：美元兑人民币	收盘价：美元兑人民币	万得人民币汇率预估指数	ICE美元指数（1973年3月=100）	美元兑日元	美元兑瑞郎
2022年3月11日较2月23日变动	0.01	-0.08	2.97	3.04	-1.94	-1.79
2022年2月24日至3月11日均值较2月1日至2月23日均值变动	0.45	0.46	2.28	2.16	-0.34	-0.18

注：（1）双边汇率为直接标价法，负值代表本币兑美元升值，正值代表贬值；（2）多边汇率为间接标价法，正值代表本币汇率指数升值，负值代表贬值。
资料来源：中国外汇交易中心，美联储，万得。

三、人民币仍然不是普遍意义上的避险货币

作为传统的避险货币，美元源于其避险资产的属性。在风险事件爆发的情形下，通常表现为美元指数涨、美债收益率跌。2020年初是个例外。当时遭遇了百年一遇的全球公共卫生危机，美指大涨，但美债和金价大跌，市场主体纷纷抛售一切可变现资产，逃向美元流动性。这次却又是一个"债汇双升"的老套故事。俄乌冲突升级以来，尽管美联储释放不计一切代价稳物价、对更大幅度加息持开放态度的信号，10年期美债收益率最多仍较2月23日回调了27个基点。正因为全球大量避险资金逃向美债这种安全资产，导致在美联储加快缩减购债情况下，推低了美债收益率。据美联储统计，2月24日至3月9日，美联储净增持美债116亿美元，仅相当于同期美债新增额的12.7%，占比较1月6日—2月23日低了4.8个百分点。

这次人民币作为避险货币却不具备类似的特征。2022年1月,由于日均10年期中美国债收益率差99个基点,环比回落38个基点,中央结算公司统计的境外净增持境内人民币债券环比下降36%,同比下降71%。2月,日均中美国债收益率差84个基点,跌至所谓舒适区的下限附近,环比进一步收窄15个基点。同期,境外净减持境内人民币债券803亿元(其中净减持人民币国债354亿元),均创下债券通业务启动以来新高。

之所以如此,可能在于避险资金主要来自欧洲地区。对有相关地缘政治风险的经济体或市场主体来讲,人民币成了其避险货币,形成了这波美元强、人民币更强的行情。不排除他们用外币兑换人民币以后买入了人民币债券,但不抵其他因利差或避险因素出逃的外资规模[①]。到3月11日,10年期中债收益率最大较2月23日回升6个基点;2月24日—3月11日,10年期中债收益率均值为2.81%,较2月4日—23日均值高出3个基点。

鉴于人民币仅是全球第八大交易货币,而人民币债券市场是全球第二大市场,这部分资金在汇市、债市的表现不尽相同也在情理之中。这或将考验此轮避险情绪驱动的人民币强势行情的可持续性。实际上,2月28日起,离岸人民币汇率(CNH)相对在岸人民币汇率(CNY)重新转向持续偏弱(偏贬值)方向。

综上,人民币已初步具备避险货币特征,但最多只能算是区域性避险货币,而非普遍意义的避险资产。讨论人民币资产的风险属性,不能一概而论,而应考虑到具体的外部风险来源是什么,是谁在避险。

---

① 事后公布的债券通数据显示,2022年2月,外资净减持人民币债券资产804亿元,其中净减持人民币国债354亿元。

第五节　央行为何"爽约"2022年3月降息

2022年2月货币信贷和社融数据疲软，3月国内资本市场震荡加剧，引发了市场对央行降息的憧憬。然而，3月15日，MLF和7天逆回购利率未做调整；3月21日，LPR利率也未下调。市场的降息预期落空。以下，本节拟对央行3月利率按兵不动的原因加以分析。

一、人民币汇率并非央行降息的掣肘

2022年2月24日俄乌冲突这一"黑天鹅"事件发生后，中国也遭遇了境外减持人民币债券和股票，但人民币汇率依然保持坚挺。

2月，日均10年期中美国债收益率差为84个基点，环比回落15个基点，接近80—100个基点所谓舒适区的下限。同期，境外净减持境内人民币债券803亿元，其中净减持人民币国债354亿元，二者均为史上单月净减持最多。中外利差收敛仅能部分解释境外减持人民币债券的行为。如1月日均10年期中美国债收益率差收窄38个基点，境外仍净增持人民币债券662亿元，尽管其环比和同比分别减少了5%和70%。市场对于俄乌冲突引发的地缘政治风险外溢，应是主要诱因。

2月，陆股通项下，外资累计净买入40亿元，其中2月24日—28日累计净买入51亿元。进入3月以后，随着俄乌冲突引发的地缘政治风险进一步外溢，加之中概股被进一步针对，中概股、港股大幅

下跌，引发外资加快抛售 A 股。到 3 月 15 日，3 月陆股通项下累计净卖出 645 亿元，其中 11 日—15 日累计净卖出 355 亿元。

在美联储紧缩、俄乌冲突爆发的背景下，人民币汇率走势依然向好发展。到 3 月 10 日，ICE 美元指数较 2 月 23 日上涨 2.4%，境内人民币汇率中间价和下午 4 点半收盘价分别上涨 0.3% 和下跌 0.1%，万得人民币汇率预估指数上涨 3.2%。其间，人民币汇率还刷新了 2018 年 4 月底以来的新高。人民币一度被称为"避险货币"。

只是当地时间 3 月 10 日，美方宣布将 5 家中概股公司纳入"预退市名单"以后，因为境外大幅减持人民币股票后在离岸市场购汇，推动 CNH 相对 CNY 持续偏弱。3 月 11 日—15 日，日均境内外汇差扩大至约两分钱。这带动 CNY 走低，到 3 月 15 日，人民币汇率中间价和收盘价均抹去 2022 年以来的所有涨幅。即便如此，人民币兑美元双边汇率较 2021 年下半年以来的全面降准降息前夕总体保持了基本稳定，人民币多边汇率走势则依然偏强。

2 月，银行即远期（含期权）结售汇逆差 65 亿美元，为 2021 年 8 月以来再度逆差，但不改境内外汇供求基本平衡、外汇市场平稳运行的总态势。甚至可以说，人民币汇率的双向波动正是各方所乐见的，有助于避免汇率超调、吸收内外部冲击。这也是利率政策负责对内平衡、汇率政策负责对外平衡、货币政策坚持"以我为主"的底气所在。

二、降息恐非提振资本市场的良药

进入 2022 年 3 月，国内资本市场遭遇了外资减持，股指下跌较多，市场信心受挫（见表 6-4）。然而，我们以为，当时用降息救市的效果存疑。

2015年6月底,当2014年下半年起一路高歌猛进的A股刚开始调整,就出台了下调存贷款基准利率的大招,却未能阻止之后股市异动。因为当时的主要矛盾是,场外配资加杠杆滋生了估值泡沫,降息难以阻止丰厚的获利盘逢高离场。这导致多头踩踏,多股跌停,酿成了预期自我强化、自我实现的股市"流动性螺旋"[①]。

表6-4 2022年1—3月境内部分金融市场表现

时间	汇率中间价变动(%)	汇率收盘价变动(%)	即期询价日均外汇成交量(亿美元)	CNY相对CNH日均偏离(BP)	沪深300变动(%)	陆股通日均净买入(亿元人民币)	日均A股成交额:陆股通占比(%)	日均10年期中债收益率(%)
2022年1月1日—3月10日	1.0	0.8	312	41	−13.1	−2	10.7	2.77
2022年3月11日—15日	−1.0	−0.9	331	198	−7.2	−118	11.1	2.83
2022年3月16日—18日	0.5	0.2	322	128	7.1	46	12.3	2.79

资料来源:中国外汇交易中心,中债登,上交所,深交所,ICAP,万得。

此轮A股调整并非市场流动性不足,而是包括但不限于以下原因:一是美联储紧缩叠加俄乌冲突升级,导致市场风险偏好下降,外围市场巨震,引发传染效应;二是俄乌冲突爆发后,美国联合西方抹黑中国,威胁对中国进行制裁,并进一步收紧中概股监管政策,刺激外资减持人民币资产;三是节后内地疫情多点散发,防疫政策收紧,引发市场对稳增长的担忧,而忽视了前两个月经济数据回暖的超预期表现。

上述问题都不是靠央行降息就可以有针对性地加以解决的,恰恰是3月16日国务院金融稳定发展委员会召开专题会议,及时回应了

---

① 管涛,邓海清.泡沫的终结:透视中国股市异动[M].北京:中信出版集团,2016.

宏观经济稳增长、房地产企业调控、平台经济治理、中概股跨境审计以及香港金融市场稳定等市场关切的热点问题。会议还特别强调，积极出台对市场有利的政策，慎重出台收缩性政策，对市场关注的热点问题要及时回应。凡是对资本市场产生重大影响的政策，应事先与金融管理部门协调，以保持政策预期的稳定和一致性。

之后，"一行两会一局"立即开会贯彻落实会议精神，推出具体工作部署。这改善了各界对资本市场前景的预期，提振了境内外投资者的信心。3月16日—18日，内地股市止跌回升，外资重新回流，陆股通项下累计净买入137亿元，且陆股通日均成交额占A股成交额之比较前3个交易日均值高出1.2个百分点（见表6-4）。同期，香港恒生指数也在3月11日—15日连跌11.8%之后，累计反弹了16.3%。

预计，即使央行降准降息，也未必能够取得如此效果。

三、货币政策要"好钢用在刀刃上"

新冠肺炎疫情暴发以来，中国疫情防控工作成效显著，率先复工复产，财政货币政策均保持了克制，中国成为少数货币政策处于正常状态的主要经济体，同时保持了国内物价基本稳定。故2021年下半年以来，在包括美联储在内的大多数主要央行被迫推翻"通胀暂时论"，并加快货币紧缩步伐之际，中国央行根据稳增长的要求，将跨周期与逆周期调节有机结合，综合运用价格和数量手段、总量和结构工具，加大稳健货币政策的实施力度，保持市场流动性合理充裕，以此为实体经济提供更有力的支持。到2022年3月底，中国央行在继续使用各种结构性货币政策工具的同时，已历经两次全面降准、一次全面降息。

这些政策措施的积极效果正在逐步释放。到2022年2月底，M2

同比增长 9.2%，较 2021 年月平均增速高出 0.5 个百分点。其中，受益于存款准备金率下调，货币乘数由 6.95 升至 7.43 倍，同比增长 6.8%，贡献了 M2 同比增速的 75%；受益于央行资产负债表扩张，基础货币余额同比增长 2.2%，贡献了 M2 同比增速的 25%。

2022 年 1 月，社融和货币信贷数据实现"开门红"。但 2 月，社融存量和 M2 分别同比增长 10.2% 和 9.2%，增速分别环比回落 0.3 和 0.6 个百分点。相对应地，同期新增社融和人民币贷款规模分别同比少增 5 343 亿元和 1 300 亿元。最新社融和货币信贷数据重新走弱，引发了市场对央行再度降准降息的预期。不过，当月社融和货币信贷数据不及预期，并非源于"紧货币"。

首先，从新增社融看，2 月新增人民币贷款和未贴现银行承兑汇票分别同比少增 4 329 亿元和 4 867 亿元，二者分别贡献了新增社融同比少增的 81% 和 91%。当期，企业债券融资和政府债券余额分别多增 2 021 亿元和 1 705 亿元。

其次，从新增人民币贷款看，2 月主要是中长期人民币贷款同比少增 1.05 万亿元。中长期贷款少增中，居民户同比少增 4 790 亿元，为连续第二个月同比少增，当月新增贷款甚至为负值；企事业单位同比少增 5 498 亿元。前者反映了调控政策下房地产销售下滑的影响，后者反映了企业有效贷款需求的不足。3 月 21 日国常会提出，要开展政策取向一致性评估，防止和纠正出台不利于市场预期的政策，正是直击市场痛点。

最后，央行货币政策传导还取决于财政货币政策的协调。从央行资产负债表看，2022 年前两个月累计扩张 1.05 万亿元，较 2021 年多增 1.51 万亿元。从资产端看，央行主要是通过总量和结构工具，对银行债权增加 8 993 亿元，同比多增 1.80 万亿元。不过，央行"扩表"

并不等于货币宽松，关键取决于负债端变化。从负债端看，政府存款增加 1.17 万亿元，同比多增 8 004 亿元；基础货币投放减少 839 亿元，同比少减 8 033 亿元。这表明虽然 1.46 万亿元地方政府专项债提前下拨，2022 年前两个月政府债券余额多增 5 294 亿元，但政府各项收入增长仍高于支出，政府在央行的存款进一步增加。好在央行"扩表"规模足够大，新增政府存款回笼的市场流动性仍未能阻止基础货币同比减少。

此外，央行多次强调，观察市场流动性重价不重量，关键要看市场利率走势。从 DR007 看，2022 年总体围绕 7 天逆回购利率上下波动。3 月，日均 DR007 为 2.09%，低于 7 天逆回购利率 2.10%，且环比基本持平。这也表明银行体系的流动性并不太紧张。

年初政府工作报告强调，宏观政策适应跨周期调节需要，在保持对经济恢复必要支持力度的同时，要为今年应对困难挑战预留政策空间①。故 3 月召开的国务院常务会议和国务院金融稳定发展委员会对货币政策的要求都是，新增贷款要保持适度增长，而没有直接提降准降息。况且，疫情持续发展演变对各行各业、各地区、各部门造成的冲击是非对称的，有时候结构性工具比总量工具更能够精准发力，收获少花钱多办事的效果。

---

① 中国政府网. 政府工作报告 [R/OL]. (2022-03-12). http://www.gov.cn/premier/2022-03/12/content_5678750.htm.

第七章

开放的双循环

　　加快构建以国内大循环为主体、国内国际双循环相互促进的新发展格局被写入了"十四五"规划。规划所强调的新发展格局，绝不是封闭的国内循环，而是开放的国内国际双循环，同时越是扩大开放广度和深度，越要强调安全性。

第一节　中国金融双向开放的机遇与挑战

一、"十三五"时期金融双向开放的新进展

"宽进严出"（即鼓励流入、限制流出）是中国渐进式金融开放的一个重要特色。进入21世纪以来，中国加速调整资本流动管理框架，逐步转向双向开放、均衡管理，在"十三五"时期进一步结出了硕果。

第一，跨境双向直接投资逐步放开。长期以来，中国积极致力于推动贸易和投资自由化、便利化，不断改善外商投资环境。2014年以来，中国在自由贸易试验区试行外商投资准入前国民待遇与负面清单管理。之后，颁布实施《中华人民共和国外商投资法》及其《实施条例》，以立法形式确立了前述原则，加速与国际最高经贸规则接轨。这帮助中国抵御了经贸摩擦的"逆风"。"十三五"期间，中国利用外商直接投资流量占全球比重逐年上升：2019年占到全球的9.5%，较2015年上升了2.8个百分点；2020年跳升至19.0%，超过美国，跃

居世界首位。进入21世纪以来，为更好地利用两个市场、两种资源，中国逐步放宽境外投资管理，支持有条件的企业"走出去"。2014年起，对企业境外投资管理方式由事前核准改为区分不同情形分别实施备案和核准。2017年底，国家发改委发布《企业境外投资管理办法》，再次确认对敏感类项目（包括涉及敏感国家和地区及敏感行业的项目）实施事前核准，非敏感类项目实施事后备案，并从2018年起发布《境外投资敏感行业目录》。到2020年末，中国对外直接投资存量位列世界第三位，当年对外直接投资流量占全球比重达20.2%，首次位居全球第一。

第二，双向合格机构投资者制度有序推进。自21世纪初，我国借鉴国际经验，以管道式开放的模式，按照先流入后流出的顺序，逐步放开跨境证券投资限制，并在"十三五"时期进一步加快了本行业开放步伐。我国于2002年试行合格境外机构投资者（QFII）制度，2011年试点范围扩大到人民币合格境外机构投资者（RQFII）。QFII和RQFII均实行额度审批管理，尽管额度逐步提高，但也经常受到国内股市、汇市行情影响。2020年合并QFII和RQFII管理，并取消额度审批，简化汇兑管理。2004年试行合格境内机构投资者（QDII）制度，实行额度审批管理。该额度的发放经常受外汇形势影响，最近一次重新"开闸"是2020年9月。到2021年6月末，QFII、RQFII投资额度分别为1 623亿美元和7 230亿元人民币；到2021年底，QDII投资额度为1 575亿美元。此外，2011年1月起启动合格境外有限合伙人（QFLP）试点，主要针对股权投资，包括一、二级市场。QFII主要针对证券投资，仅限于二级市场。到2021年7月底，QFII试点政策已批准北京、上海、天津等15个地区落地。2012年上海启动合格境内有限合伙人（QDLP）试点，到2021年4月底试点已扩大到北京、广东、天津、海南等近10个省市。2014年深圳启动合格境内投资企业（QDIE）试点。QDLP是QDII面向境内募集资金并投资于海外的投资管理机构，QDIE是合格境内机构投资者面向境内募集资金并投资于海外的投资管理机构。QDLP和QDIE可投资一、二级市场，QDII只能投资二级市场。同时，QFLP、QDLP和QDIE均实行额度管理。

第三，股票通双向开放进展顺利。2014年11月17日开通"沪港通"业务，2016年12月5日启动"深港通"业务并取消年度总额管理，2019年6月17日"沪伦通"在英国伦敦正式启动。到2021年底，"陆股通"项下累计买入净成交额1.63万亿元人民币，港股通项下累计买入净成交额1.88万亿元人民币；境外投资者持有境内人民币股票市值3.94万亿元人民币，相当于境内股票流通市值的5.2%，较2015年底上升了3.8个百分点。此外，2015年7月1日正式开通内地与香港两地基金互认业务。到2021年底，内地基金香港发行销售资金累计净汇入9.5亿元人民币，香港基金内地发行销售资金累计净汇入163.9亿元人民币。

第四，债券市场双向开放进一步深化。2017年7月3日债券通"北向通"业务正式开通，是对QFII、RQFII和直接投资银行间债券市场（CIBM Direct）机制的有益补充。到2021年底，境外投资者持有境内人民币债券4.09万亿元人民币，相当于境内人民币债券托管量的4.7%，较2015年底上升了2.5个百分点。2021年9月底债券通"南向通"业务正式开通。至此，债券通的双向开放正式启航。此外，2005年起允许境外机构在境内发行以人民币计价的债券，又称"熊猫债"。近年来，熊猫债券制度规则逐步完善，境外发行人类型已涵盖外国主权政府、地方政府、国际开发机构、金融机构、非金融企业等各类型主体。到 2020 年末，共有 54 家境外发行人累计发行熊猫债 2 649 亿元人民币。境内债券市场早于股票市场，率先实现了一级市场的有序开放。

二、"十四五"时期金融双向开放面临新机遇

一是高水平开放拓展新空间。"十三五"时期，境内人民币股票和债券先后纳入了全球 6 大股票和债券指数，这是对中国前期坚定推进金融开放的肯定。"十四五"规划制定了下一个 5 年和 15 年的中国经济社会发展主要目标，其中更高水平开放型经济新体制基本形成是未来 5 年的重要发展目标。推进贸易和投资自由化、便利化，持续深化商品和要素流动型开放，稳步拓展规则、规制、管理、标准等制度型开放，又是全面提高对外开放水平的重要内容。"十四五"规划就下一步金融开放提出目标要求，即稳妥推进银证保、基金、期货等金融领域开放，深化境内外资本市场互联互通，健全合格境外投资者制度，稳慎推进人民币国际化。"十四五"规划还强调，要加快构建以国内大循环为主体、国内国际双循环相互促进的新发展格局，其中促进内需和外需、进口和出口、引进外资和对外投资协调发展是构建新发展格局的重要内容。

二是综合国力壮大夯实基础。小型开放经济体市场容量浅，容易因国际资本大进大出，而陷入资产价格（包括汇率）大起大落的盛衰周期（boom-bust cycle），进而引爆汇率贬值、债务违约的国际收支危机。中国是大型开放经济体，无论经济体量还是金融市场规模，均名列世界前茅，对资本流动冲击的承受能力较强。如在"8·11"汇改之初的 2015 和 2016 年，中国抵御了高烈度的跨境资本流动冲击，并

在2017年迎来了汇改的成功"逆袭"。近年来，中国保持政策定力，坚持实施正常的财政货币政策，这既让中国在应对未来各种不确定性时拥有了更大的政策空间，又在全球零利率、负收益资产盛行情况下，增强了人民币资产的国际吸引力。

三是金融双向开放积累经验。从宽进严出走向流出入"均衡管理"，从鼓励长期资本走向逐步放开短期资本流动，是中国走向更宽领域、更深层次开放的重要标志。特别是双向合格机构投资者制度和股票通试点的有序推进，为金融双向开放做了有益的尝试。2014年以来，不论人民币汇率贬值还是升值，当局均未收紧股票通的监管政策，相反在2016年底启动"深港通"业务时还取消了总投资额度管理。陆股通北上资金成为"聪明钱"，引导了国内投资者培育价值投资理念。港股通南下资金成为扩大资本流出渠道的又一块"试金石"，在一定程度上消除了对国内资产价格虚高、资本集中流出的担忧。正是借鉴了股票通的做法，2021年9月在粤港澳大湾区启动跨境理财通试点，"北向通"与"南向通"同步开放，实行额度控制、闭环式管理。

四是促进国际收支自主平衡。成熟经济体的国际收支调节机制是汇率浮动实现价格出清，资本流动实现数量出清。在央行基本退出外汇市场常态干预的情况下，必然是经常项目顺差、资本项目逆差的自主性平衡，反之亦反。应对始于2020年6月的人民币汇率升值压力，外汇政策方面是增加汇率弹性、有序扩大资本流出和适当调控资本流入的组合。其中，拓宽资本流出是更为主要的市场化手段，此前重启对QDII、QDLP、QDIE的常态化额度审批，放宽对外本外币放款的限制，以及开通债券通"南向通"业务等，应该就有这方面的政策考虑。此外，"8·11"汇改，特别是2019年8月人民币汇率破7以来，人民币汇率市场化程度提高、双向波动弹性增加,不仅增强了货币政策独立性,还减轻了对行政干预手段的依赖。近年来,不论人民币汇率涨或跌,除采取宏观审慎措施外,当局均没有引入新的资本外汇管制措施。

三、"十四五"时期金融双向开放遭遇新挑战

第一个新挑战是,维护宏观经济稳定。"十四五"期间实施更大范围、更宽领域、更深层次的对外开放,中国将不可避免步入开放短期资本流动的深水区。短期资本流动具有较强的顺周期性和超调属性,会给东道国经济金融稳定带来巨大挑战。随着资本流动越来越开放,宏观调控有可能从汇率稳定、货币政策独立和资本自由流动"三者不可兼得"的"三元悖论",走向资本账户开放前提下,汇率不论固定还是浮动,货币政策都不可能完全独立的"二元悖论",这就要求国内宏观调控更加完善、高效。同时,加快构建与国际通行规则相衔接的制度体系和监管模式,也是提高政府经济治理效能、稳定国际投资者信心的关键。

第二个新挑战是,防止金融危机传染。在历次国际金融危机中,中国受到的冲击较小,主要是因为实行了较为严格的资本外汇管制措施,对外风险暴露较少,但这种红利将随着金融开放扩大而改变。在世纪疫情持续冲击、百年变局加速演进、发达经济体货币集体转向的背景下,中国疫情防控和经济复苏的领先优势收敛、中美利差缩小甚至倒挂,不排除会重新面对资本外流压力。而且,全球主要央行无节制地印钞,已造成资产价格与实体经济严重背离,金融市场调整随时可能发生,进而对中国经济金融运行产生溢出影响。尽管由于民间货

币错配大幅改善、汇率双向波动弹性明显增加、基础国际收支状况强劲，中国无惧主要央行货币政策正常化，但仍需要密切关注其他新兴经济体发生"缩减恐慌"，进而可能引发的中国在当地资产或债权减记的风险。

第三个新挑战是，减少国民财富转移。如前所述，股票通双向开放的经验，在一定程度上减轻了人们对于资本集中外流的担心。但是，我们仍需要认真权衡，一是随着对外投资越来越自由，是否存在一个临界点，有可能造成内地资金大规模外流，影响国内资产价格稳定。二是中国较高的宏观杠杆率仍能够维系的主要原因，除以内债为主外，还有居民大量金融资产以本币储蓄存款形式持有，维护了银行体系的流动性。但开放资本流出后，有没有达到某个临界点后可能影响银行流动性的状况发生。三是资本流动除逐利动机外还有安全动机，而健全归属清晰、权责明确、保护严格、流转顺畅的现代产权制度，健全以公平为原则的产权保护制度，是"十四五"期间建设高标准市场体系的重要任务之一。

第四个新挑战是，维护国家金融安全。金融是国家重要的核心竞争力，金融安全是国家安全的重要组成部分，也是国家经济安全的重要内容。随着资本账户越来越开放，我们可能面临以下金融安全隐患：一是跨境资金大进大出，甚至境外恶意做空对国内经济金融平稳运行造成的冲击。二是能否对外投资，不完全取决于国际收支状况是否强劲、有没有外汇，还取决于境内企业、机构和个人有没有全球配置资源的能力。三是当今世界正经历百年未有之大变局，我们需要警惕国际投资保护主义、海外经济金融制裁的威胁。四是开放不是一放了之，还要在扩大开放过程中建立健全宏观审慎的资本流动管理框架，并要经得起极端市场环境的检验。

四、进一步扩大金融开放的对策建议

对策建议之一是,坚持改革与开放同步推进。以开放促改革、促发展,是中国过去40多年经济社会发展的一条成功经验。坚持开放发展理念就是对这方面实践经验的继承和发扬。理论上,对贸易开放利大于弊有基本共识,但对金融开放是否利大于弊却分歧很大。至少相对于直接投资形式的长期资本流动来讲,对短期资本流动的开放争议更多。从国际经验教训看,随着资本账户越来越开放,宏观调控和金融监管的难度将大幅提高,而不成熟的金融开放,往往会以金融危机收场。归根结底,应对资本账户开放带来的风险,关键是处理改革与开放的关系。改革与开放就像一驾马车的两个轮子,无论哪个轮子转得快了,都有可能翻车。中国进一步扩大金融开放的关键是,保持改革与开放进度的大体匹配。改革与开放互为条件,二者即便没有严格的先后次序,但也不能滞后太多。"十四五"规划提出,未来五年经济社会发展两个主要目标分别是改革开放迈出新步伐、国家治理效能得到新提升。其中,"全面深化改革,构建高水平社会主义市场经济体制"中提及的一些具体工作部署,与扩大金融开放就是互为表里。对于扩大金融开放,我们要大胆设想、小心求证;既要避免错失良机,也要避免操之过急。特别是不要犯颠覆性错误,触发影响中国经济社会发展现代化进程的系统性风险。

对策建议之二是,稳慎推进人民币国际化需要在五个方面下功夫。一是进一步增强中国经济实力,提高人民币资产吸引力,并从金融制度和基础设施层面创造更为便利化和低成本的人民币跨境流通使用环境。二是推动外汇市场建设,具体包括:适时适度拓展实需内涵,放松相关限制;研究引进外汇期货交易,增强人民币汇率的全球定价权；引入更多境内非银行金融机构、符合条件的非金融机构、货币经纪公司以及境外机构参与外汇市场交易，提高外汇市场交易流动性。三是加快国内资本市场建设，进一步加强基础制度和金融监管能力建设，扩大市场双向开放、提高资本市场的国际竞争力。四是稳步推动金融制度型开放，提高立法层次，减少由一个部门决定收放、存废的规范性文件层次上的立法，维护法规的权威性、连续性和稳定性。加快与国际规则接轨，在成熟领域尝试负面清单管理。五是加快推动外贸发展方式从过去以量取胜转向以质取胜，加强自主出口品牌建设，提高非价格竞争力，争取产品定价权，提高人民币在跨境贸易中的支付结算占比，增强外贸企业抵御汇率波动风险的能力。

对策建议之三是，完善金融对外开放中的配套基础设施建设。实现金融对外开放不能急功近利，更不能指望一蹴而就，必须要有相关配套基础设施才能落地。金融基础设施建设不仅包括交易系统、清算结算系统、支付系统、交易产品等硬件设施建设，还包括法律体系、会计标准、信用体系、反洗钱规则、金融消费者权益保护机制等软件设施建设。要补齐金融对外开放中的硬件和软件设施方面短板，为金融对外开放打下坚实基础。中国既要解决让不让外资投的问题，更要通过制度型开放，构建与国际通行规则相衔接的制度体系和监管模式，解决外资不敢投、不愿投的问题。

对策建议之四是，扩大开放和防范风险要做到齐抓共管。一是加快发展境内金融市场，使其兼具深度、广度与流动性，提高金融市场吸收内外部冲击的能力。二是以深化利率和汇率市场化改革为抓手，建立现代中央银行制度，健全货币政策和宏观审慎政策双支柱调控框架，着力提高宏观调控的前瞻性、自主性、科学性和有效性；着力改善中国宏观审慎政策存在的"数量手段多，价格工具少"问题。三是金融监管要与时俱进，尤其要在国务院金融稳定发展委员会领导下，加强部门间信息共享和政策协调，提高监管协同能力。四是提升风险监测预警能力，加强对跨境资本流动的流量和存量监测预警，及时发现并处置风险。同时在情景分析、压力测试的基础上，对可能出现的跨境资本异动及跨市场传染风险拟定应对预案。五是建立健全金融风险防范相关法律法规，在国民待遇的基础上，加大执法力度，规范市场行为，加强信息披露。对于破坏金融市场交易秩序的行为"零容忍"，并坚决予以严厉打击。六是牢牢把握金融对外开放的主动权和主导权。

第二节 "十四五"规划部署稳慎推进人民币国际化

2020年底，党的十九届五中全会审议通过《关于制定国民经济和社会发展第十四个五年规划和二〇三五年远景目标的建议》（以下简称"规划《建议》"）。这是开启全面建设社会主义现代化国家新征程、向第二个百年奋斗目标进军的纲领性文件，是今后五年乃至更长时期中国经济社会发展的行动指南。"十四五"规划可谓万众瞩目。其中，规划对下阶段人民币国际化的具体部署是："稳慎推进人民币国际化，坚持市场驱动和企业自主选择，营造以人民币自由使用为基础的新型互利合作关系。"

一、人民币国际化具有市场潜力但也面临现实约束

自 2009 年底跨境贸易人民币计价结算试点以来，人民币国际化取得了一系列重大进展，从贸易领域扩大到金融领域，从支付功能拓展至贮藏功能，从离岸驱动转向在岸驱动。目前，人民币已经成为境内第二大跨境收付货币、全球第五大国际支付货币、全球第五大外汇储备货币和全球第八大外汇交易货币。不过依然有很多人认为，与中国的经济体量和贸易规模优势相比，当前人民币国际化程度太低。这种认识忽视了一国货币国际化程度的高低是一系列因素作用的结果这一点。须知经济体量大、贸易规模大并不意味着该国货币国际地位高。人民币国际化仍然面临一系列制约因素。

制约因素一：国际货币体系演变存在网络效应、路径依赖。所谓网络效应、路径依赖，是指一种货币使用的人越多，交易成本就越低、流动性就越好，使用者就越难改变使用习惯而去使用其他货币。根据环球银行金融电信协会（SWIFT）数据显示，2021 年美元、欧元、英镑、日元四大货币在国际支付中月均占比合计为 86%；IMF 数据显示，截至 2021 年末，美元、欧元、英镑、日元四大货币的外汇储备份额合计为 90%。同期，其他货币在国际支付、外汇储备中的占比均较小，人民币在国际支付、外汇储备中的占比分别仅为 2.2% 和 2.8%。并且，美元、欧元在国际支付、外汇储备中的占比远高于日元和英镑。2016 年 10 月，人民币被正式纳入特别提款权（SDR）货币篮子。在 SDR 中，人民币权重被确定为 10.9%，仅次于美元（41.7%）、欧元（30.9%），高于日元（8.3%）、英镑（8.1%）。但除美元以外，其他四种"篮子货币"在 SDR 中的权重均高于其外汇储备份额。2021 年末，美元、欧元、日元、英镑的外汇储备份额分别为 58.8%、20.6%、5.6%、4.8%。

制约因素二：国内外汇市场体量较小、制度安排有待完善。外汇市场发展状况和人民币国际化进程密切相关，二者发展程度要大体匹配。如果外汇市场缺乏深度和广度，难以承受跨境资金的大进大出，则金融开放和人民币国际化进程不会长远。反之，如果金融开放和人民币国际化程度不高，也会制约外汇市场发展。如新加坡政府考虑到本国是小型开放经济体，为保护新加坡元不受到投机性攻击，而长期奉行新加坡元非国际化政策，限制非居民持有新加坡元的规模。从市场体量来看，2019年BIS公布三年一次的外汇调查数据显示，美元、欧元、日元、英镑日均外汇交易量分别是5.82万亿美元、2.13万亿美元、1.11万亿美元和8 437亿美元，而人民币仅为2 850亿美元。另外，国内市场的外汇交易依然主要基于实需原则。当基础国际收支能够持续保持较大顺差时，人民币汇率容易出现单边行情，不利于发挥市场价格发现和避险功能。目前外汇市场交易产品已经扩大到即期、远期、外汇掉期、货币掉期和期权产品，但仍缺乏外汇期货。市场参与主体仍然以银行和财务公司会员为主，风险偏好相同，容易形成单边市场。如果这些问题没有得到及时、有效的解决，贸然加快金融开放和人民币国际化进程，势必会带来较大风险。

制约因素三：国内资本市场与海外成熟市场存在较大差距。人民币国际化分为三个层次：从支付结算货币，到计价和投融资货币，再到全球储备货币。当前，人民币国际化正处于从支付结算货币向计价和投融资货币爬升的阶段。因此，金融市场发展状况对人民币国际化进程有着重要影响。目前来看，中国资本市场与海外成熟的资本市场存在较大差距，导致境外投资者在购买人民币资产时仍然相对谨慎。其中，债券市场的问题突出表现为，国内信用评级公信力不足，导致外资对本土评级机构失去信任，信用债持仓较少；股票市场的问题则主要反映为，上市公司质量不高，投资者结构以散户为主，会计标准、市场监管标准与国际规则不符等。

制约因素四：金融对外开放层次有待进一步提高。金融开放主要分为两个层次，第一层次是引入外资机构或资金；第二层次是尊重并适应国际规则，最终实现与国际规则接轨，这是更高层次的开放。目前，中国对外开放力度更多集中于第一层次，第二层次的开放仍有很大的提升空间，后者构成了长期资金进入中国的规则障碍。2018年底，中央经济工作会议首次提出，推动由商品和要素流动型开放向规则等制度型开放转变。在金融领域，制度型开放的重要内容是实行"负面清单"（即开放是原则、限制是例外）。经济合作与发展组织（OECD）要求成员国之间资本自由流动，在《资本流动自由化通则》中采取的就是负面清单列示，只有被列举出来的资本项目交易才有所限制，否则都是自由流动。中国新的外商投资法引入了这一高标准的国际经贸规则，金融服务业开放负面清单已基本清零，但金融交易领域的负面清单制度实质性进展不大。

制约因素五：贸易非价格竞争力较低，缺乏产品定价权。2015年IMF在评估SDR篮子货币权重时调整了计算公式。在新的计算公式中，货物和服务出口、金融变量各占1/2权重，金融变量中的外汇储备、外汇交易、国际银行负债和国际债务证券又各占1/3权重。由此可见，中国货物和服务出口规模在全球的高占比是SDR中人民币高权重的主要贡献项。然而，由于中国外贸发展方式主要以量取胜、以价取胜，缺乏非价格竞争力和产品定价权，导致跨境贸易中人民币支付结算比例较小。2021年，中国贸易条件指数月均为92.2，跨境货物贸易中人民币业务结算金额占比仅为14.8%。根据现有可得数据，2015年日本进出口贸易中日元计价占比分别为25.0%、35.9%。

总而言之，中国巨大的经济体量和贸易规模优势表明，未来人民币国际化存在较大潜力。但在多种现实因素的制约下，当前人民币国际化进度是适当的，是符合中国金融开放程度、金融监管水平以及市场承受能力的。在相关体制机制约束尚未消除的情况下，人民币国际化进程不能操之过急。

二、表述与"十三五"规划略有不同

"十三五"规划《建议》也是在对外开放部分提出，"有序实现人民币资本项目可兑换，推动人民币加入特别提款权，成为可兑换、可自由使用货币"。"十三五"规划《建议》于2015年11月3日正式发布，而人民币是于同年10月30日才被国际货币基金组织批准加入特别提款权篮子货币（简称"入篮"，正式生效日为2016年10月1日），进而成为国际认可的国际化货币。显然，"十三五"规划《建议》的成稿要早于这天，前文中并无关于人民币国际化的直接表述，而以成为"可自由使用货币"替代，因为这是成为特别提款权篮子货币的两大标准之一（另一个是出口规模）。直到2016年全国人大审议通过"十三五"规划《纲要》，才提出"有序实现人民币资本项目可兑换，提高可兑换、可自由使用程度，稳步推进人民币国际化，推进人民币资本走出去"。

"十四五"规划中使用的"稳慎"并非常用词，是"稳妥"与"慎重"的组合。因此，"稳慎推进"比"稳步推进"更偏稳健。记得上次用到"稳慎"一词，是2016年3月底国务院常务会议提及"稳慎推进人民币资本项目可兑换"。当时，中国正在经历股市和汇市震荡。关于人民币资本项目可兑换的官方表述，从2014年底的"加快实现"到 2015 年初的"稳步实现",再于一年后改成了"稳慎推进"。

2020 年,受新冠肺炎疫情大流行影响,全球出现了经济大衰退、金融大动荡。但由于中国疫情防控有效、政策应对得力、经济率先复苏,加之中外利差较大,外资稳步增加人民币股票和债券资产配置。据 IMF 统计,全球持有的人民币外汇储备资产总额和市场份额均连创历史新高。2020 年,人民币汇率先抑后扬。

在此背景下,国内有不少人呼吁,中国应借机加快国内金融市场开放,加速推进人民币国际化进程。不少境外投资大咖也纷纷表示人民币资产被低配,看好人民币储备货币的前景。与此同时,人民币股票和债券也越来越多地被纳入国际指数或被提高权重。现在官方正式提出"稳慎推进人民币国际化",或许低于市场预期。

三、反映了中国政府清醒冷静的判断

经常有人讲,中国作为世界第二大经济体、最大外贸进出口国,以及对外投资和利用外资大国,人民币国际化程度明显偏低。但换个角度看,人民币国际化与中国的金融开放程度、市场承受能力和金融监管水平相适应,很难讲是被低估了。

与 2015 年底人民币刚被批准"入篮"时相比,随着金融市场对外开放扩大,境外对境内人民币金融资产的持仓量翻了一番,持有结构也从以贷款存款为主转向以股票债券为主。人民币国际化与(资本项目)可兑换合二为一,人民币国际化也从离岸市场驱动转为在岸市场驱动。同时,面对境外有序增持境内人民币金融资产,中国总体上处于舒适区,不论是从数量还是从质量来讲,迄今尚未有不适的反应。

然而,我们不能因为全球金融中心指数排名靠前,就把上海等同于纽约、伦敦一样的国际金融中心，因为我们的软环境与它们还相去甚远。如其他国际金融中心大都是负面清单管理，而我们还处于从正面清单向负面清单转变的过渡时期。现实中，我们对许多跨境投融资活动在交易或汇兑环节还有不同程度的限制，不同于国际上通行的商业化、市场化操作。

从正面清单转为负面清单难以一蹴而就，需要一系列配套条件，如加快构建大循环、双循环的新发展格局，培育参与国际竞争合作的新优势；建立现代财税金融体制，完善宏观经济治理；健全要素市场运行机制，发展多层次金融市场体系；深化产权制度改革，加强产权保护；激发各类市场主体活力，优化营商环境；推进贸易创新发展，增强对外贸易综合竞争力；等等。而"十四五"规划通篇都在谋划布局，如何做好"改革、开放、创新"这三件事情。

同时，如前所述，国际货币体系存在路径依赖、网络效应。尽管人民币在大部分货币国际化指标中排名有所精进甚至已经靠前，但仍难以比肩美元、欧元、英镑、日元等主要国际化货币。特别是美元享有"嚣张"的霸权，是国际货币体系的中心货币，甚至欧元都远不能与之相比。故不能简单将人民币与美元进行对标，而要清醒认识到人民币尚处于从不可兑换、不可自由使用的外围货币向欧元、英镑等可兑换、可自由使用的次中心货币爬升的阶段，是新兴的国际化货币。

此外，虽然和平与发展仍然是时代主题，但国际环境日趋复杂，不稳定性与不确定性明显增加。中央多次强调，今后一个时期我们将面对更多"逆风逆水"的外部环境，必须做好应对一系列新风险挑战的准备。特别是当前疫情大流行，使这个大变局加速变化，全球产业链、供应链因非经济因素而面临冲击，宽流动性、低利率的退出加剧国际金融动荡。我们要高度警惕由外部输入风险引起的资本大进大出、汇率大起大落。不成熟的金融开放，最终多以金融危机收场，新兴市场、发展中国家这方面的教训屡见不鲜。

四、符合稳中求进的工作总基调

"十四五"规划强调要"稳慎推动人民币国际化"，反映了中国政府统筹中华民族伟大复兴战略全局与世界百年未有之大变局，工作稳中求进。"十四五"规划的编制原则之一就是处理好发展和安全的关系，越开放越要强调安全发展，确保不发生影响现代化进程的系统性风险。

况且，既稳妥又慎重地推动人民币国际化，并不影响我们在时机成熟情况下，创造条件、适时推进相关工作。"十四五"规划明确提出，要立足社会主义初级阶段基本国情，保持战略定力，办好自己的事情，认识和把握发展规律，发扬斗争精神，树立底线思维，准确识变、科学应变、主动求变，善于在危机中育先机、于变局中开新局，抓住机遇，应对挑战，趋利避害，奋勇前进。

"十四五"规划提出人民币国际化要"坚持市场驱动和企业自主选择，营造以人民币自由使用为基础的新型互利合作关系规划"。现在，国内政策上基本是本外币统一待遇，即外汇可以做的，本币也一样可以做，给市场提供了公平选择的机会。所以，人民币国际化更多是取决于市场接受和认可，是一个顺其自然、水到渠成的过程。政策上过于高调，反易招致无端猜忌或者非议。

当然，这并不是说人民币国际化是"皇帝女儿不愁嫁"，市场和政府都不用作为。作为新兴国际化货币，在培育市场需求方面还需要下大力气，以提高市场对人民币的认知度和接受度。为此，一方面，境内企业和机构要积极创造条件，引导市场增加或接受人民币计价结算；另一方面，政府部门要通过进一步简化手续凭证，完善金融基础设施，加强国际合作，提高人民币跨境流通使用的便捷性，降低交易成本。也许刚开始这样做，并不会有什么立竿见影的经济效益。

同时，还要学习培养适应开放形势的金融监管能力，包括加强跨境资本流动监测预警，建立宏观审慎管理框架，提高监管的专业性和有效性，建好各类"防火墙"。即使不可能靠监管事先防住所有风险，但也要避免二者滞后太多，酿成重大系统性风险。

从实践看，如果开放进展顺利，会有助于凝聚共识、推进改革；如果开放遭遇挫折，就难免被落井下石、走回头路。当前我们即便做不到负面清单管理，但也要争取开放做加法不做减法、管制做减法不做加法。这样，才能通过可预期的开放取信于市场，稳定投资者预期，吸引中长期资本流入。

此外，"十三五"规划强调的"有序实现人民币资本项目可兑换"，在此次规划中却只字未提。这或许有以下考虑：一个是与十八大报告相比，十九大报告已经删除了关于人民币资本项目可兑换的提法，"十四五"规划与之保持一致；另一个是"十四五"规划在其他部分提到了推动金融双向开放、有序扩大服务业对外开放、赋予自贸区自贸港更大改革自主权等重点任务。这本身就是资本项目可兑换（资本项目可兑换包括金融服务和金融交易的开放，以及交易的自由和汇兑的自由）的重要内容，不提不等于不推进资本账户的开放。再一个是如前所述，近年来人民币可兑换一定意义上与国际化已经融为一体，故稳慎推进人民币国际化其实也就相当于稳慎推动人民币资本项目可兑换。

第三节　中国境外证券投资的"家底"

2021年5月，国家外汇管理局首次发布了截至2020年底中国对外证券投资资产（不含储备资产）分国别/地区以及分居民部门（不含中央银行）持有的数据。这是进一步提高数据透明度的重要举措，反映了中国近年来不断改进对外金融资产负债存量统计监测的积极进展，有助于我们更好地了解中国民间对外证券资产的分布状况，增强开放条件下的风险防控和应对能力。

一、双向开放推动中国民间对外金融资产负债明显增加

长期以来，中国渐进式金融开放实行鼓励长期投资限制短期投资、鼓励资本流入限制资本流出的"宽进严出"管理。但进入21世纪以来，为更好地利用两个市场、两种资源，中国对短期资本流动管理的限制逐步放宽，跨境资本流动管理也逐渐转向流出和流入双向"均衡管理"。

根据国际投资头寸表统计，到2021年末，中国对外金融资产9.32万亿美元，较2004年末增长8.96倍。剔除储备资产后，非储备性质对外金融资产5.90万亿美元，增长17.57倍。后者增速远高于前者，反映出境内投资者多元化资产配置需求更好地得到了满足。

截至2021年末，中国对外金融资产与GDP之比为52.0%，较2004年末上升4.1个百分点，对外金融资产负债与GDP之比（即国

家金融开放度）为 92.9%，上升 9.5 个百分点；非储备性质对外金融资产与 GDP 之比为 32.9%，上升 16.6 个百分点，非储备性质对外金融资产负债与 GDP 之比（即民间金融开放度）为 73.8%，上升 22.0 个百分点。民间金融开放度的提升快于国家金融开放度，体现了过去十多年来中国金融双向开放的规模和质量的提高。

截至 2021 年末，中国储备资产余额 3.43 万亿美元，较 2004 年末增长 4.54 倍，占对外金融资产总额的 36.8%，较 2004 年末占比回落 29.3 个百分点。这组数据显示，随着对外投资渠道逐步拓宽，近年来中国民间对外资产持有占比明显上升。其中，对外证券投资资产余额 0.98 万亿美元，较 2004 年末增长 9.62 倍，占对外金融资产额的 10.5%，占比上升 0.7 个百分点，远小于同期对外直接投资和对外其他投资占比分别上升 21.3 和 7.2 个百分点的水平。这表明中国扩大对外证券投资依然较为谨慎，未来仍具有拓展的空间。

跨境证券投资包括跨境股票和债券投资。到 2021 年末，中国境外证券资产中，股票资产余额 6 484 亿美元，占到 66.2%，远超过 2004 年末分别为 2 亿美元和 0.2% 的水平。其中，2012 年是一个重要转折点，股票资产首次超过债券资产，成为中国持有的主要境外证券资产。中国对外证券投资中，已基本形成股票与债券投资"七三开"的格局，显示境内投资者对外投资的风险偏好提升。而风险与收益成正比，这有助于提高中国对外投资回报，增加境内投资者财产性收入。

二、中国香港和美国是中国对外证券投资主要目的地

前述分析都是一个基于总量的初步数据。国家外汇管理局新增发布的中国对外证券投资资产分国家 / 地区及分居民部门持有的数据，

可以为我们更加详细地刻画出中国对外证券投资的资产分布或风险暴露情况。

截至 2020 年底,中国对外证券投资资产(不含央行储备资产)8 999 亿美元,其中股票资产 6 043 亿美元,债券资产 2 955 亿美元,占比分别为 67.2% 和 32.8%,总体上是"股多债少"。

从分国别/地区数据看,到 2020 年底,中国对 100 多个国家和地区有证券投资。其中既有发达国家/地区,也有发展中国家/地区;既有成熟市场,也有新兴市场。对外证券投资前 10 大目的地是中国香港、美国、开曼群岛、英属维尔京群岛、英国、日本、德国、卢森堡、澳大利亚和法国,投资金额合计 8 220 亿美元,合计占比 91.3%。其中,中国内地仅对香港地区的证券投资占比就有 45.5%,前 3 大投资目的地合计占比 75.3%,显示中国境外证券投资目的地的集中度较高。在前述 10 大投资目的地中,中国内地在香港地区、美国、开曼群岛、卢森堡和日本主要以股票投资为主,在英属维尔京群岛和德国是以债券投资为主,在英国、法国和澳大利亚则基本是股债对半开(见表 7–1)。

表 7–1　2020 年底中国对前 10 大投资目的地的证券投资资产及其构成

(单位:亿美元)

国家/地区	证券资产		股票资产		债券资产	
	投资额	占比Ⅰ(%)	投资额	占比Ⅱ(%)	投资额	占比Ⅱ(%)
中国香港	4 091	45.5	3 416	83.5	675	16.5
美国	1 784	19.8	1 109	62.1	676	37.9
开曼群岛	901	10.0	686	76.1	215	23.9
英属维尔京群岛	592	6.6	22	3.7	570	96.3
英国	215	2.4	113	52.5	102	47.5
日本	165	1.8	100	60.4	65	39.6
德国	144	1.6	45	31.0	99	69.0
卢森堡	134	1.5	97	71.8	38	28.2

续表

国家/地区	证券资产		股票资产		债券资产	
	投资额	占比I(%)	投资额	占比II(%)	投资额	占比II(%)
澳大利亚	99	1.1	49	49.0	51	51.0
法国	93	1.0	47	50.8	46	49.2
合计	8 220	91.3	5 683	——	2 537	——

注：(1) 占比Ⅰ为中国对当地证券投资额与中国对外证券投资额之比；(2) 占比Ⅱ为股票或债券资产投资额与中国对当地证券投资额之比。
资料来源：国家外汇管理局。

　　这里有个小插曲。我从国家外汇管理局离职之前，在国际收支司牵头拟定新的对外金融资产负债及交易统计制度，以加强对国际收支流量的统计监测。配合统计制度制定，还要开发相应的统计申报系统，以实现信息化、电子化的数据采集。当时，有两种系统开发思路：一种是按照零申报的要求，在系统中设置将对所有国别/地区的对外金融资产负债数据都采集上来；另一种是按照抓大放小的思路，只在系统中设置报送前几十位目的地/来源地的对外金融资产负债数据，以减轻申报主体负担。

　　经过反复论证，我们采取了第一种方案。因为系统开发是一次性的投入，而对外投融资活动却是与时俱进的。也许这些地方不是我们今天主要的投融资对象，但在明天其重要性却可能大大提高。特别是如果发生国际金融危机或者开展对外经贸合作，官方需要获取中国对相关地区的对外金融资产负债数据，以了解风险暴露或合作进展情况时，可能就要临时增加报表或者改造系统，反而是增加了负担。这就是为什么国家外汇管理局披露的国别/地区数据中，有许多国家和地区的数值为零却依然呈现的主要原因。

　　根据全口径数据，到2020年底，中国还在阿联酋（49亿美元）、巴西（15 亿美元）、印度（14 亿美元）、印尼（11 亿美元）、墨西哥（8 亿美元）、俄罗斯（6 亿美元）、泰国（4 亿美元）、土耳其（3 亿美元）、沙特（2 亿美元）、秘鲁（2 亿美元）、哥伦比亚（2 亿美元）和巴基斯坦（1 亿美元）等新兴市场有着诸多金融联系或者说风险敞口。即便现在要加工中国对区域全面经济伙伴关系协定（RCEP）缔约国证券投资的数据，仍可以信手拈来。

三、居民个人是中国境外证券资产的主要持有者

从分居民部门持有的数据看，到 2020 年底，境内银行持有境外证券资产 1 915 亿美元，占比 21.3%；非银行金融机构（包括证券、保险、基金、期货公司及其他资产管理公司）持有 3 541 亿美元，占比 39.4%；非金融部门（包括居民个人及非金融企业）持有 3 543 亿美元，占比 39.4%。因为非金融企业大都不可以直接对外证券投资，故非金融部门基本代表了中国居民个人对外证券投资的状况。

结合分国别/地区的数据看，中国在前 10 大对外证券投资目的地中，居民个人投资者是对香港证券投资的最大投资主体，占比 80.2%，这反映了香港地区在内地开放对外证券投资中先行先试的"桥头堡"作用；非银行金融机构则是对法国、日本、美国、英国、澳大利亚、开曼群岛和德国证券投资的最大投资主体，占比在 56%—80%；银行则是对英属维尔京群岛和卢森堡证券投资的最大投资主体，占比分别为 79.9% 和 42.0%。

中国对外股票投资的前 10 大目的地分别是中国香港、美国、开曼群岛、英国、日本、卢森堡、爱尔兰、澳大利亚、法国和德国，投资金额合计 5 714 亿美元，合计占比 94.5%。其中，仅对中国香港一

地股票投资占比就达到56.5%，前3大目的地合计占比86.2%。由此可见，中国对外股票投资的目的地集中度极高。

中国对外债券投资的前10大目的地分别是中国香港、美国、开曼群岛、英属维尔京群岛、英国、日本、德国、卢森堡、澳大利亚和法国，投资金额合计2 556亿美元，合计占比86.5%。其中，对前3大目的地占比均只有20%左右，合计占比为65.0%（见表7-2）。这表明中国对外债券投资目的地相对股票投资而言更加分散。

表7-2　2020年底中国前10大对外股票和债券投资目的地

（单位：亿美元）

对外股票投资目的地	投资金额		对外债券投资目的地	投资金额	
	金额	占比（%）		金额	占比（%）
中国香港	3 416	56.5	美国	676	22.9
美国	1 109	18.3	中国香港	675	22.8
开曼群岛	686	11.3	英属维尔京群岛	570	19.3
英国	113	1.9	开曼群岛	215	7.3
日本	100	1.6	英国	102	3.5
卢森堡	97	1.6	德国	99	3.4
爱尔兰	53	0.9	日本	65	2.2
澳大利亚	49	0.8	新加坡	55	1.8
法国	47	0.8	澳大利亚	51	1.7
德国	45	0.7	阿联酋	49	1.6
合计	5 714	94.5	合计	2 556	86.5

注：爱尔兰和阿联酋均非中国前10大对外证券投资目的地。
资料来源：国家外汇管理局。

综上所述，近年来中国对外证券投资开放取得了长足进展，境内投资者对外投资风险偏好稳步上升，多元化资产配置需求得到了更好的满足。但是，中国对外证券投资开放依然非常慎重，在对外金融资产中占比依然偏低，对外投资主要目的地也比较集中，中国香港和美国是内地证券资本输出的重要载体，较好解决了本土投资偏好问题。

第四节　揭开中国外汇储备持有和经营的神秘"面纱"

一、SDDS 与外汇储备数据透明度

2014 年 11 月，中国在 20 国集团领导人峰会上宣布，将采纳国际货币基金组织的数据公布特殊标准（SDDS）。当时，全球有 73 个经济体采纳 SDDS，包括所有发达经济体，以及俄罗斯、印度、巴西和南非等主要新兴市场。

此前，中国从 2002 年起一直按照数据公布通用标准（GDDS）对外公布宏观经济数据。二者框架基本一致，但 SDDS 对数据覆盖范围、公布频率、公布及时性、数据质量和公众可得性等方面要求更高。

2015 年 10 月，人民银行致函 IMF，正式通报中国采纳 SDDS 的决定，这标志着中国已完成采纳 SDDS 的全部程序。人民银行就此表示，采纳 SDDS 有利于提高宏观经济统计数据的透明度、可靠性和国际可比性；有利于进一步摸清宏观经济家底，为国家宏观经济决策提供及时准确的依据；有利于加深国际社会和公众对中国经济的了解，提升中国参与全球经济合作水平。

在此背景下，中国不断增加外汇储备数据披露的透明度：一是 2015 年 7 月起，发布月度官方储备资产、国际储备与外币流动性数据模板；二是从 2015 年第四季度起，按季度向 IMF 报送外汇储备币种构成，成为第 96 个向 IMF 报告外汇储备构成（CCOFER）数据的成

员；三是从 2019 年起，通过《国家外汇管理局年报》（以下简称《年报》）专栏，披露外汇储备的历史货币结构和投资收益等重要数据。

这些信息，有助于我们更好地了解中国外汇储备持有及经营管理状况。以下，本节拟就日常大家关注较多的两个问题进行探讨。

二、美元储备货币地位变化的中国影响因素

2007 年美国次贷危机引爆 2008 年全球金融危机，引发了国际社会对于现行美元本位的国际货币体系的质疑。国际货币体系改革的方案之一，就是国际货币体系的多极化，标志之一是美元国际储备货币地位的下降。据 IMF 统计，到 2021 年底，全球已分配外汇储备资产中，美元资产占比 58.8%，较 2008 年 9 月底（三轮量化宽松前夕）回落了 5.3 个百分点。

但是，这种度量未必准确。因为 IMF 披露的美元储备资产份额仅是就全球币种确认外汇储备资产（又称为"已分配外汇储备资产"）而言，还有不少成员没有向 IMF 报送 CCOFER 数据，就被归在"未分配外汇储备资产"中。2014 年底，未分配外汇储备资产还占到全球外汇储备资产的 41.4%，到 2021 年底降至 6.9%。

2015 年底之前，中国未向 IMF 报送 CCOFER 数据，而中国外汇储备又占到全球外汇储备资产 3 成左右（2015 年 9 月底占比 31.4%）。显然，IMF 纳入中国报送的 CCOFER 数据，势必对全球储备资产的币种构成产生重大影响。

尤其是，2018—2020 年的《年报》数据显示，中国外汇储备的币种构成与国际上有较大差距：1995 年，中国美元储备资产的占比高达 79%，远高于 59% 的国际平均水平，但 2014—2016 年中国美元储

备资产份额降至60%以下,持续低于65%以上的国际平均水平。这表明过去十多年来,中国外汇储备的多元化、分散化经营取得重大进展,加强了国家地缘政治安全。

从2015年底起,全球已分配外汇储备中的美元资产份额已开始逐步被纳入中国数据之中,故全球美元储备资产份额与之前的数据不可比。以2014年底的数据为例,当时中国美元储备资产占比58%(约合2.23万亿美元),低于65%的国际平均水平。若将中国这部分美元储备计入全球美元储备资产,分母也相应调整,则全球美元储备资产份额为62.5%,较现有水平低了2.6个百分点。

从IMF披露的储备数据看,直到2018年6月底,已分配外汇储备占比才突破90%,较2015年9月底上升了25个百分点以上。可见,IMF为减轻中国因素的影响,在技术上采取了分步骤而非一次性纳入的过渡方式。也就是说,2018年第二、第三季度之后的数据才具有更强的可比性。到2021年9月底,全球美元储备资产份额较2018年9月底下降3.0个百分点,而不是5.3个百分点。可见,美元储备货币地位的下降被高估了。

中国披露的美元储备资产构成的最新数据是2016年的59%。月度官方储备资产的模板数据显示,中国外汇储备资产中九成九以上是债券和股票等证券资产(2021年底占比99.5%)。而从美国财政部公布的外国投资者持有美债数据看,近年来中国投资者对美债的持有额及占比均有所下降。到2021年底,外国投资者持有美债中的中国占比为13.8%,较2016年底回落3.8个百分点。

不过,美国统计的中国美债投资者,既包括中国外汇储备投资,也包括银行保险基金等商业机构投资。即使将这些投资均视同中国外汇储备投资,2016年底也仅相当于中国美元储备资产的不到60%,

故由此推动中国美元储备资产份额下行应该不到 3.8 个百分点。此外，如前所述，中国外汇储备资产的多元化战略早已启动，而不是 2018 年之后才开始的。

三、中国外汇储备收益实现了三个"战胜"

理论上讲，与交易性需求、预防性需求、流动性偏好等货币三大需求相对应，各国持有外汇储备也有不同层次的需求：传统的进口支付能力（即外汇储备余额/年进口额 ×12，国际警戒线为不低于 3—4 个月进口额）对应的是交易性需求；短债偿付能力（即短期外债余额/外汇储备余额，国际警戒线为不高于 100%）对应的是预防性需求，更高层次的需求就是流动性偏好，即财富管理的保值增值需求。

2006 年底起，中国就超越日本，成为全球外汇储备持有第一大国。从传统指标看，中国早就进入了外汇储备比较充裕的状态。2006 年底中央经济工作会议明确指出，中国国际收支的主要矛盾已经从外汇短缺转为贸易顺差过大、外汇储备增长过快。这为中国对外汇储备持有和经营满足更高层次的需求创造了条件，也是进入 21 世纪以来中国开展外汇储备多元化运用，包括创设主权财富基金（SWFs）的重要考量。在此背景下，海内外对于中国外汇储备经营状况一直高度关注，披露外汇储备收益也是透明度的重要体现。

截至 2021 年，国家外汇管理局三次披露了外汇储备收益状况，分别是：2018 年《年报》披露，2005—2014 年的平均收益率为 3.68%，2014 年被《亚洲投资者》评为"最佳央行投资者"和"最佳中国投资者"；2019 年《年报》披露，1994—2015 年的平均收益率为 4.55%，2006—2015 年的平均收益率为 3.55%；2020 年《年报》披露，1997—

2016年的平均收益率为4.23%，2007—2016年的平均收益率为3.42%，在全球外汇储备管理机构中处于较好水平。

上述数据给人的第一印象或许是，中国外汇储备收益率前高后低，总体处于下行态势。但结合其他信息，却可以看出中国外汇储备经营水平确实不低，外汇储备收益实现了三个"战胜"：一是战胜了美国通胀，中国外汇储备各时期的平均收益率均超过了同期美国CPI通胀均值，且2005年以来，二者差值进一步加大。二是战胜了美债收益，同期，中国外汇储备收益率基本超过了10年期美债收益率均值，且2005年以来，二者差值也进一步走阔。三是战胜了民间投资，2005—2016年，中国外汇储备各时期的平均收益率均超过了同期中国对外投资回报率，显示中国官方对外资产运用效率高于民间部门。这反映了中国非成熟对外债权国的特征。民间对外投资能力不足，是新兴市场被迫通过官方储备进行对外投资的重要原因，贸易顺差、储备增加非完全出于汇率的"浮动恐惧"。当然，2005—2014年、2006—2015年和2007—2016年三个时间段，二者10年滚动平均的差值趋于收敛，表明近年来中国民间对外投资回报趋于改善（见表7-3）。

据测算，2018—2021年，中国对外投资回报率平均为3.14%。假定外汇储备收益高于民间对外投资回报的趋势未变，有理由相信，在百年变局加速演进、世纪疫情持续冲击的环境下，中国外汇储备经营跨越市场周期，依然实现了稳定的收益，平均收益率或不低于3%。这超出同期美国CPI通胀平均2.44%、10年期美债收益率平均1.95%的水平。中国继续保持了在全球外汇储备管理机构中的领先地位，每年外汇储备经营可以给经常账户贡献近千亿美元的投资收益。

表 7-3　中国外汇储备平均收益率与同期主要指标的对比

（单位：％）

项目		1994—2015年	1994—2005年	2005—2014年	2006—2015年	1997—2016年	1997—2006年	2007—2016年
中国外汇储备平均收益率		4.55	5.38	3.68	3.55	4.23	5.04	3.42
美国CPI通胀率	均值	2.28	2.56	2.28	1.95	2.16	2.55	1.76
	偏离	2.27	2.83	1.40	1.60	2.08	2.49	1.66
10年期美债收益率	均值	4.40	5.47	3.33	3.12	3.93	5.03	2.82
	偏离	0.15	−0.08	0.35	0.43	0.30	0.01	0.60
中国对外投资回报率	均值	—	—	3.29	3.26	—	—	3.22
	偏离	—	—	0.39	0.29	—	—	0.20

注：（1）表中"均值"均为算术平均值；"偏离"均指中国外汇储备平均收益率相对同期相应指标的差值；（2）中国从2004年起开始编制国际投资头寸表，故缺少2004年之前的对外投资（资产）回报率数据。

资料来源：中国人民银行，国家外汇管理局，美联储，美国劳工部，万得。

第五节　货币金融条件指数：本外币政策协调的新思路

2020年初，突如其来的新冠肺炎疫情阻挡了全球经济稳定增长的步伐。中国实行精准有效的疫情防控政策和灵活前瞻的稳增长经济政策，领先全球从新冠疫情冲击中恢复，从2020年第二季度起连续同比正增长，成为全球少数实现全年经济正增长的主要经济体。在基本面支撑下，人民币汇率自2020年6月以来持续升值，引发了市场担忧。

一、人民币汇率升值的老问题和新挑战

十九届五中全会审议通过的"十四五"规划《建议》，没有提及汇率市场化改革。这并不意味着汇率市场化改革的停滞，而是对央行基本退出外汇市场常态干预、汇率化市场改革取得决定性成果的肯定。尽管2020年第三季度的央行货币政策执行报告中仍然讲"要坚持以市场供求为基础，有管理的浮动汇率制度"，但2020年10月底将中间价报价机制中的"逆周期因子"淡出使用后，显示央行对于汇率波动的容忍度进一步提高。这不是要干预具体汇率水平，而是表明了要让市场在汇率形成中发挥更大作用的政策立场。现在，市场经常评论人民币汇率已进入"类自由浮动时代"。

最优汇率选择的国际共识是，没有一种汇率选择适合所有国家以及一个国家的所有时期。其背后隐含的政策逻辑是，任何汇率选择都是有利有弊的。在2008年金融危机之后的人民币升值时期，本外币政策协调机制是，央行通过增加外汇储备阻止汇率过快升值，然后通过发行央票或提高法定存款准备金率的方式对冲操作，回收外汇占款增加造成的流动性过剩，以防范通货膨胀、信贷膨胀和资产泡沫等风险。

而在央行退出外汇市场常态干预，汇率由市场决定后，最大的问题是容易出现汇率超调。20世纪80年代上半期，美国就遭遇了一次典型的美元泡沫。当时，美联储主席保罗·沃尔克采取高利率政策反通胀，结果高利率造成了"强"美元，"强"美元使美国财政赤字、贸易赤字飙升。这是1985年9月西方5国签署《广场协议》，联合干预日元和德国马克对美元升值，让美元贬值的直接诱因。

始于2020年6月的人民币升值背后，也有类似的隐忧。美联储

在2020年8月底调整了货币政策框架，引入了平均通胀目标制，向市场表态，未来如果经济反弹，也将容忍通胀温和上升可以阶段性地超过长期目标水平，借此释放美联储将在更长时间内维持低利率的信号。2020年10月6日，美联储主席鲍威尔公开表示，政策上做多的风险比做少的风险要小，即便最终证明货币政策做多了，也只不过是让经济复苏更强劲、更快速。相较之下，中国央行较早提出要关注货币刺激的后遗症，研究宽松货币政策的退出问题，尽可能长时间实施正常的货币政策。加之2020年5月底以来，中国央行疫情应对的超级宽松政策措施自然到期退出，市场利率大幅回升，在一定程度上给市场造成了紧缩的预期。这也是2020年下半年推动人民币汇率较快升值的一个重要因素。

在灵活汇率机制下，中国本外币政策协调需要有新的思路，国际上常用的包含汇率变量的货币金融条件指数可资借鉴。

二、国际上编制和应用货币金融条件指数的经验

20世纪70年代布雷顿森林体系解体，国际货币体系由固定汇率走入固定与浮动汇率并行的无体系时代后，在实行灵活汇率机制的经济体中，货币政策通常善意忽视汇率波动。而只有当汇率升贬值通过汇率的价格传递效应（pass-through effect）影响本地通胀走势后，政府才会做出政策响应。有鉴于此，20世纪末亚洲金融危机爆发后，亚洲危机国家货币大幅贬值，当时IMF为防止货币大幅贬值刺激当地通胀，建议危机国家采取了紧缩的货币政策。这是汇率市场化情形下的一种本外币政策协调方式。

还有一种方式是，把汇率和利率纳入货币条件指数或者金融条件

指数，这种货币政策操作方式最早的践行者是加拿大央行。作为应对汇率冲击的工具，加拿大央行于1994年建立了货币条件指数（MCI）。后来，芬兰央行和瑞士央行也在本国货币条件指数的基础上构建金融条件指数。

在货币条件指数诞生之初，加拿大央行想通过长期均衡的利率和汇率水平推算得到均衡指数，但在实操中，特别是受到未预期到的经济冲击情况下，往往难以精确地估计到长期均衡的利率与汇率水平。因此，在后期运用中，更多的机构将其作为信号指示器：一是该指标可以表明当前的金融情况从而对当前的政策执行情况进行评价；二是包含货币政策未来发展目标的动态信息，进而成为宏观经济的领先指标。

再后来，在货币条件指数基础上，各国开始构建更广泛的金融条件指数（FCI），除了利率和汇率指标，还把其他的指标涵盖在金融条件指数里。国际上，金融条件指数有三个口径：第一个是窄口径，只含有利率和汇率两种变量的衡量、预测货币政策执行效果的综合指数，其中利率和汇率部分又由很多子变量构成。第二个是中口径，是在利率、汇率的基础上进一步包括了房地产和股票价格，其中每部分变量又包含很多与之密切相关的子变量。第三个是宽口径，将货币和信贷因素在货币政策传导过程中的重要性充分考虑在内，在中口径基础上加入了货币供应量和信贷两种变量的综合指数。

金融条件指数被主要央行广泛采用。例如，2013年6月美联储议息会议纪要显示，在债券市场收益率受量化宽松退出预期影响快速上行的背景下，美联储参考包括金融条件指数在内的一系列中介观察指标，认为这些变化仍然是温和的、形势是可控的，为保持货币政策稳定提供了依据。目前，美国芝加哥、圣路易斯和堪塔斯联邦储备银行还在常态化地发布金融条件指数。

再如,欧洲央行直接引用金融条件指数用于分析整体金融环境,并用于前瞻性的分析金融条件指数中隐含的未来金融环境的变化趋势。借助金融条件指数的前瞻性,欧央行可以判断当前货币政策对非金融企业融资成本变化的影响程度,同时决定是否进一步调整货币政策。

又如,英国央行的货币政策报告中,不仅用金融条件指数跟踪观察全球金融环境的变化,还编制 MFCI 等指数跟踪观测国内经济金融形势变化。而最早应用货币条件指数的加拿大央行,有时候还开专栏分析金融条件指数的变化。如在 2009 年 7 月的货币政策报告专栏中,加拿大央行指出,2009 年 4 月以来国内金融条件指数明显改善,主要反映了在超低政策利率环境下,较好地抵消了公司债利差扩大和信贷条件收紧的影响。

三、中国在编制和应用金融条件指数方面的研究和实践基础

在金融条件指数编制方面,首先要考虑选取何类变量。王玉宝[1]选取构建 FCI 的变量就是利率、汇率、股价和房价;封北麟和王贵民[2]将货币供应量同之前的 4 个指标一起加入中国 FCI 构建中,发现纳入货币供应量后的 FCI 预测 CPI 的能力有所提高;李刚和李放[3]认为信贷对中国经济影响巨大,因此使用实际信贷规模缺口、实际利率、实际汇率在 1998 年第一季度—2011 年第三季度总计 55 个季度的

---

[1] 王玉宝.资产价格的政策信息作用与 FCI 指数[J].金融教学与研究,2003(6):5-6.
[2] 封北麟,王贵民.金融状况指数 FCI 与货币政策反应函数经验研究[J].财经研究,2006,32(12):53-64.
[3] 李刚,李放.中国货币条件指数的构建及与经济增长的实证分析[J].农村金融研究,2012(2):30-36.

数据来构建MCI；徐国祥和郑雯①将社会融资规模这一中国特色指标作为信贷指标纳入中国FCI的构建；江春和杨睿②拓展了FCI的内涵，在传统4个变量的基础上将货币供应量、金融机构贷款总额和外汇储备3个变量引入金融稳定状况指数的构建。

在变量多元化方面，邓创和徐曼③利用主成分分析法和26个变量构建了中国FCI，并在此基础上分析了中国金融周期波动的时变性和非对称性；许涤龙、刘妍琼和郭尧琦④运用FAVAR模型将中国69个金融变量（利率类、汇率类、房价类或股价类）纳入FCI的构建，并检验FCI对CPI的预测能力。

确定入选FCI的变量后，需要计算各变量所占权重。早期的研究采用静态权重的较多；2010年之后国内金融状况指数的动态权重研究增多。余辉和余剑⑤运用时变状态参数空间模型计算了各变量的动态权重，得到各变量动态权重图，发现利率和汇率在中国FCI中的权重变化较小，认为是管理体制等因素造成的；易晓溦、陈守东和刘洋⑥将运用高维贝叶斯动态因子模型构建的动态权重FCI与封思贤等⑦构

---

① 徐国祥，郑雯.中国金融状况指数的构建及预测能力研究[J].统计研究，2013，30（8）：17-24.
② 江春，杨睿.中国金融状况指数的重建[J].经济问题，2014（8）：48-53.
③ 邓创，徐曼.中国的金融周期波动及其宏观经济效应的时变特征研究[J].数量经济技术经济研究，2014（9）：75-91.
④ 许涤龙，刘妍琼，郭尧琦.金融状况指数的FAVAR模型构建及效用检验[J].中南大学学报社会科学版，2014，20（4）：17-22.
⑤ 余辉，余剑.中国金融状况指数构建及其对货币政策传导效应的启示——基于时变参数状态空间模型的研究[J].金融研究，2013（4）：85-98.
⑥ 易晓溦，陈守东，刘洋.中国金融状况指数构建及货币市场稳定性研究[J].上海经济研究，2014（8）：3-15.
⑦ 封思贤，蒋伏心，谢启超，等.金融状况指数预测通胀趋势的机理与实证——基于中国1999—2011年月度数据的分析[J].中国工业经济，2012（4）：18-30.

建的静态权重 FCI 进行比较，发现动态权重 FCI 对 CPI 预测效果会更好；栾惠德和侯晓霞[①]运用混频数据动态因子模型构建了中国动态权重 FCI，实证结果表明，动态权重 FCI 的时效性大大增强；屈军和朱国华[②]运用 TVP-FAVAR 模型构建了时变的 FCI，并且该 FCI 纳入了 6 大类 52 个变量指标（利率指标、汇率指标、资产价格指标、货币供应量指标、商品期货价格指数和宏观经济变量），实证结果表明该 FCI 的预测能力体现在中期。

在金融条件指数应用方面，王玉宝[③]认为 FCI 和未来通货膨胀的相关程度很高，又认为将 FCI 作为通货膨胀的预测指标比较勉强，但可以作为辅助性指标；陆军和梁静瑜[④]利用构建的 FCI 与 GDP 增长趋势相比较发现，两者变动趋势较一致，但在某些阶段会出现明显背离，同时再次验证了 FCI 可以预测 CPI；李成、王彬和马文涛[⑤]研究发现，中国 FCI 分别同滞后 8 个月的 CPI、滞后 6 个月的实际 GDP 增长率相关性最大，并利用 GARCH-BEKK 模型研究了 FCI、通货膨胀、实际经济增长三者之间的溢出效应，FCI 与后两者间均存在双向波动溢出效应；刁节文和容玲[⑥]同时构建 FCI 和 MCI 指数，将两者对 CPI 的预测能力进行比较，实证结果表明，FCI 的先行性比 MCI 的更

---

① 栾惠德，侯晓霞.中国实时金融状况指数的构建［J］.数量经济技术经济研究，2015（4）：137-148.
② 屈军，朱国华.动态金融状况指数构建与应用研究［J］.商业研究，2016，62（1）：101-107.
③ 王玉宝.资产价格的政策信息作用与 FCI 指数［J］.金融教学与研究，2003（6）：5-6.
④ 陆军，梁静瑜.中国金融状况指数的构建［J］.世界经济，2007，30（4）：13-24.
⑤ 李成，王彬，马文涛.中国金融形势指数的构建及其与宏观经济的关联性研究［J］.财贸经济，2010（3）：20-26.
⑥ 刁节文，容玲.基于 MCI 与 FCI 对中国货币政策调控的比较研究［J］.上海金融，2012（10）：49-52，119.

好;李正辉和郑玉航[①]采用三区制马尔可夫模型研究FCI本身的性质,得出FCI具有动态性和非对称性,并将FCI作为金融发展状况的代表指标,发现FCI对经济增长的作用能力在逐步增加。

中国在货币金融条件指数的编制方面也有一些实践。如中金公司早在2009年就研究编制过中国的货币条件指数;第一财经研究院自2015年初开始编制并发布中国金融条件指数。实践表明,当金融条件指数上行时,表示经济整体货币金融条件有所收紧;反之,当金融条件指数下行时,货币金融条件放松。

以2020年为例,根据第一财经研究院编制的每月中国金融条件指数,6月之后受人民币汇率升值等因素影响,中国金融条件指数较此前明显上行,经济金融条件边际收紧。如果据此评估认为货币金融环境收紧的速度过快和幅度过大,那么中国货币政策还可以更有针对性地做出调整,而非单独针对人民币汇率波动做出政策响应。

四、主要结论与建议

第一,通过构建货币金融条件指数,将汇率纳入货币政策框架是国际常用的做法,不但小型经济体在使用,大型开放经济体也在使用。把汇率波动通过货币金融条件指数纳入货币政策框架,不是货币政策操纵。因为金融条件指数不是反映汇率具体水平的单一指数,而是反映整体金融条件宽松程度的综合指数。货币政策根据该指数变动做出调整,并不是把具体汇率水平作为干预目标,而是出于整个国内经济金融稳定的需要。

---

① 李正辉,郑玉航.金融状况指数的动态特征及其有效性研究[J].财经理论与实践,2015(4):39-44.

第二，当前中国一再强调稳健的货币政策要更加灵活适度，保持市场流动性合理充裕，既不要让市场上缺钱，也不要让钱"溢"出来。而根据央行2019年4月25日在国务院政策例行吹风会上的表述，判断市场流动性的松紧，主要看银行间的回购利率，如DR007等。但随着汇率灵活性的增加，是否应将汇率变动对市场流动性的影响纳入央行货币政策框架值得探讨。如果尝试着付诸实施，这将成为本外币政策协调的一种新思路。

第三，对中国来说，将货币金融条件指数纳入货币政策框架需要考虑的现实问题，一是基于中国客观条件和自身需要，看这种做法是否适用。二是如果要借鉴国际央行的这一做法，中国应该怎样构建自己的金融条件指数。三是如果构建货币金融条件指数，是事前作为货币政策决策的参考，还是事后作为评估货币政策松紧的信号指标。

第四，货币金融条件变化对非银行部门究竟产生什么样的综合影响，需要结合中国国情认真加以研究，防止产生误判。例如，通常认为本币升值相当于加息，是金融条件紧缩，而贬值则是金融条件宽松。但实际情况可能并非如此。以亚洲金融危机为例。从贸易渠道看，亚洲货币贬值有利于出口，是金融条件的扩张；但从金融渠道看，当时亚洲很多危机国家借了大量外债，贬值后对外债务负担增加。这样一来，亚洲货币贬值产生的是紧缩效应。而且，当时金融渠道的紧缩效应超过了贸易部门的扩张效应。国际货币基金组织建议采取的紧缩货币政策，实际上加重了这种紧缩效应，进而由亚洲货币危机酿成了亚洲经济和金融危机。中国如果构建金融条件指数，需要认真评估人民币升值的综合影响，究竟是紧缩的，还是扩张的。这需要具体问题具体分析。